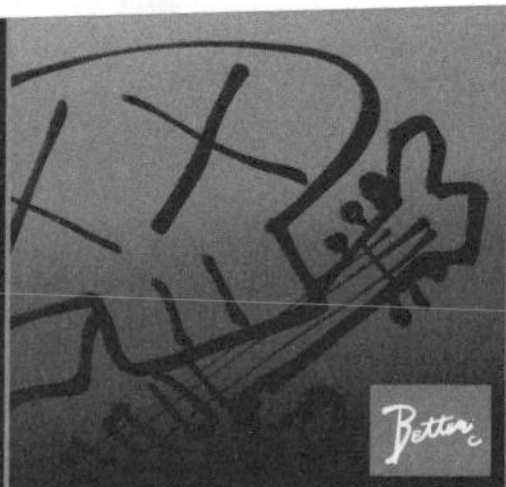

BETTEN COURT

Während die Kapitel dieses Bandes erschienen, war ich tatsächlich an Corona erkrankt und in häuslicher Quarantäne, wodurch sich unter anderem auch meine Schulterverspannung verschlimmert hat. Ich hatte echte Schwierigkeiten, Reha und Arbeit am Manuskript unter einen Hut zu bekommen. Zum Glück ist es mittlerweile viel besser geworden und kein großes Problem mehr. Was ich eigentlich sagen will, ist: »Ich hab mich mega ins Zeug gelegt! Lest es!

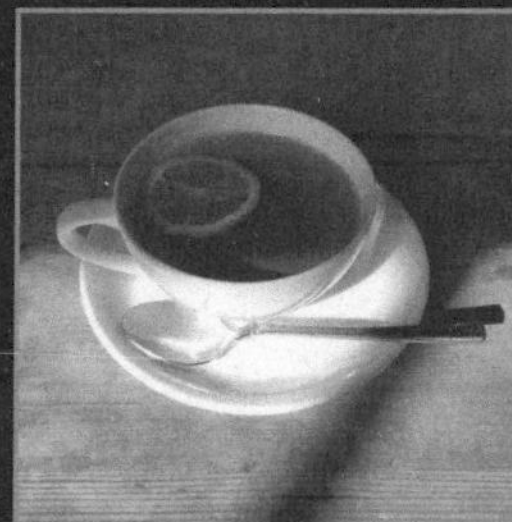

HIDEYUKI FURUHASHI

Das Jahr 2020 habe ich im Großen und Ganzen zuhause verbracht und nichts groß gemacht, aber in meinem Bekanntenkreis und in der Welt ist ziemlich viel Schlimmes passiert, so dass es manchmal schwierig war, mich auf mich selbst zu besinnen…

MY HERO ACADEMIA

VIGILANTE
MY HERO ACADEMIA ILLEGALS

Vol. 11

DAS MASKEN-KAMPFTURNIER

Aus dem Japanischen von Antje Bockel
VIGILANTE -BOKU NO HERO ACADEMIA ILLEGALS-

First published in Japan in 2016 by SHUEISHA Inc., Tokyo. German translation rights in Germany, Austria, Luxembourg and German-speaking Switzerland arranged by SHUEISHA Inc. through VME PLB SAS, France.

Redaktion: Anne Berling
Textbearbeitung: Steffen Haubner
Herstellung: Wiebke Düsedau

ISBN: 978-3-551-72100-6

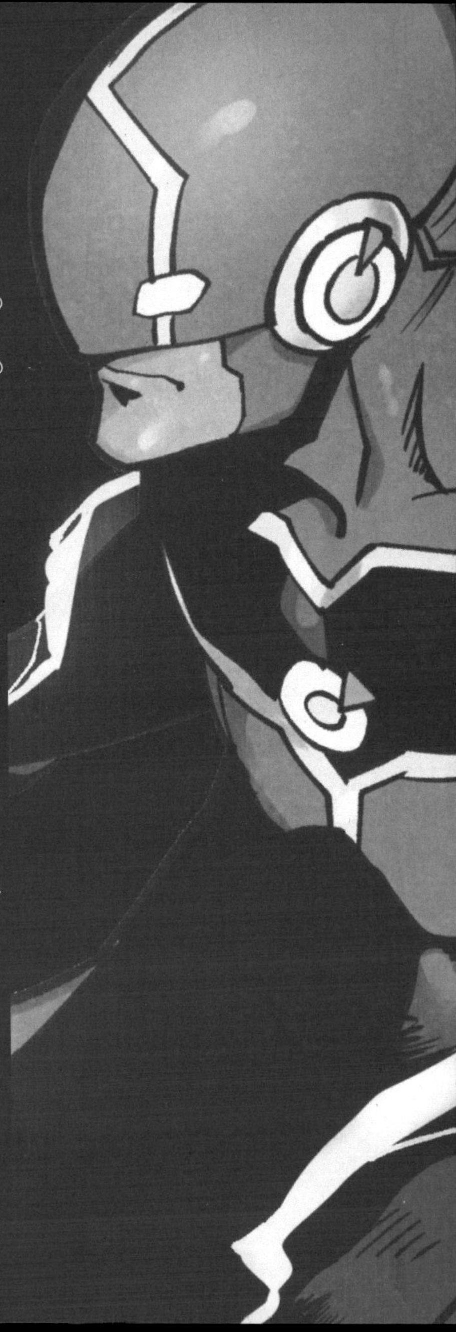

VIGILANTE
MY HERO ACADEMIA ILLEGALS
11

Autor: Hideyuki FURUHASHI
Zeichnungen: Betten COURT
Original Story: Kohei HORIKOSHI

[MASK]《mask》

VERB: EINEN TEIL ODER DAS GANZE GESICHT VERBERGEN, INDEM MAN ES BEDECKT. SUBSTANTIV: DAS, WAS MAN DAFÜR BENUTZT.

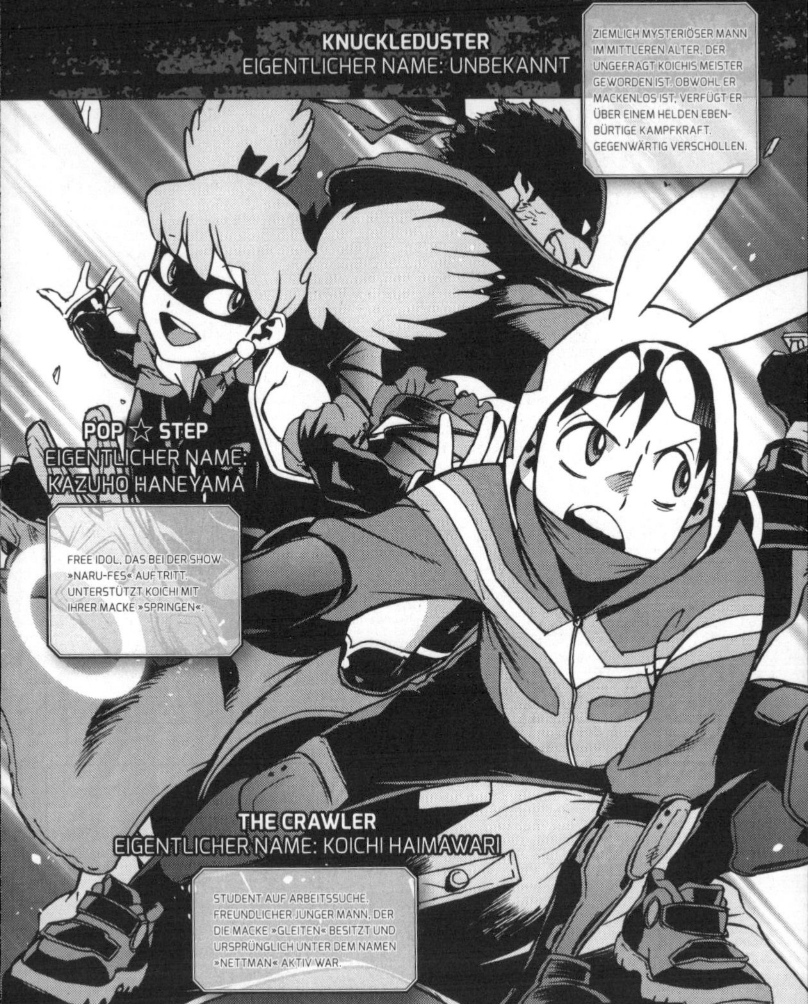

STORY

DISKUSSION IN SACHEN GERECHTIGKEIT! PLUS-ULTRA-SPIN-OFF DER BELIEBTEN SERIE »MY HERO ACADEMIA«!!

»HELDEN«. AUSERWÄHLTE PERSONEN, DIE MIT REGIERUNGSGENEHMIGUNG IHRE ANGEBORENEN MACKEN IM DIENST DER GESELLSCHAFT EINSETZEN. DOCH IN DIESER WELT EXISTIEREN AUCH »ILLEGALE HELDEN«, DIE NICHT AUSGEWÄHLT WERDEN, SONDERN AUF EIGENE FAUST AGIEREN. WAS BEDEUTET IHNEN GERECHTIGKEIT? UND KANN MAN SIE ÜBERHAUPT HELDEN NENNEN? VON DIESEN PERSONEN, DIE »VIGILANTE« GENANNT WERDEN, HANDELT DIE GESCHICHTE. ES IST EINE ERZÄHLUNG VON DER KEHRSEITE DES HELDENTUMS...

CHARAKTERE

MIDNIGHT/ NEMURI KAYAMA

Ü 18-HELDIN, DIE IM KAMPF IHRE SCHÖNHEIT UND SEXYNESS ALS WAFFEN EINSETZT. TYP »GROSSE SCHWESTER« MIT DER MACKE »SOMNAMBULE«.

MAKOTO TSUKAUCHI

ALS MANAGERIN VON CAPTAIN CELEBRITY IST SIE IN AMERIKA AKTIV. IHRE MACKE IST »LÜGENDETEKTOR«, UND SIE MAG KOICHI.

NAOMASA TSUKAUCHI

POLIZEIBEAMTER MIT STARKEM GERECHTIGKEITSSINN. UNTERSUCHT EINE REIHE VON FÄLLEN, BEI DENEN ES IM ZUSAMMENHANG MIT DEM GEFÄHRLICHEN MEDIKAMENT »TRIGGER« ZUR ENTSTEHUNG VON »INSTANT-SCHURKEN« GEKOMMEN IST. BESITZT EINEN ÜBERRAGENDEN SCHARFSINN.

ROCK/ROKURO NOMURA

NACHFOLGER VON MAKOTO UND MANAGER DES »NARU-FES«. IN WAHRHEIT IST ER JEDOCH DER »MANN MIT DER NARBE«, DER DIE MODIFIZIERTEN SCHURKEN STEUERT.

BEE☆POP

POP☆STEP, NACHDEM DIE BIENENMACKE VON IHREM KÖRPER BESITZ ERGRIFFEN HAT. TAUCHT ALS SCHURKIN VOR KOICHI AUF.

ENDEAVOR/ ENJI TODOROKI

HELD NR. 2 MIT DEN MEISTEN GELÖSTEN FÄLLEN. BEHERRSCHT DIE MACKE »HELL FLAME«, MIT DER ER FEUER BELIEBIG STEUERN KANN. IST ZIEMLICH BESESSEN VON ALL MIGHT.

SOGA KUGISAKI

LEADER EINER DREIKÖPFIGEN GANG VON HALBSTARKEN. WOHNT IM BEZIRK NARUHATA. IN DER MITTELSCHULE IN SEINER HEIMAT IST ER BERÜHMT UND WIRD »LEGENDÄRER SENPAI« GENANNT.

VIGILANTE
MY HERO ACADEMIA ILLEGALS

Vol. 11

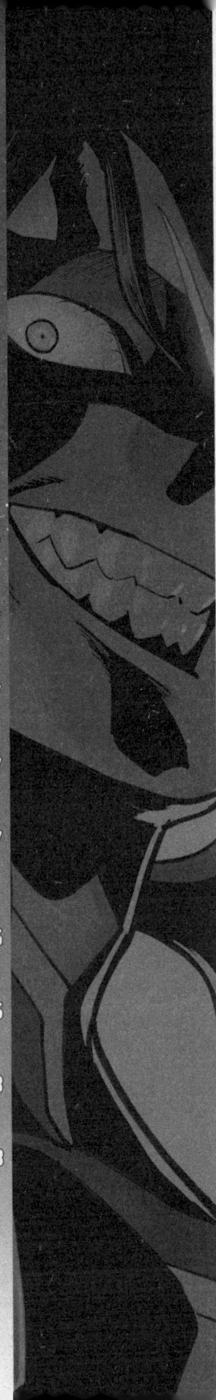

INHALT

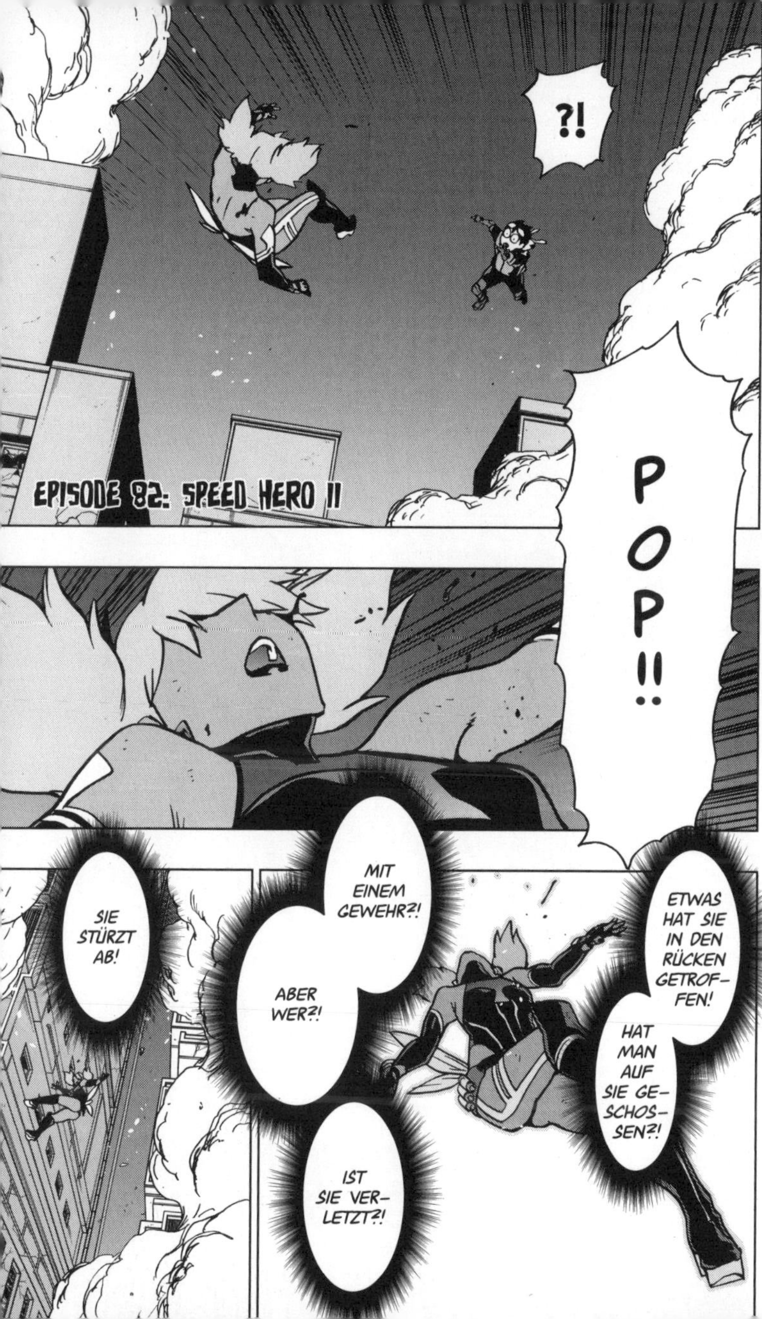
?!
EPISODE 82: SPEED HERO II
POP!!
ETWAS HAT SIE IN DEN RÜCKEN GETROF-FEN!
HAT MAN AUF SIE GE-SCHOS-SEN?!
MIT EINEM GEWEHR?!
ABER WER?!
IST SIE VER-LETZT?!
SIE STÜRZT AB!

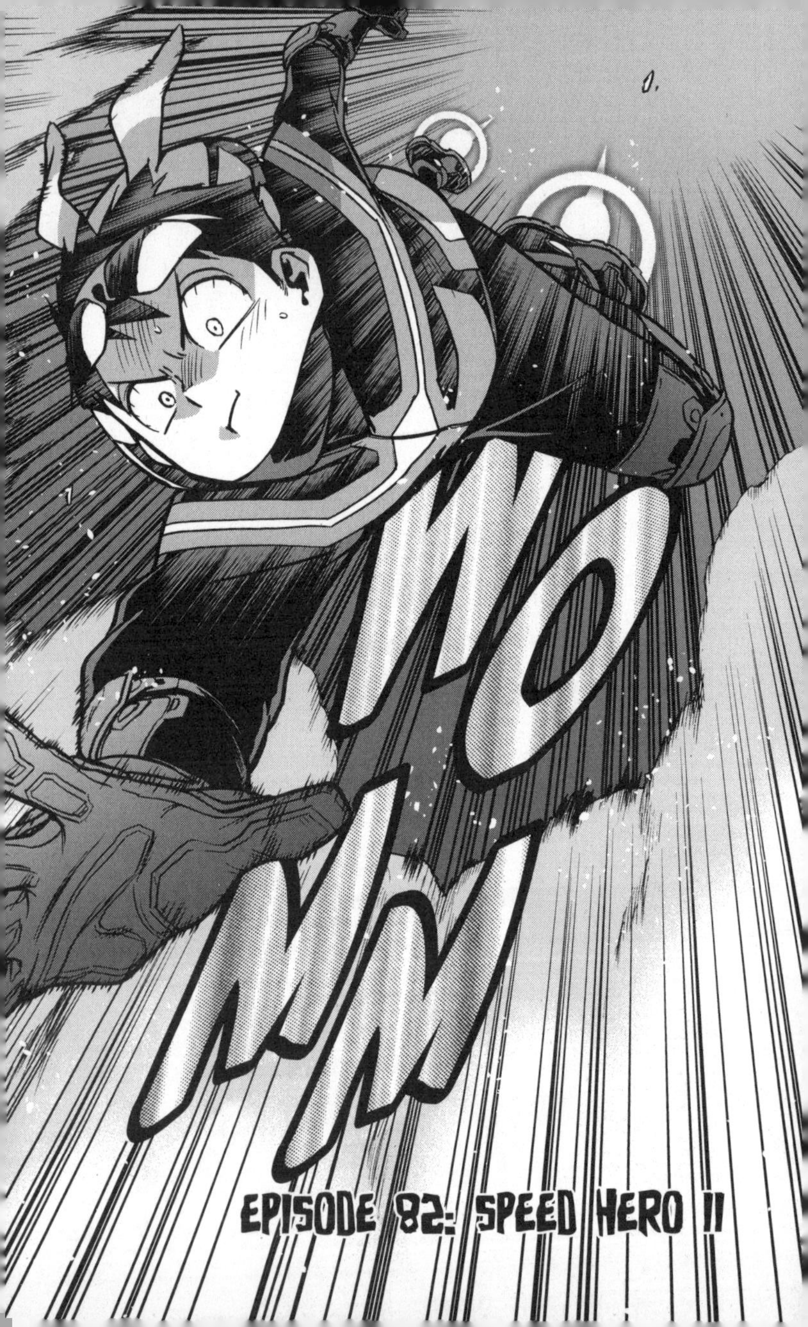

EPISODE 82: SPEED HERO II

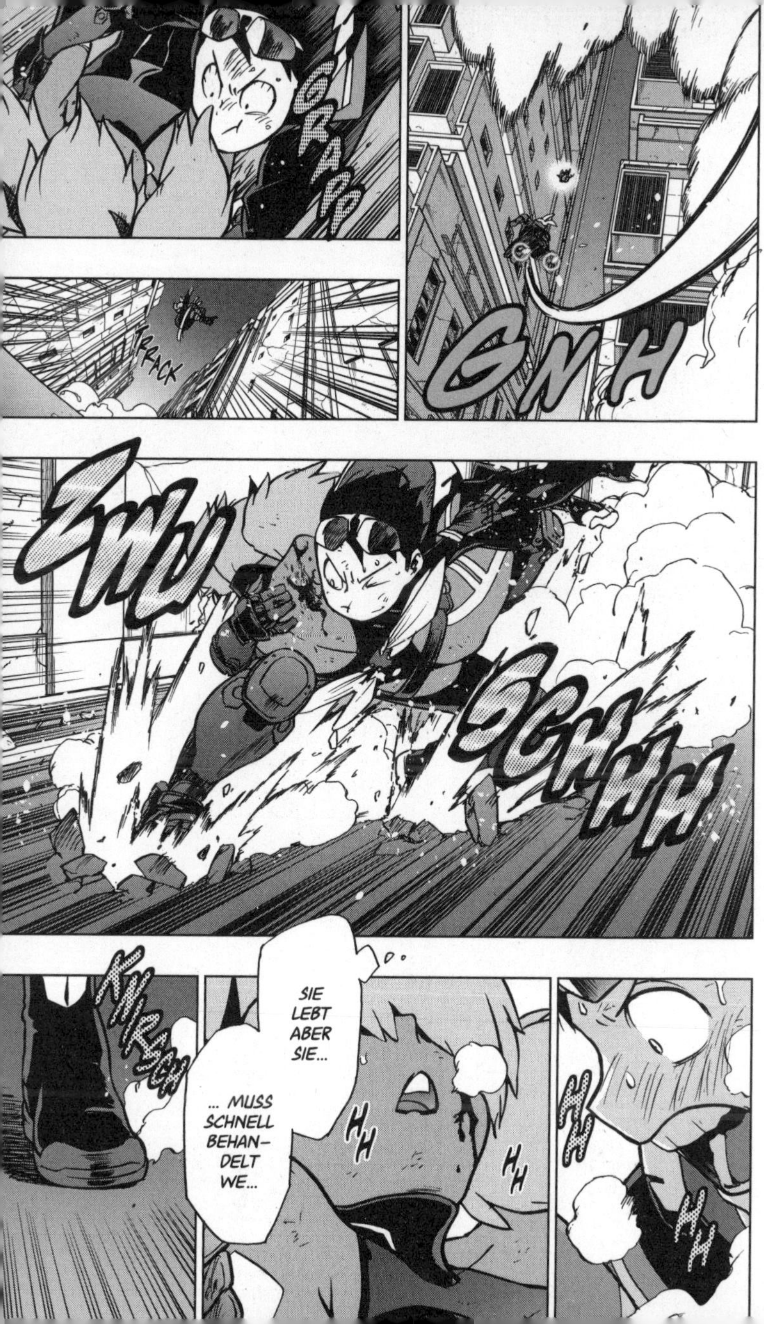
TRACK
GNH
SIE LEBT ABER SIE...
... MUSS SCHNELL BEHANDELT WE...
HH
HH
HH
HH

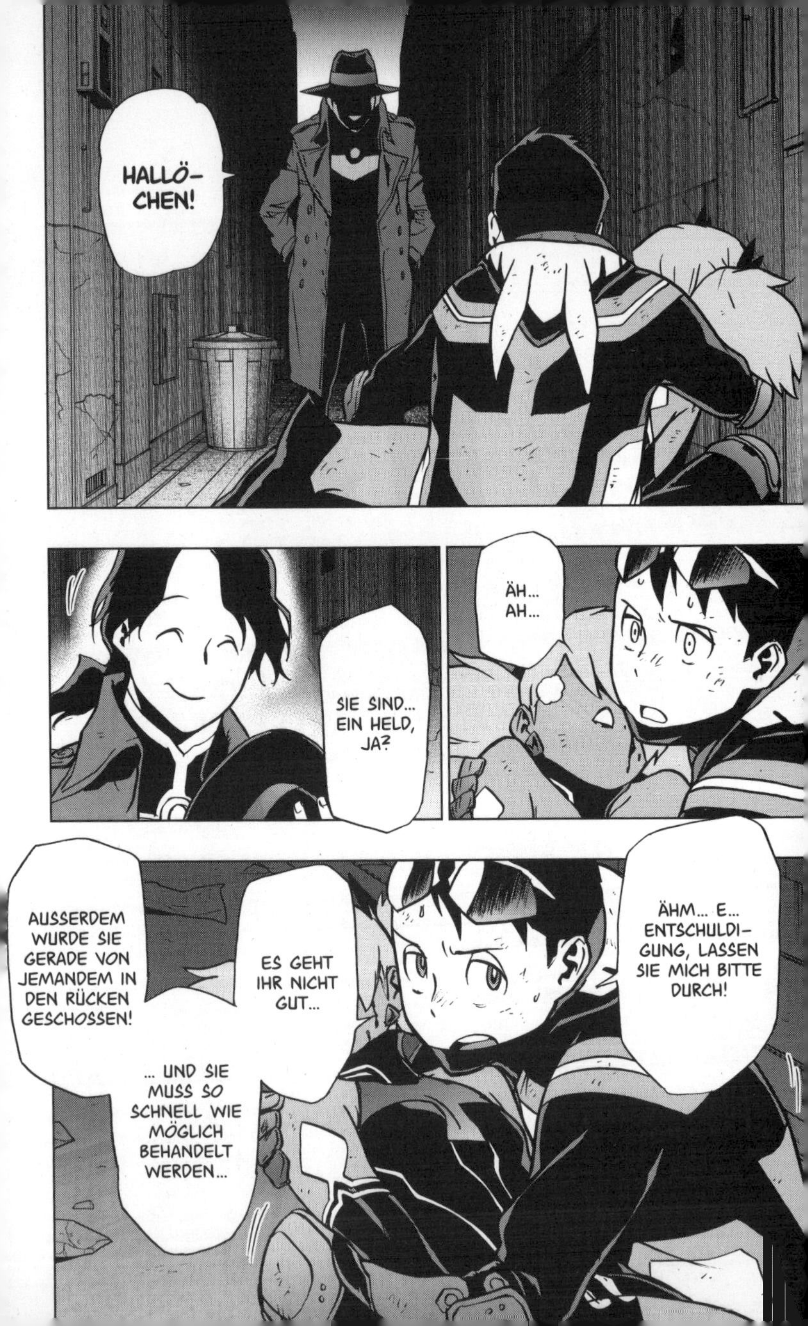
HALLÖ-
CHEN!
SIE SIND…
EIN HELD,
JA?
ÄH…
AH…
ÄHM… E…
ENTSCHULDI-
GUNG, LASSEN
SIE MICH BITTE
DURCH!
ES GEHT
IHR NICHT
GUT…
AUSSERDEM
WURDE SIE
GERADE VON
JEMANDEM IN
DEN RÜCKEN
GESCHOSSEN!
… UND SIE
MUSS SO
SCHNELL WIE
MÖGLICH
BEHANDELT
WERDEN…

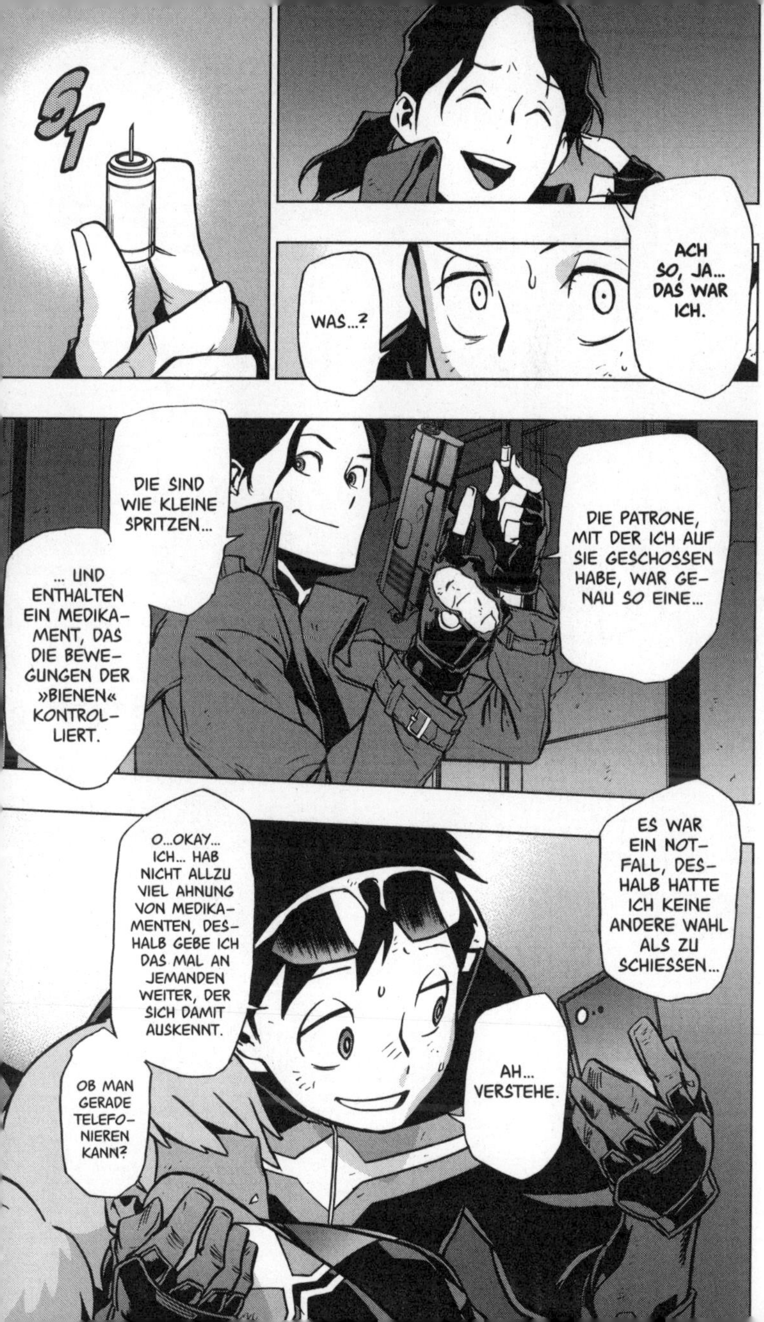
ST
ACH SO, JA... DAS WAR ICH.
WAS...?
DIE PATRONE, MIT DER ICH AUF SIE GESCHOSSEN HABE, WAR GENAU SO EINE...
DIE SIND WIE KLEINE SPRITZEN...
... UND ENTHALTEN EIN MEDIKAMENT, DAS DIE BEWEGUNGEN DER »BIENEN« KONTROLLIERT.
ES WAR EIN NOTFALL, DESHALB HATTE ICH KEINE ANDERE WAHL ALS ZU SCHIESSEN...
O...OKAY... ICH... HAB NICHT ALLZU VIEL AHNUNG VON MEDIKAMENTEN, DESHALB GEBE ICH DAS MAL AN JEMANDEN WEITER, DER SICH DAMIT AUSKENNT.
AH... VERSTEHE.
OB MAN GERADE TELEFONIEREN KANN?

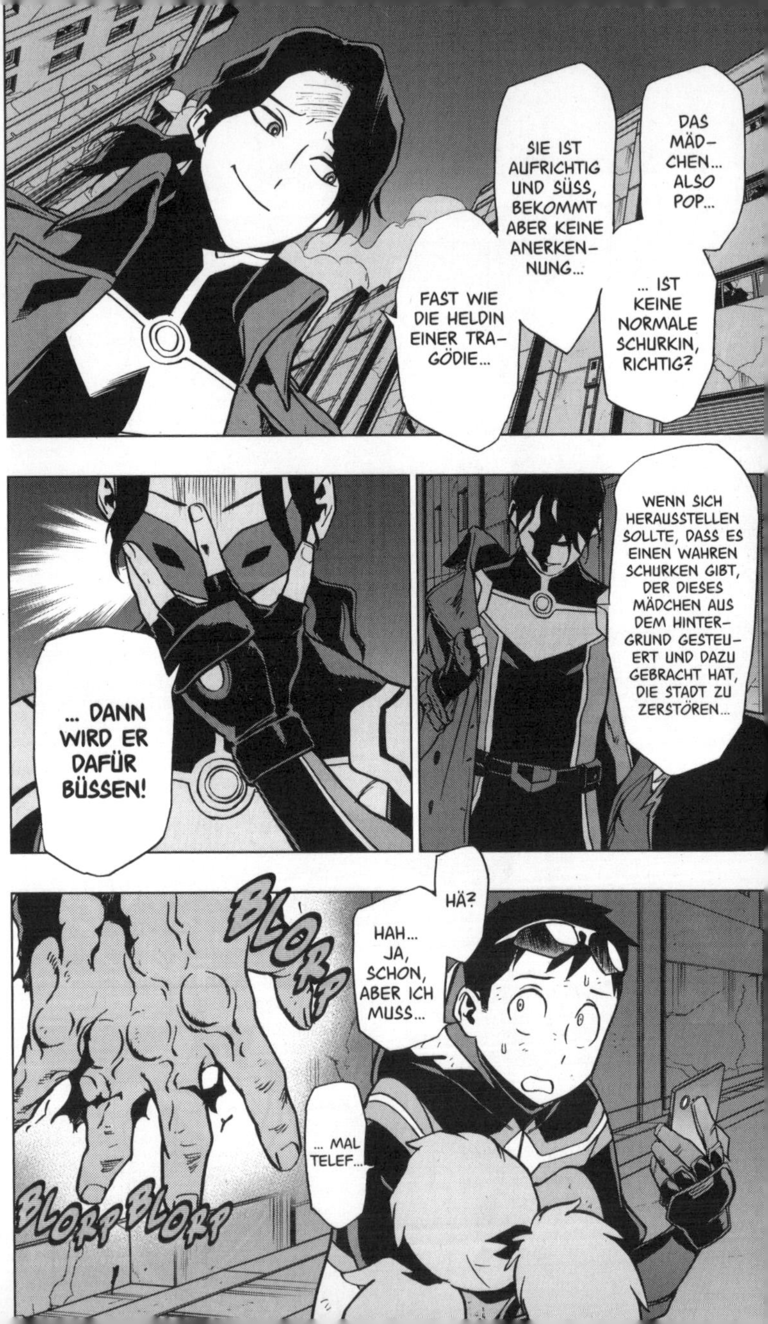
DAS MÄD-CHEN… ALSO POP…
… IST KEINE NORMALE SCHURKIN, RICHTIG?
SIE IST AUFRICHTIG UND SÜSS, BEKOMMT ABER KEINE ANERKEN-NUNG…
FAST WIE DIE HELDIN EINER TRA-GÖDIE…
WENN SICH HERAUSSTELLEN SOLLTE, DASS ES EINEN WAHREN SCHURKEN GIBT, DER DIESES MÄDCHEN AUS DEM HINTER-GRUND GESTEU-ERT UND DAZU GEBRACHT HAT, DIE STADT ZU ZERSTÖREN…
… DANN WIRD ER DAFÜR BÜSSEN!
HÄ?
HAH… JA, SCHON, ABER ICH MUSS…
BLORP
… MAL TELEF…
BLORP BLORP

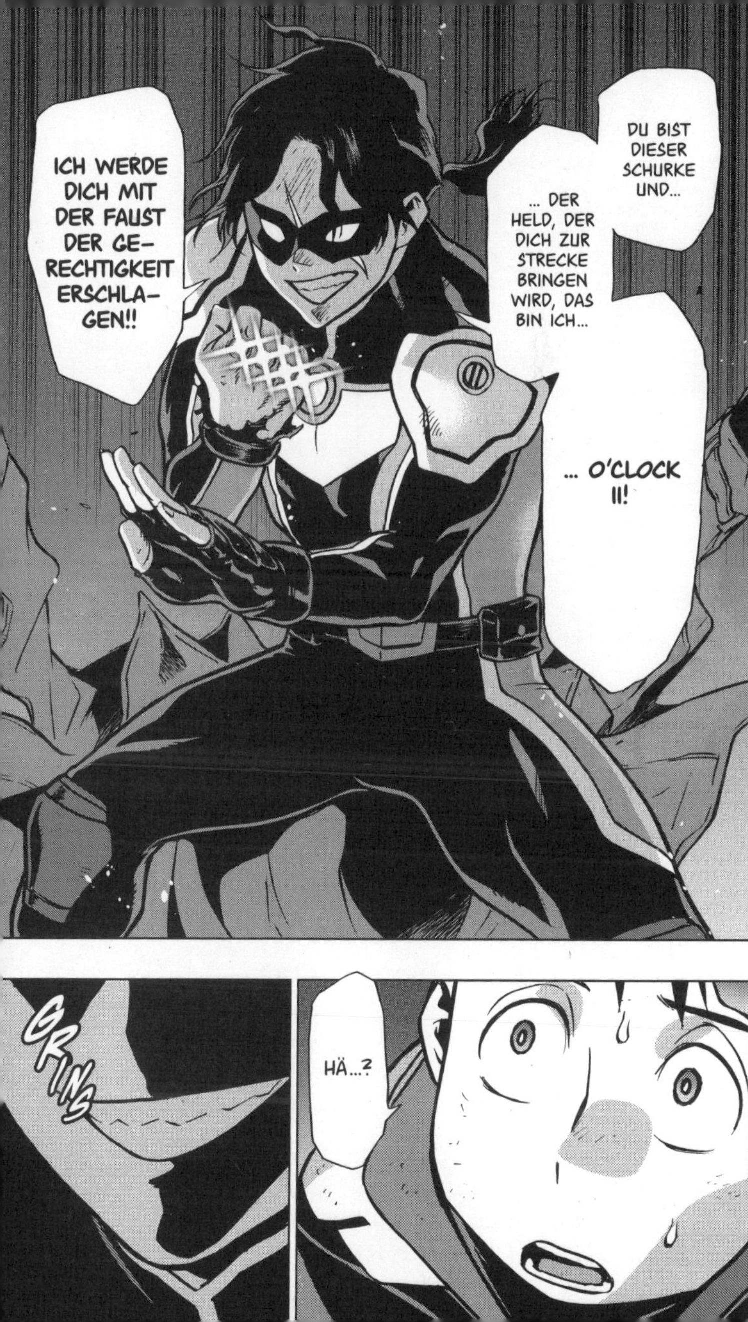
DU BIST DIESER SCHURKE UND...
... DER HELD, DER DICH ZUR STRECKE BRINGEN WIRD, DAS BIN ICH...
... O'CLOCK !!!
ICH WERDE DICH MIT DER FAUST DER GE-RECHTIGKEIT ERSCHLA-GEN!!
HÄ...?
GRINS

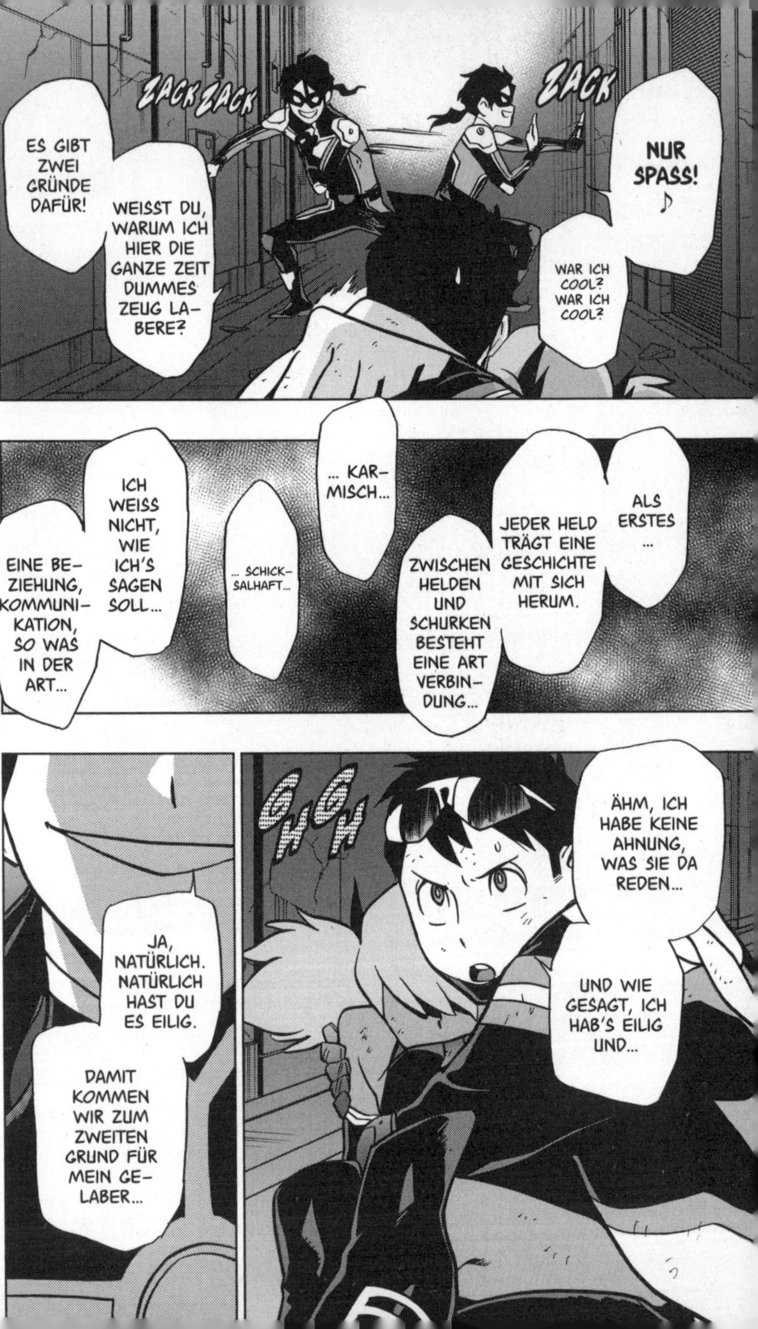
ZACK
NUR SPASS! ♪
WAR ICH COOL? WAR ICH COOL?
ZACK ZACK
WEISST DU, WARUM ICH HIER DIE GANZE ZEIT DUMMES ZEUG LABERE?
ES GIBT ZWEI GRÜNDE DAFÜR!
ALS ERSTES ...
JEDER HELD TRÄGT EINE GESCHICHTE MIT SICH HERUM.
ZWISCHEN HELDEN UND SCHURKEN BESTEHT EINE ART VERBINDUNG...
... KARMISCH...
... SCHICKSALHAFT...
ICH WEISS NICHT, WIE ICH'S SAGEN SOLL...
EINE BEZIEHUNG, KOMMUNIKATION, SO WAS IN DER ART...
ÄHM, ICH HABE KEINE AHNUNG, WAS SIE DA REDEN...
UND WIE GESAGT, ICH HAB'S EILIG UND...
JA, NATÜRLICH. NATÜRLICH HAST DU ES EILIG.
DAMIT KOMMEN WIR ZUM ZWEITEN GRUND FÜR MEIN GELABER...

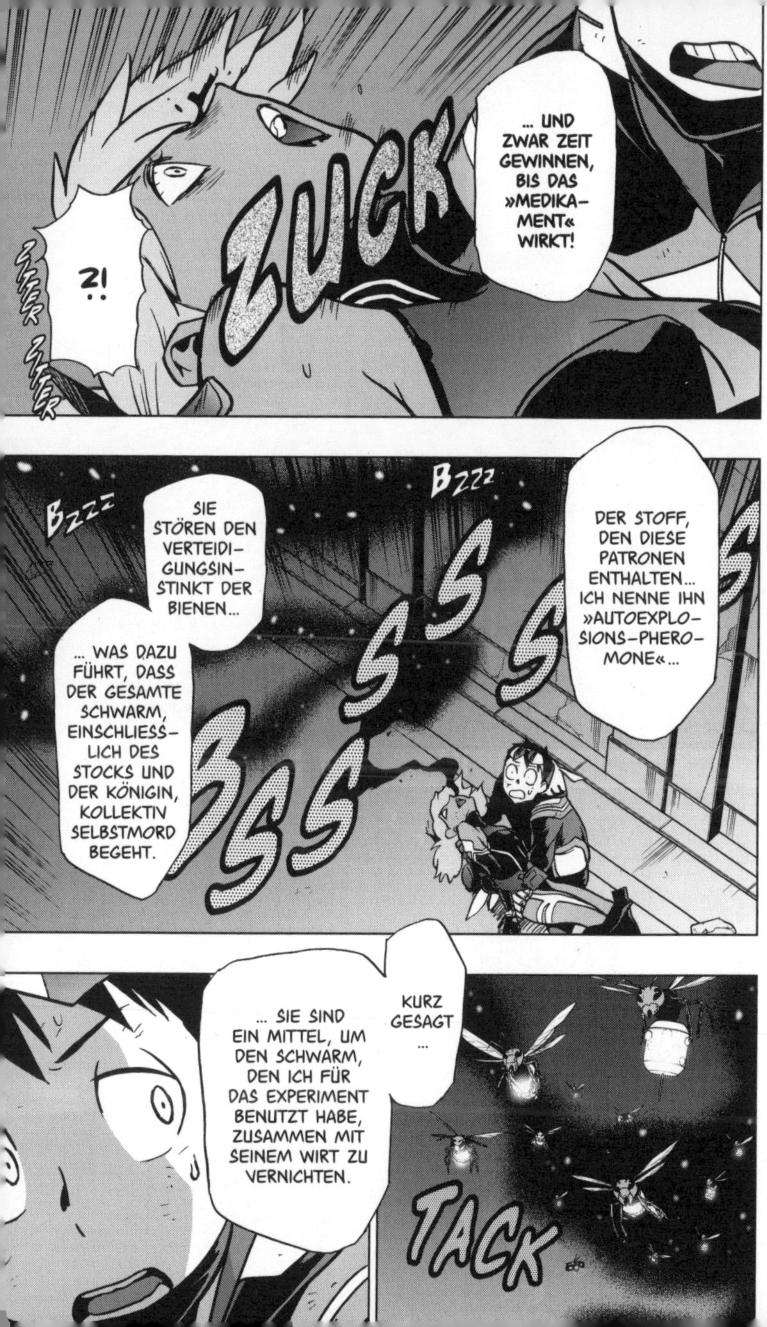
... UND ZWAR ZEIT GEWINNEN, BIS DAS »MEDIKA-MENT« WIRKT!
ZUCK
?!
ZITTER ZITTER
DER STOFF, DEN DIESE PATRONEN ENTHALTEN... ICH NENNE IHN »AUTOEXPLO-SIONS-PHERO-MONE«...
BZZZ
BZZZ
SIE STÖREN DEN VERTEIDI-GUNGSIN-STINKT DER BIENEN...
... WAS DAZU FÜHRT, DASS DER GESAMTE SCHWARM, EINSCHLIESS-LICH DES STOCKS UND DER KÖNIGIN, KOLLEKTIV SELBSTMORD BEGEHT.
BSSSSSS
KURZ GESAGT ...
... SIE SIND EIN MITTEL, UM DEN SCHWARM, DEN ICH FÜR DAS EXPERIMENT BENUTZT HABE, ZUSAMMEN MIT SEINEM WIRT ZU VERNICHTEN.
TACK

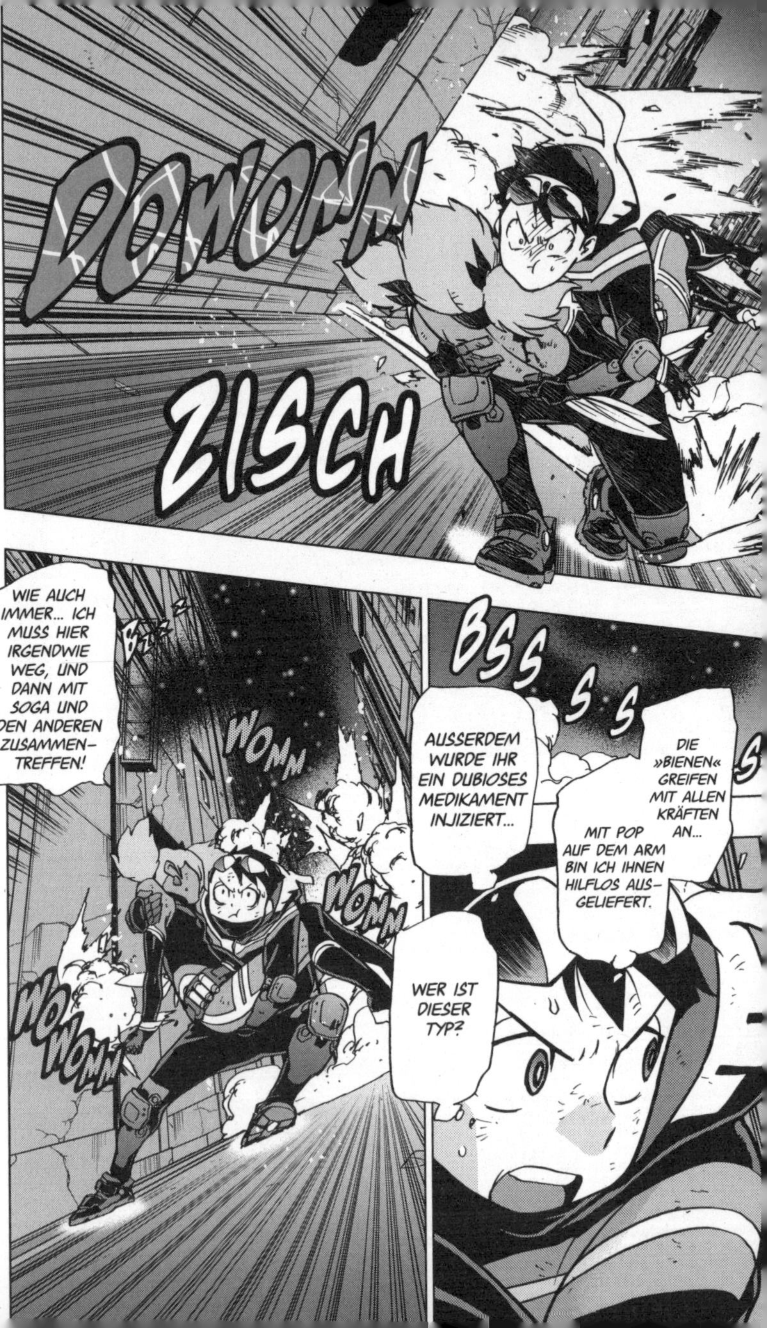
DOWOMM
ZISCH
WIE AUCH IMMER... ICH MUSS HIER IRGENDWIE WEG, UND DANN MIT SOGA UND DEN ANDEREN ZUSAMMEN-TREFFEN!
WOMM
WOMM
WOWOMM
BSSSSSS
DIE »BIENEN« GREIFEN MIT ALLEN KRÄFTEN AN...
MIT POP AUF DEM ARM BIN ICH IHNEN HILFLOS AUS-GELIEFERT.
AUSSERDEM WURDE IHR EIN DUBIOSES MEDIKAMENT INJIZIERT...
WER IST DIESER TYP?

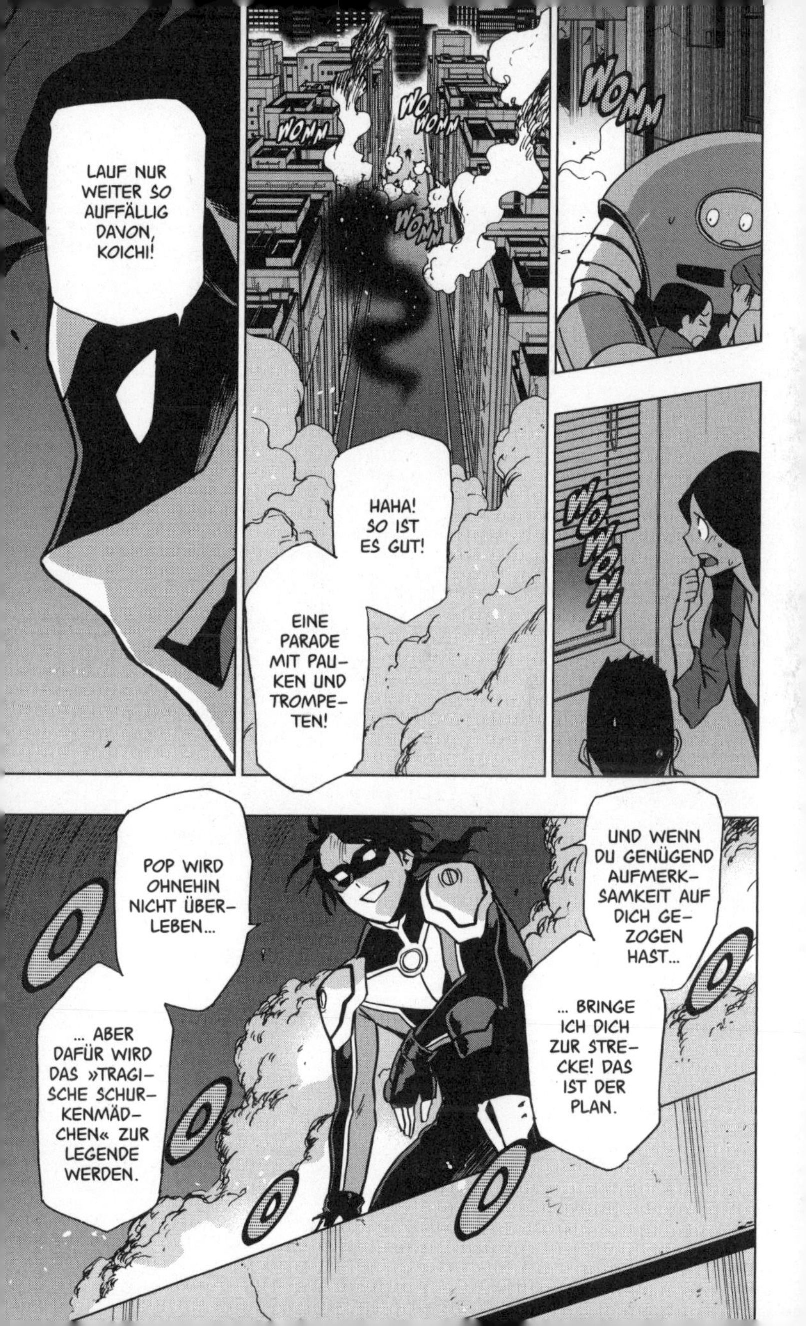
WOMM
WOWOMM
WO WOMM
WOMM
WOMM
HAHA! SO IST ES GUT!
EINE PARADE MIT PAUKEN UND TROMPETEN!
LAUF NUR WEITER SO AUFFÄLLIG DAVON, KOICHI!
UND WENN DU GENÜGEND AUFMERKSAMKEIT AUF DICH GEZOGEN HAST...
... BRINGE ICH DICH ZUR STRECKE! DAS IST DER PLAN.
POP WIRD OHNEHIN NICHT ÜBERLEBEN...
... ABER DAFÜR WIRD DAS »TRAGISCHE SCHURKENMÄDCHEN« ZUR LEGENDE WERDEN.

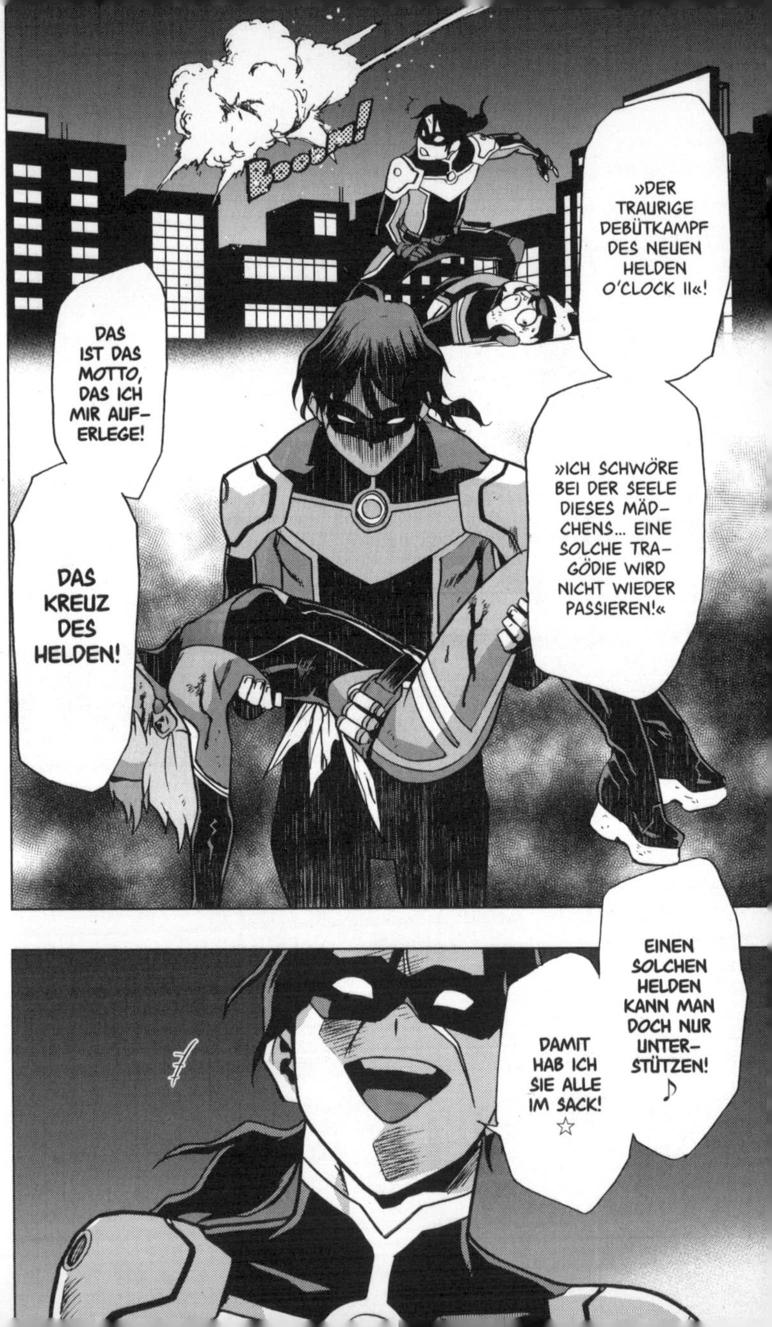
»DER TRAURIGE DEBÜTKAMPF DES NEUEN HELDEN O'CLOCK II«!
»ICH SCHWÖRE BEI DER SEELE DIESES MÄDCHENS... EINE SOLCHE TRAGÖDIE WIRD NICHT WIEDER PASSIEREN!«
DAS IST DAS MOTTO, DAS ICH MIR AUFERLEGE!
DAS KREUZ DES HELDEN!
EINEN SOLCHEN HELDEN KANN MAN DOCH NUR UNTERSTÜTZEN! ♪
DAMIT HAB ICH SIE ALLE IM SACK! ☆

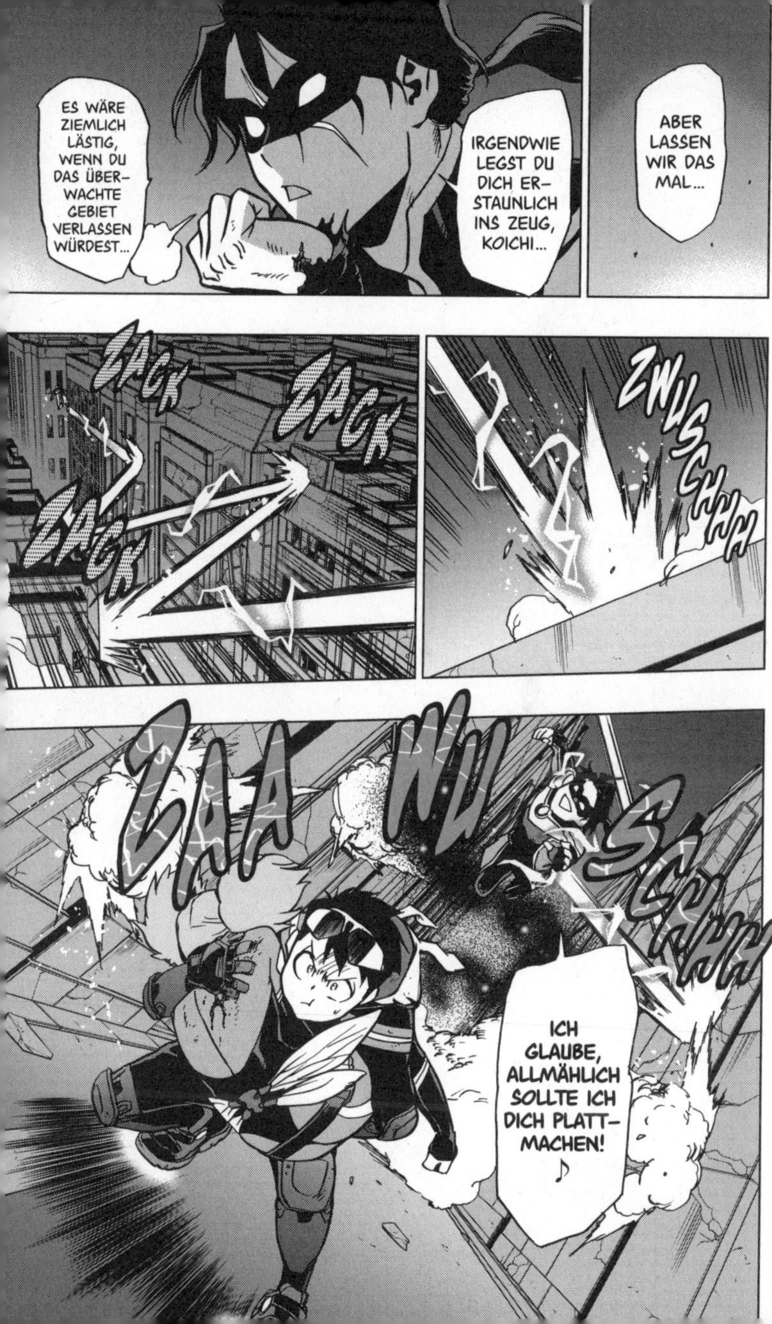
ABER LASSEN WIR DAS MAL...
IRGENDWIE LEGST DU DICH ERSTAUNLICH INS ZEUG, KOICHI...
ES WÄRE ZIEMLICH LÄSTIG, WENN DU DAS ÜBERWACHTE GEBIET VERLASSEN WÜRDEST...
ZWUSCHHH
ZACK
ZACK
ZACK
ZAAWUSCHHH
ICH GLAUBE, ALLMÄHLICH SOLLTE ICH DICH PLATTMACHEN! ♪

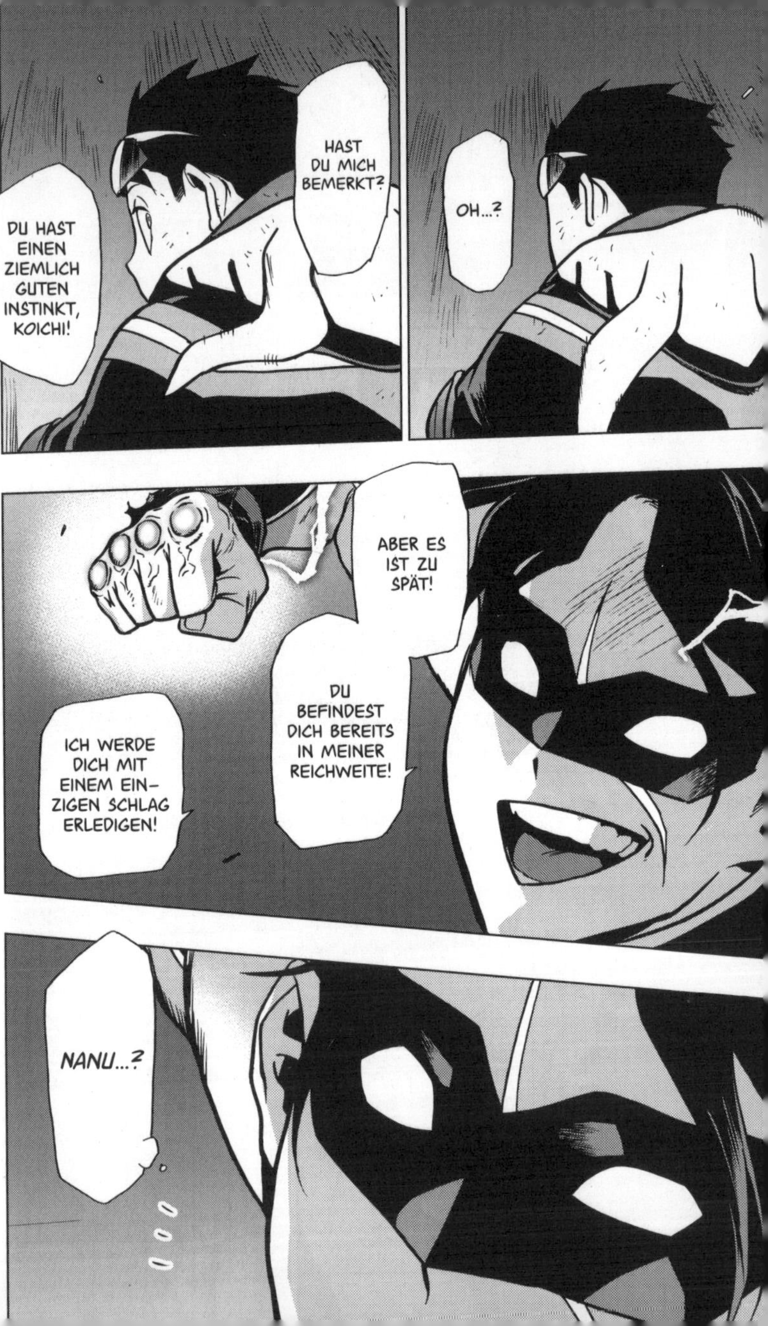
OH...?
HAST DU MICH BEMERKT?
DU HAST EINEN ZIEMLICH GUTEN INSTINKT, KOICHI!
ABER ES IST ZU SPÄT!
DU BEFINDEST DICH BEREITS IN MEINER REICHWEITE!
ICH WERDE DICH MIT EINEM EIN-ZIGEN SCHLAG ERLEDIGEN!
NANU...?

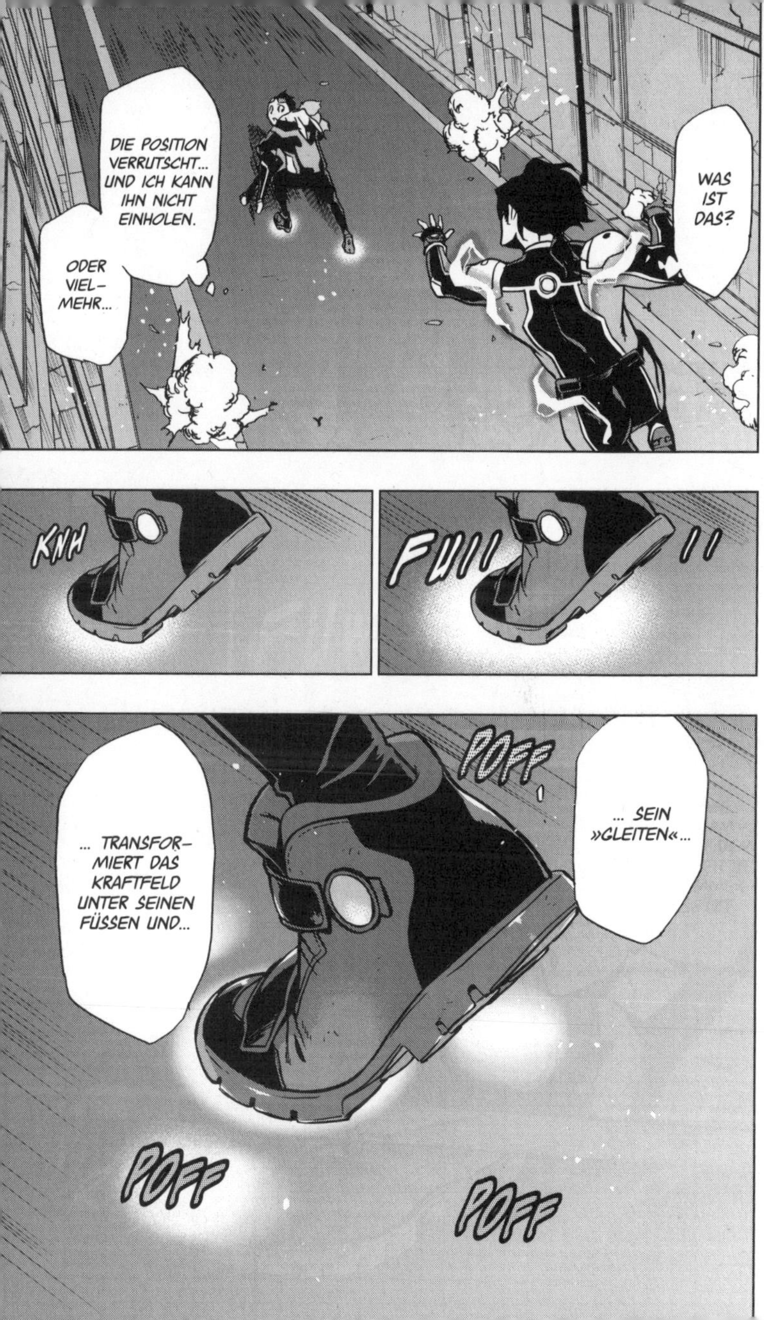
WAS IST DAS?
DIE POSITION VERRUTSCHT... UND ICH KANN IHN NICHT EINHOLEN.
ODER VIEL-MEHR...
FUIII
KNH
POFF
... SEIN »GLEITEN«...
... TRANSFOR-MIERT DAS KRAFTFELD UNTER SEINEN FÜSSEN UND...
POFF
POFF

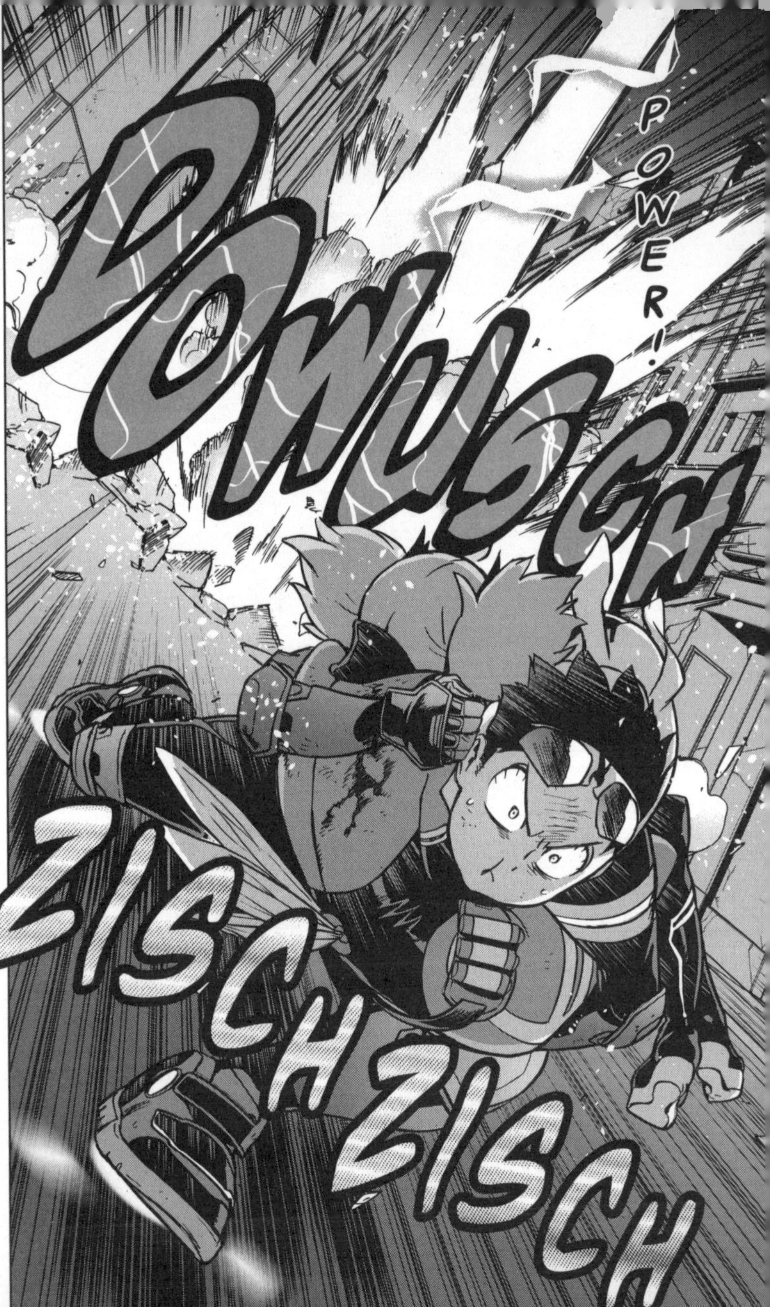
POWER!
ZISCH ZISCH

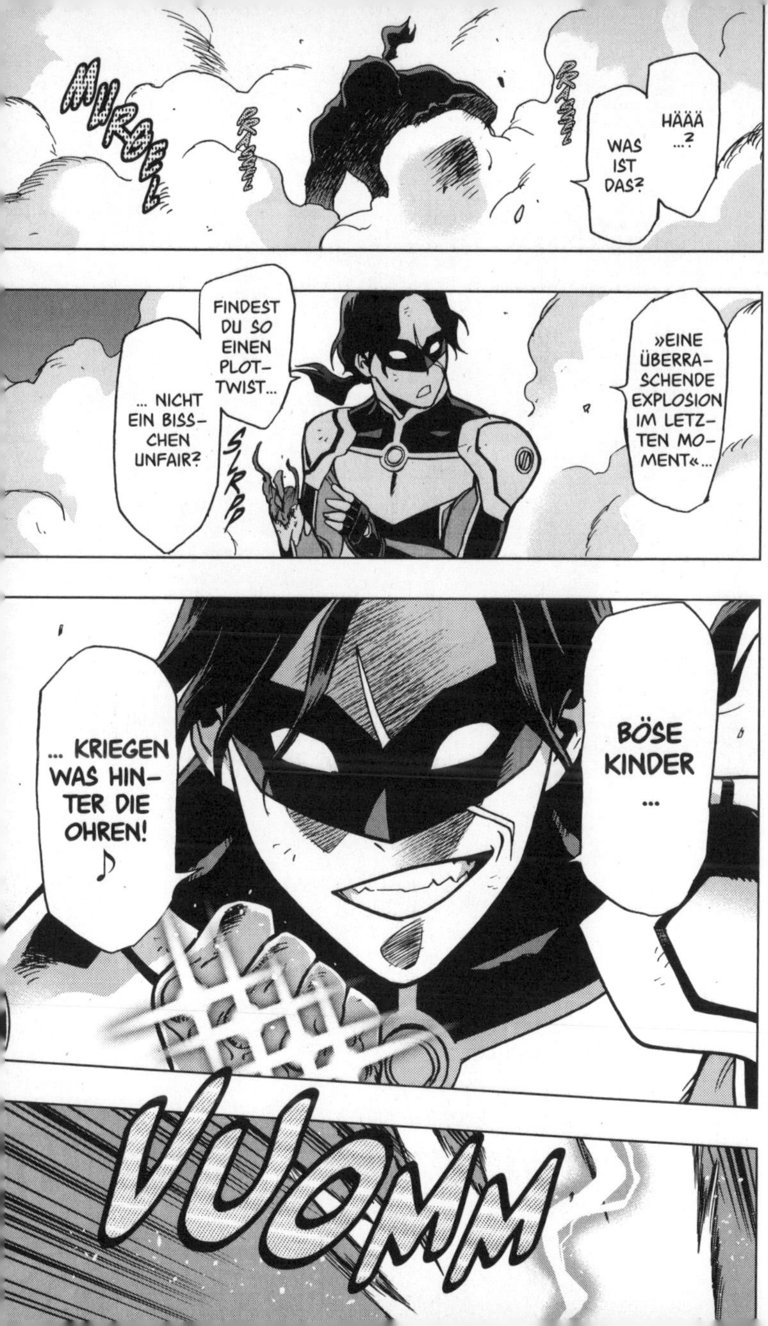

HÄÄÄ …?
WAS IST DAS?
»EINE ÜBERRA-SCHENDE EXPLOSION IM LETZ-TEN MO-MENT«…
FINDEST DU SO EINEN PLOT-TWIST…
… NICHT EIN BISS-CHEN UNFAIR?
BÖSE KINDER …
… KRIEGEN WAS HIN-TER DIE OHREN! ♪
VUOMM

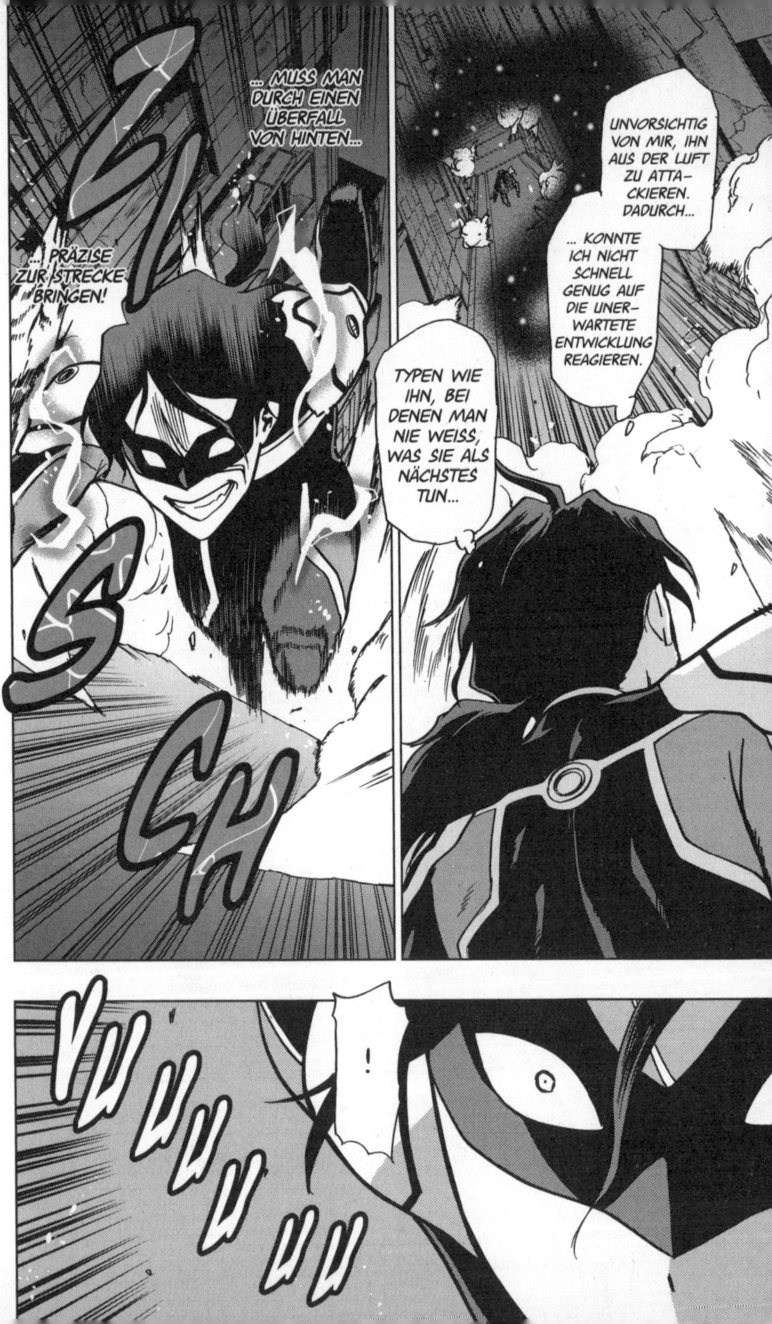
UNVORSICHTIG VON MIR, IHN AUS DER LUFT ZU ATTA-CKIEREN. DADURCH...
... KONNTE ICH NICHT SCHNELL GENUG AUF DIE UNER-WARTETE ENTWICKLUNG REAGIEREN.
TYPEN WIE IHN, BEI DENEN MAN NIE WEISS, WAS SIE ALS NÄCHSTES TUN...
... MUSS MAN DURCH EINEN ÜBERFALL VON HINTEN...
... PRÄZISE ZUR STRECKE BRINGEN!
!

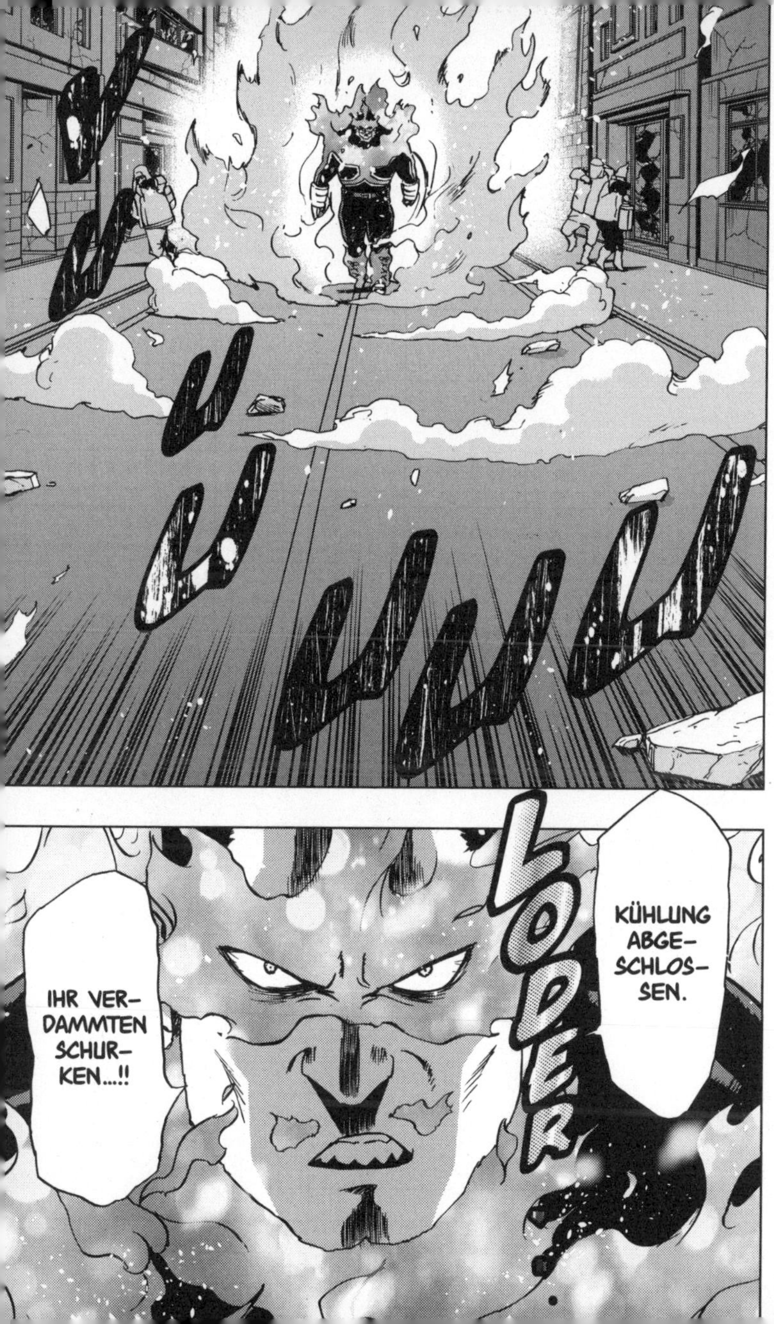
KÜHLUNG ABGE- SCHLOS- SEN.
LODER
IHR VER- DAMMTEN SCHUR- KEN...!!

O'CLOCK II

THE GROBDESIGN

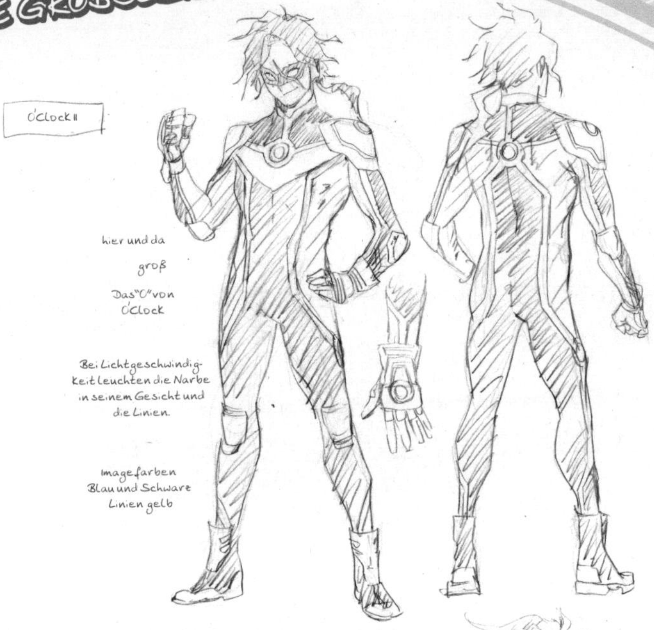

THE HINTERGRUNDGESCHICHTEN

Bis zu seinem Auftritt in der Geschichte hat es ziemlich lange gedauert. Aber wenn ich mich recht entsinne, habe ich diese Skizzen in der Zeit gleich nach seinem ersten Erscheinen in Band 4 zeichnen lassen. Er sollte im Kontrast zu Koichi als smarter »heldenmäßiger Held (aber in Wirklichkeit...)« designt werden. (Furuhashi)

Da zwischen dem Anfertigen des Designs bis zum Auftreten ein ziemlich großer Zeitraum lag, habe ich noch ein paar fehlende Teile wie Gürtel etc. hinzugefügt und Details am Design verändert, als es dann tatsächlich ans Zeichnen ging. Ich habe dem ehemaligen Sidekick, der auf einer Hommage auf den Meister basiert, noch mehr Hommage zugefügt. (Schwierig auszudrücken... haha) (Betten)

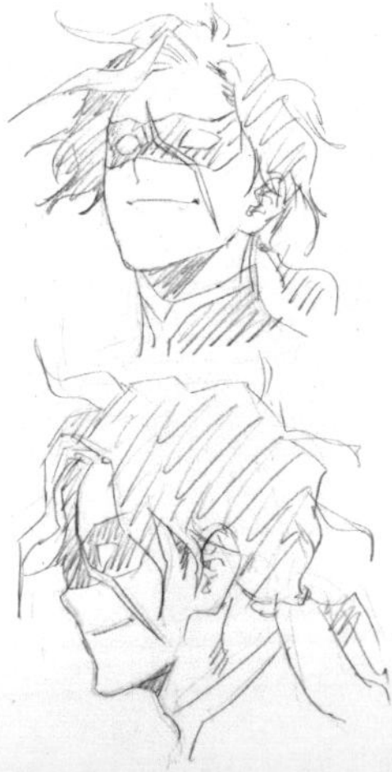

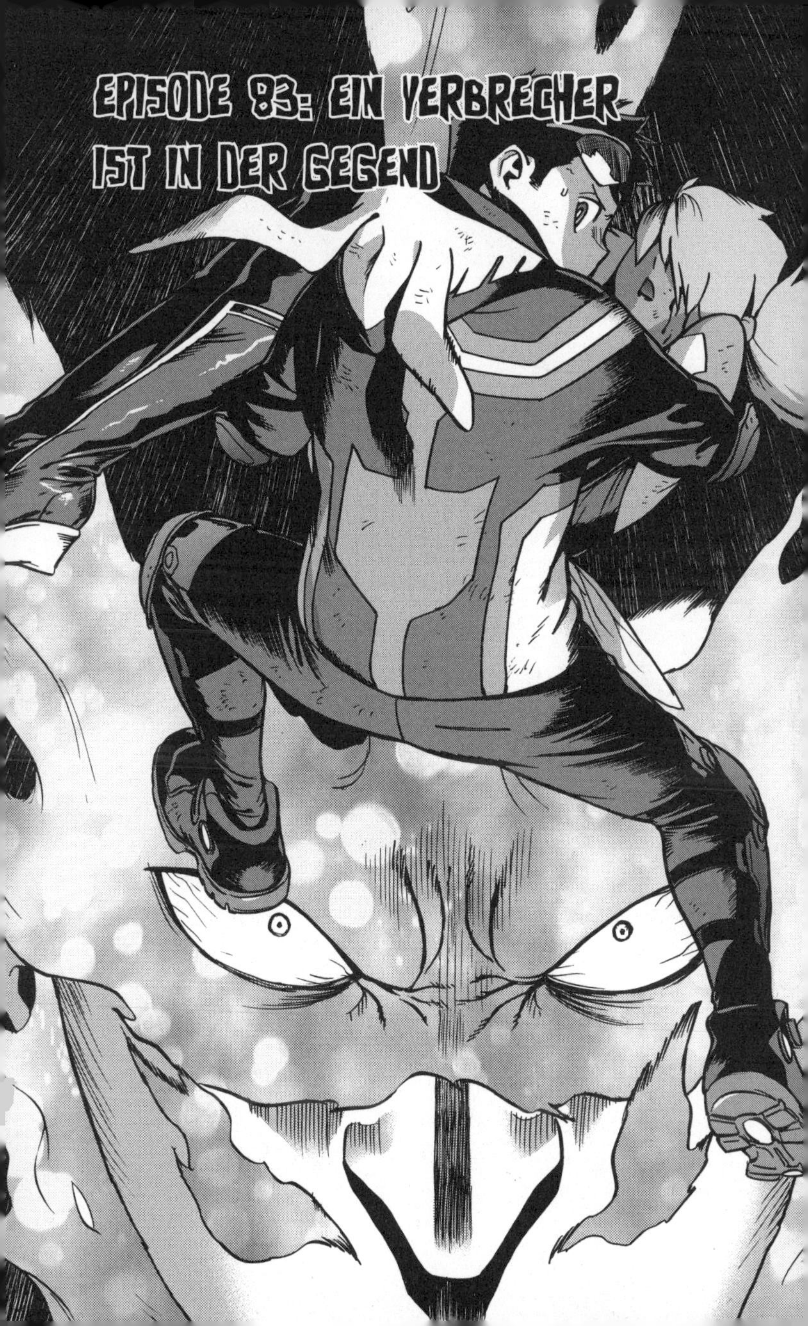
EPISODE 83: EIN VERBRECHER IST IN DER GEGEND

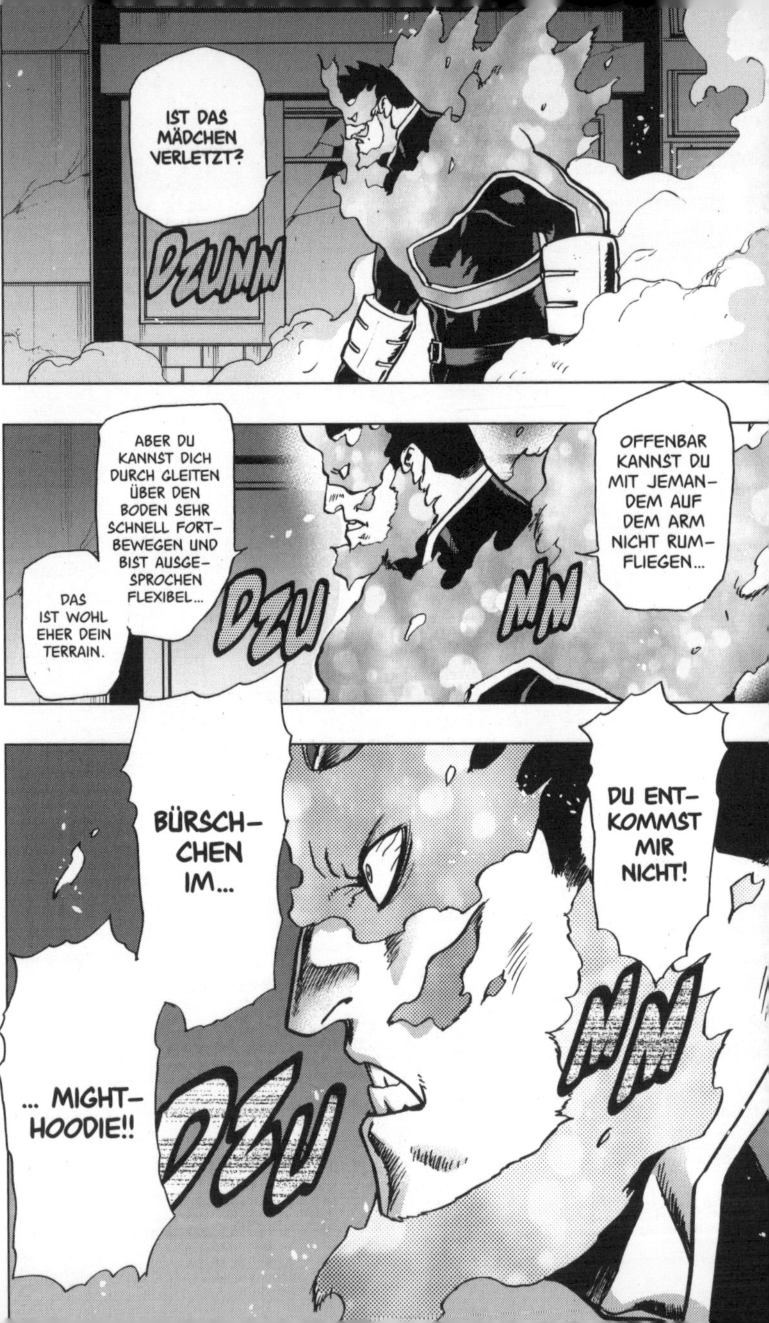
IST DAS MÄDCHEN VERLETZT?
DZUMM
OFFENBAR KANNST DU MIT JEMANDEM AUF DEM ARM NICHT RUMFLIEGEN...
ABER DU KANNST DICH DURCH GLEITEN ÜBER DEN BODEN SEHR SCHNELL FORTBEWEGEN UND BIST AUSGESPROCHEN FLEXIBEL...
DAS IST WOHL EHER DEIN TERRAIN.
DZU MM
DU ENTKOMMST MIR NICHT!
BÜRSCHCHEN IM...
... MIGHTHOODIE!!
DZU MM

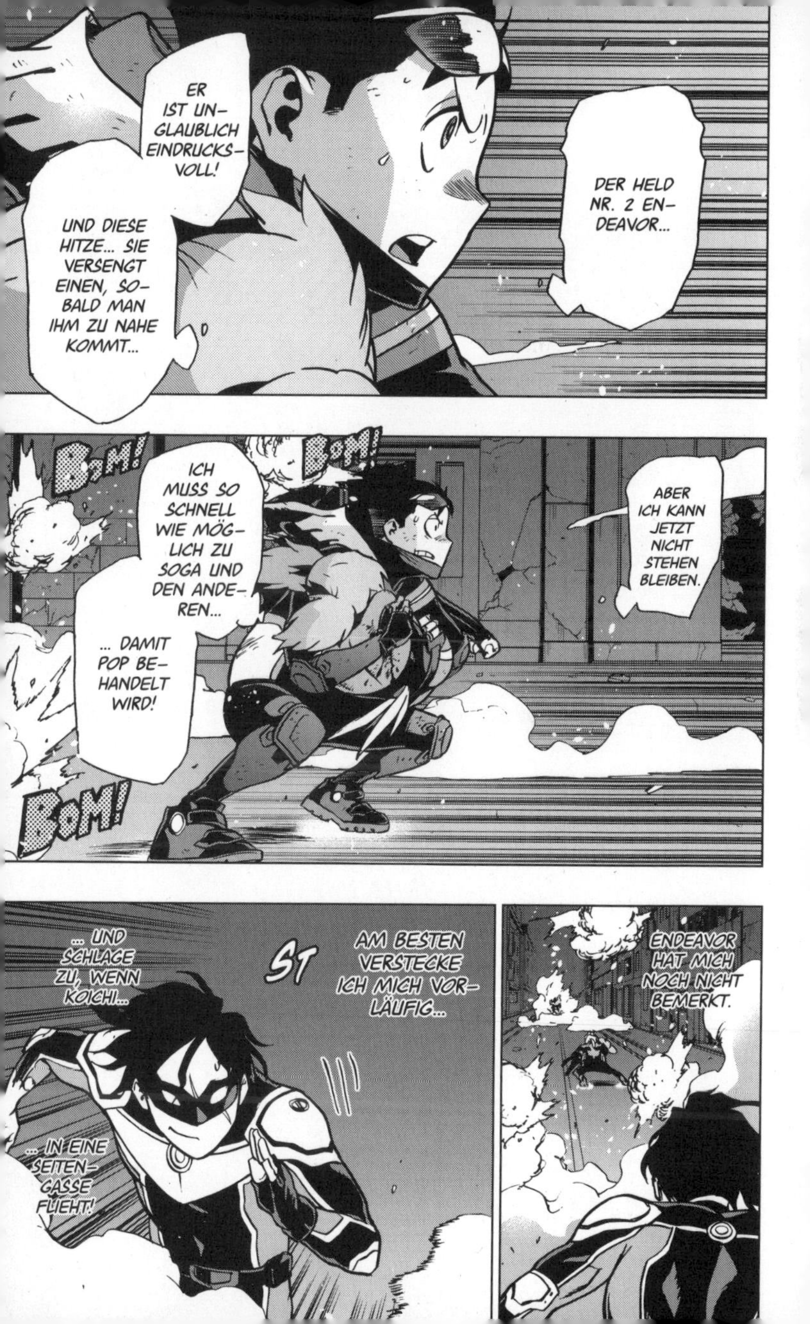
DER HELD NR. 2 ENDEAVOR...
ER IST UNGLAUBLICH EINDRUCKSVOLL!
UND DIESE HITZE... SIE VERSENGT EINEN, SOBALD MAN IHM ZU NAHE KOMMT...
ABER ICH KANN JETZT NICHT STEHEN BLEIBEN.
BOM!
BOM!
ICH MUSS SO SCHNELL WIE MÖGLICH ZU SOGA UND DEN ANDEREN...
... DAMIT POP BEHANDELT WIRD!
BOM!
ENDEAVOR HAT MICH NOCH NICHT BEMERKT.
AM BESTEN VERSTECKE ICH MICH VORLÄUFIG...
ST
... UND SCHLAGE ZU, WENN KOICHI...
... IN EINE SEITENGASSE FLIEHT!

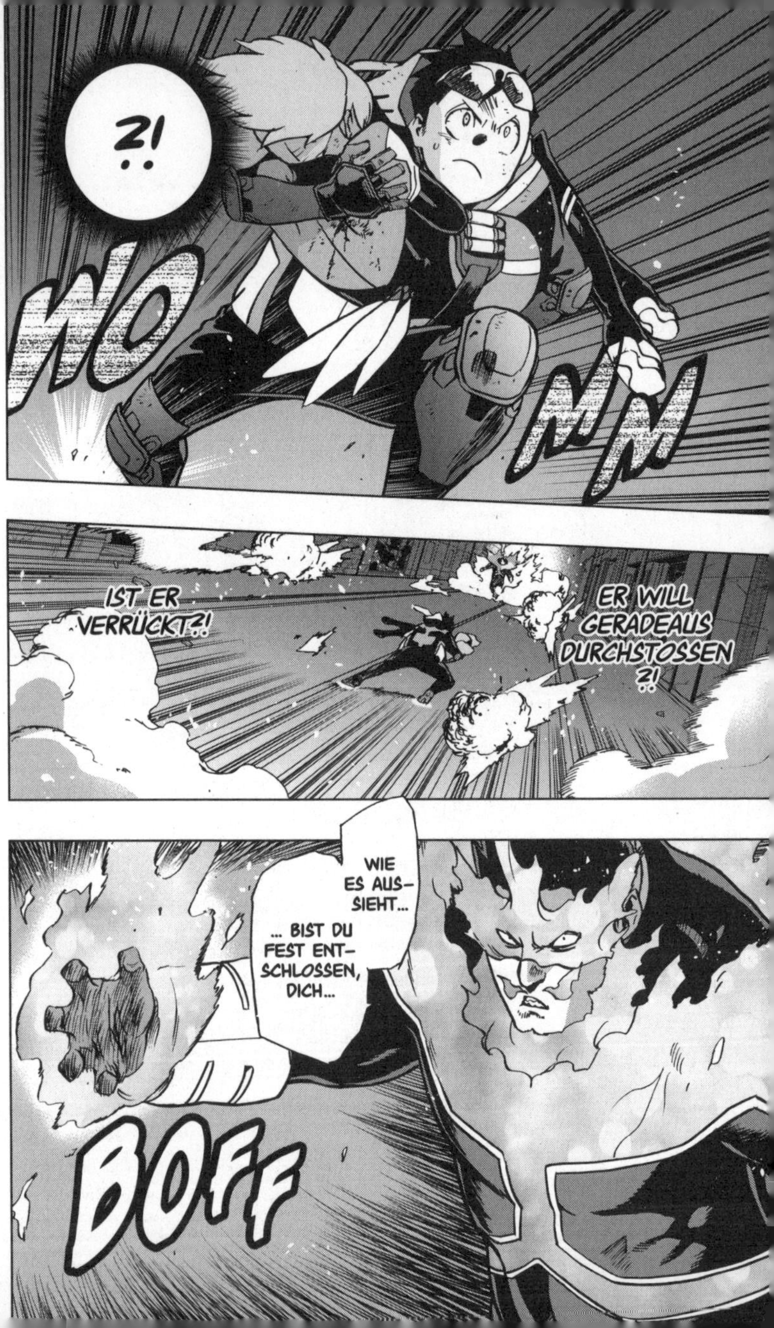

?!
WO
MM
IST ER VERRÜCKT?!
ER WILL GERADEAUS DURCHSTOSSEN ?!
WIE ES AUS-SIEHT...
... BIST DU FEST ENT-SCHLOSSEN, DICH...
BOFF

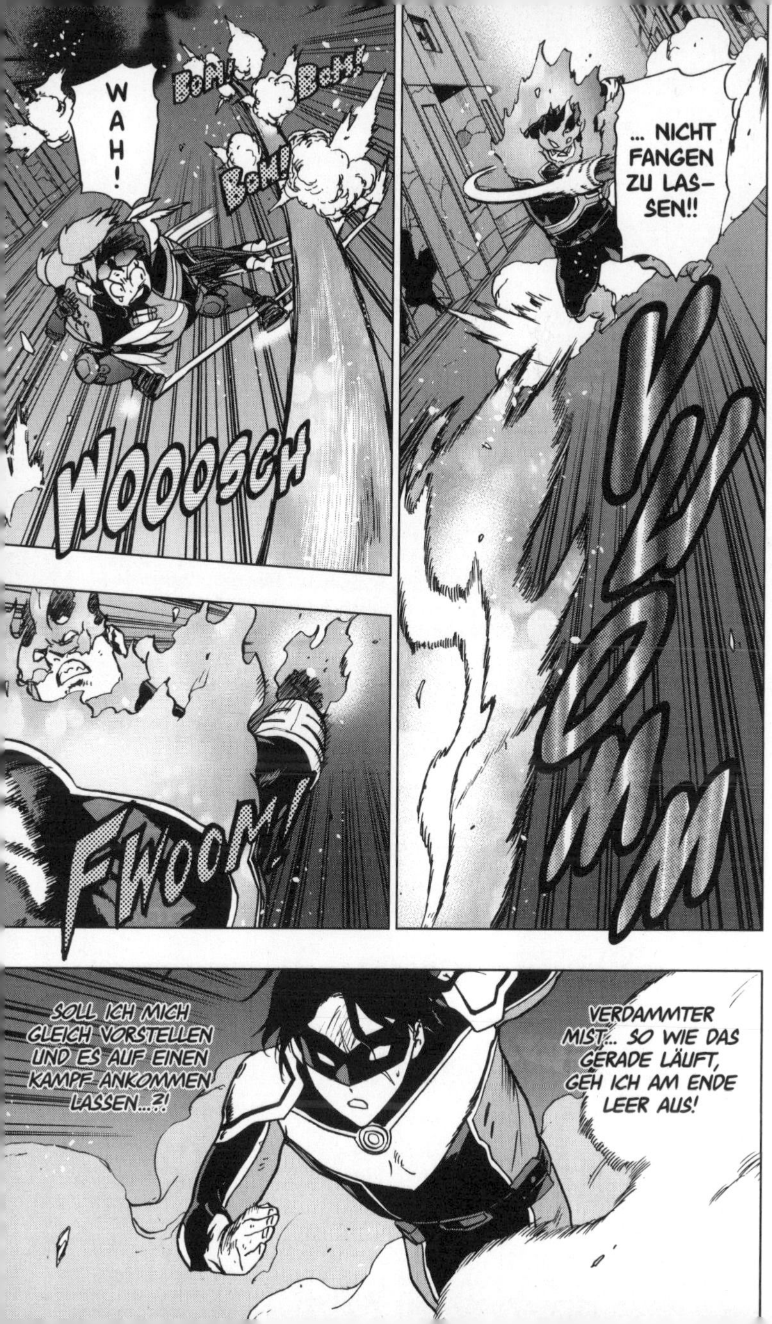
... NICHT FANGEN ZU LASSEN!!
WAH!
BOM! BOM!
BOM!
WOOOSCH
FWOOM!
VERDAMMTER MIST... SO WIE DAS GERADE LÄUFT, GEH ICH AM ENDE LEER AUS!
SOLL ICH MICH GLEICH VORSTELLEN UND ES AUF EINEN KAMPF ANKOMMEN LASSEN...?!

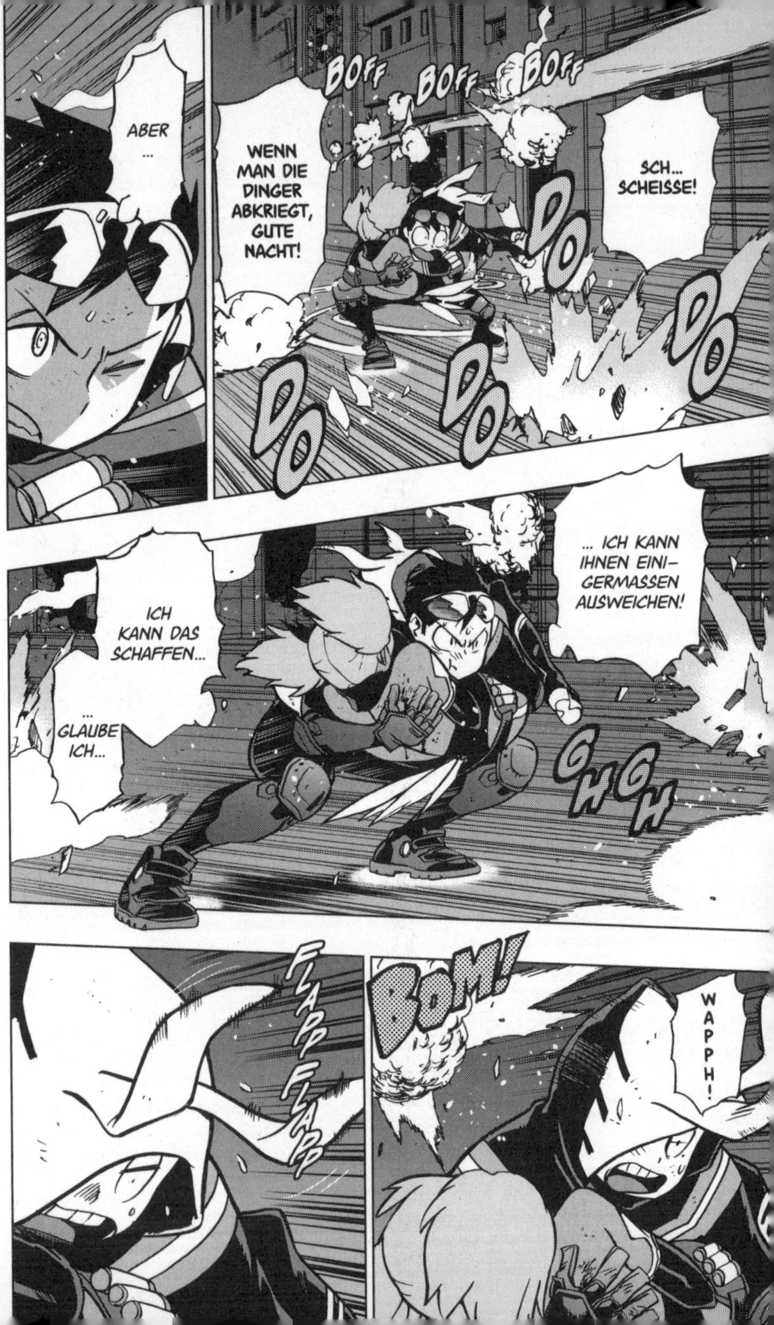
BOFF BOFF BOFF
SCH... SCHEISSE!
DO DO
WENN MAN DIE DINGER ABKRIEGT, GUTE NACHT!
DO DO
DO DO
ABER ...
... ICH KANN IHNEN EINIGERMASSEN AUSWEICHEN!
GHGH
ICH KANN DAS SCHAFFEN...
... GLAUBE ICH...
WAPPH!
BOM!
FLAPP FLAPP FLAPP

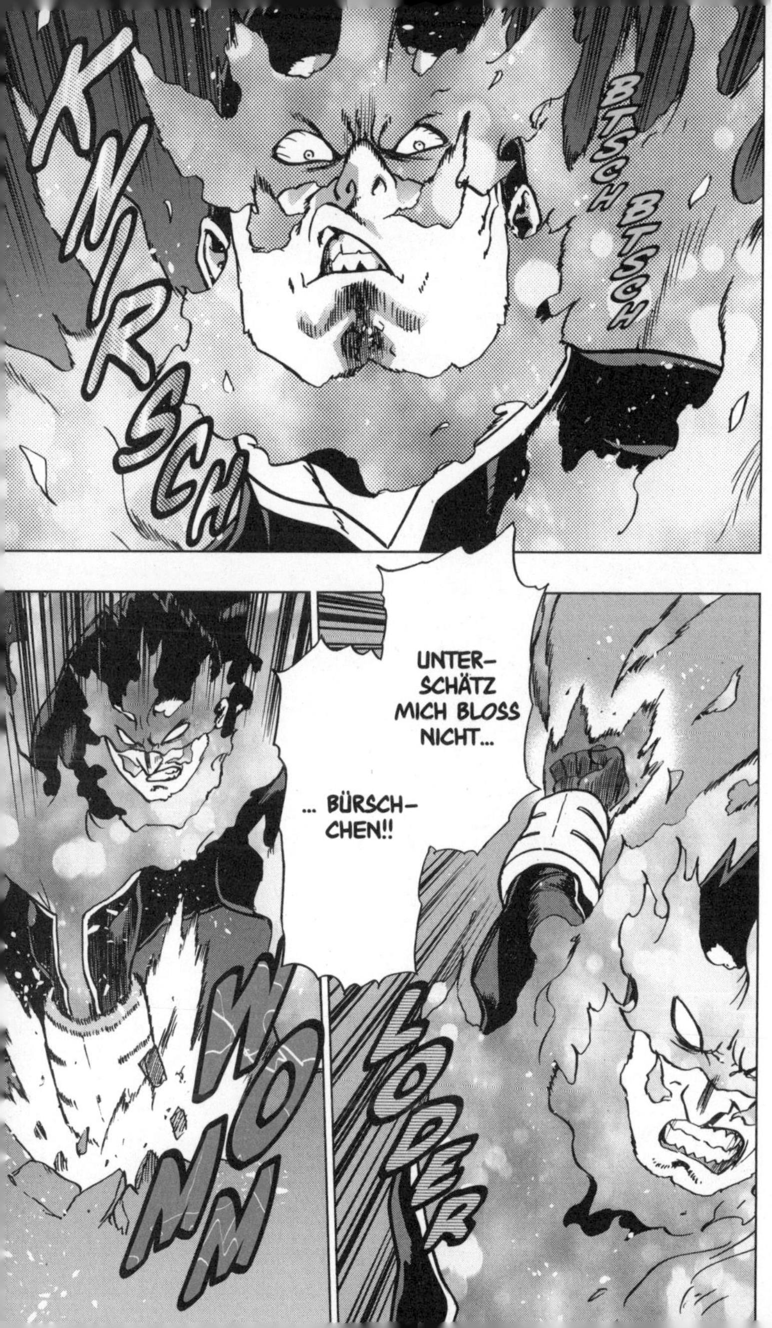
BTSCH BTSCH
KNIRSCH
UNTER-SCHÄTZ MICH BLOSS NICHT...
... BÜRSCH-CHEN!!

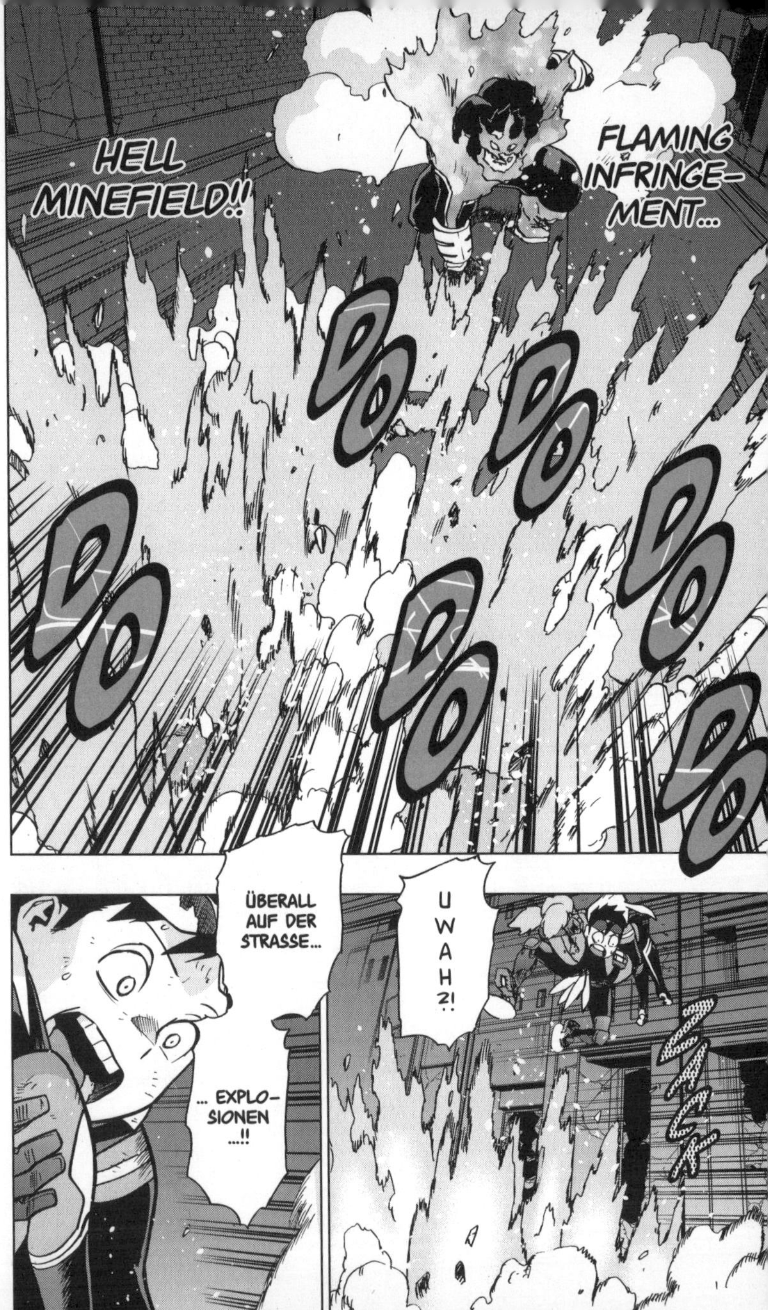
FLAMING INFRINGE-MENT...
HELL MINEFIELD!!
DO DO
DO DO
DO DO
DO DO
DO DO
UWAH?!
ÜBERALL AUF DER STRASSE...
... EXPLO-SIONEN ...!!

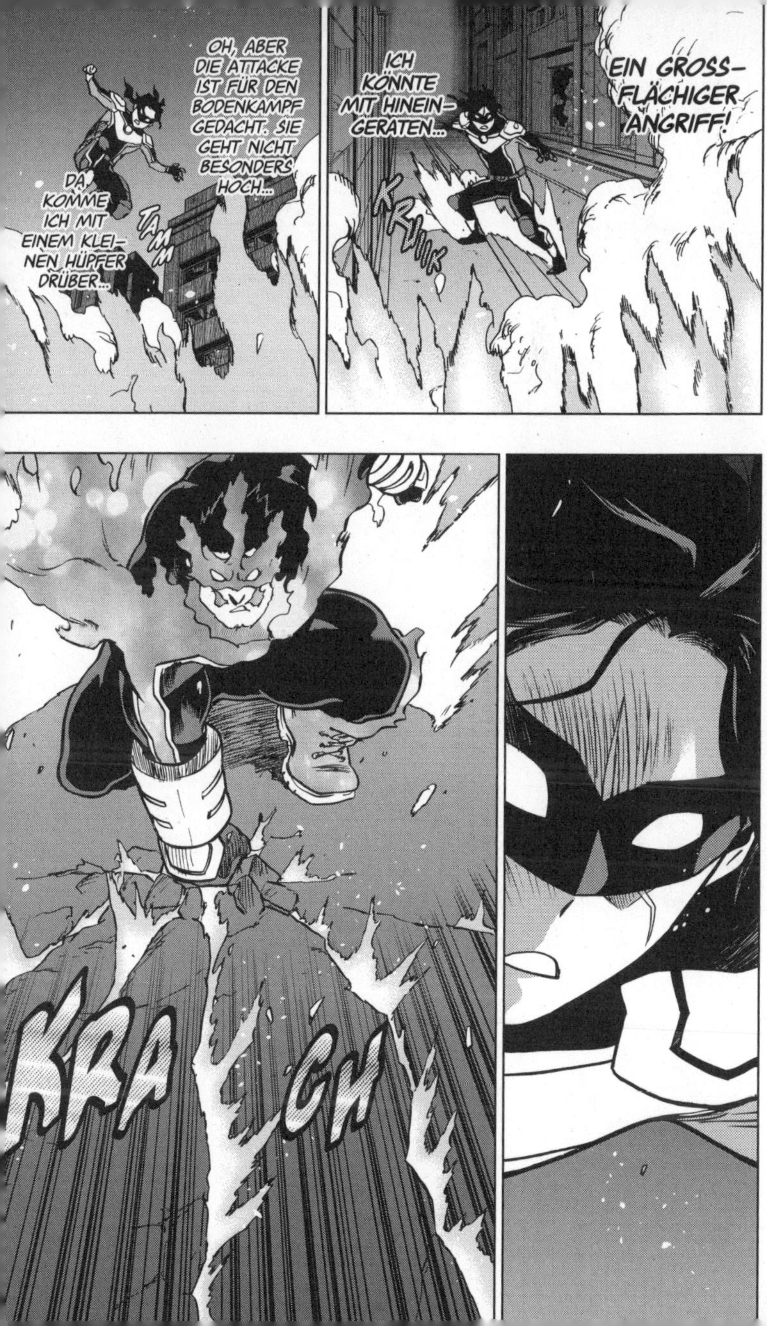
EIN GROSS-FLÄCHIGER ANGRIFF!
ICH KÖNNTE MIT HINEIN-GERATEN...
OH, ABER DIE ATTACKE IST FÜR DEN BODENKAMPF GEDACHT. SIE GEHT NICHT BESONDERS HOCH...
DA KOMME ICH MIT EINEM KLEI-NEN HÜPFER DRÜBER...
TAMM
KRACH

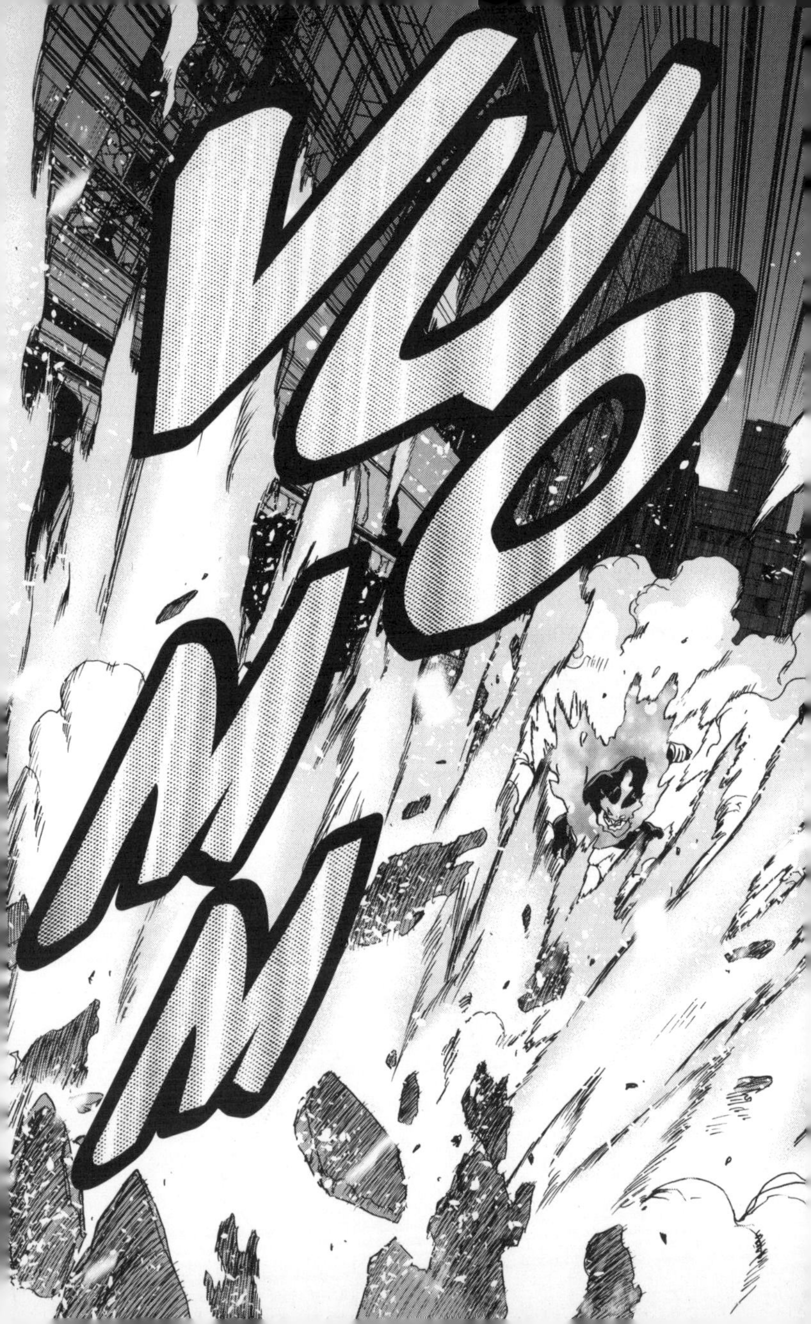

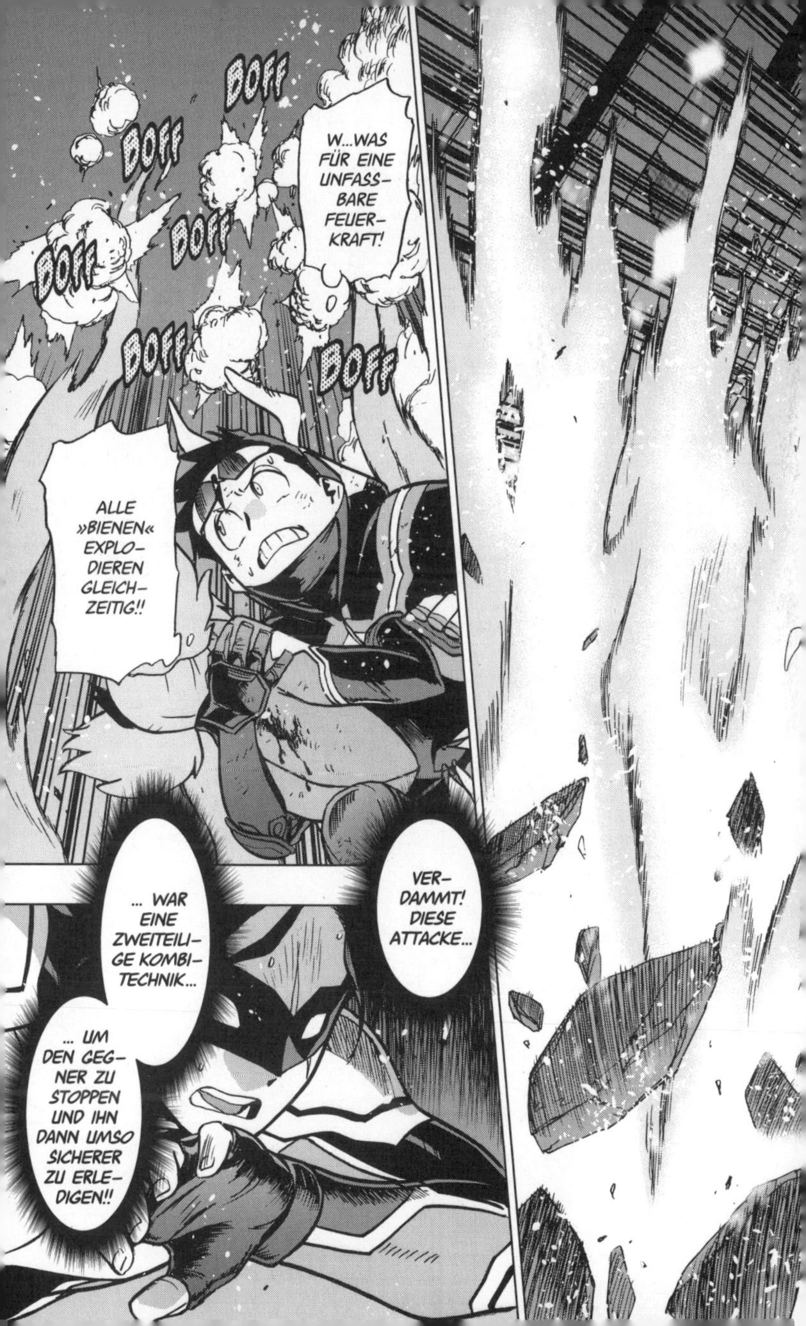
W...WAS FÜR EINE UNFASS-BARE FEUER-KRAFT!
BOFF
BOFF
BOFF
BOFF
BOFF
BOFF
ALLE »BIENEN« EXPLO-DIEREN GLEICH-ZEITIG!!
VER-DAMMT! DIESE ATTACKE...
... WAR EINE ZWEITEILI-GE KOMBI-TECHNIK...
... UM DEN GEG-NER ZU STOPPEN UND IHN DANN UMSO SICHERER ZU ERLE-DIGEN!!

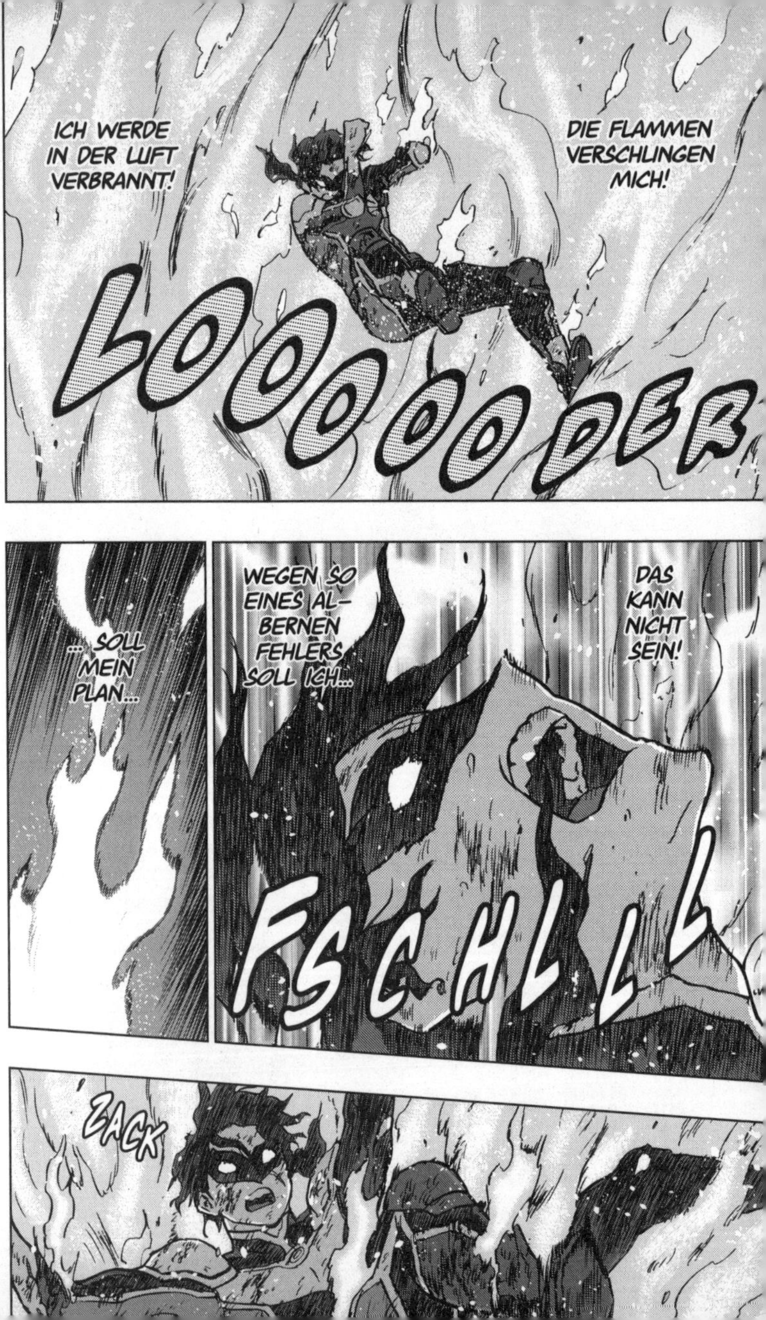
ICH WERDE IN DER LUFT VERBRANNT!
DIE FLAMMEN VERSCHLINGEN MICH!
LOOOOOODER
DAS KANN NICHT SEIN!
WEGEN SO EINES ALBERNEN FEHLERS SOLL ICH...
... SOLL MEIN PLAN...
FSCHLLL
ZACK

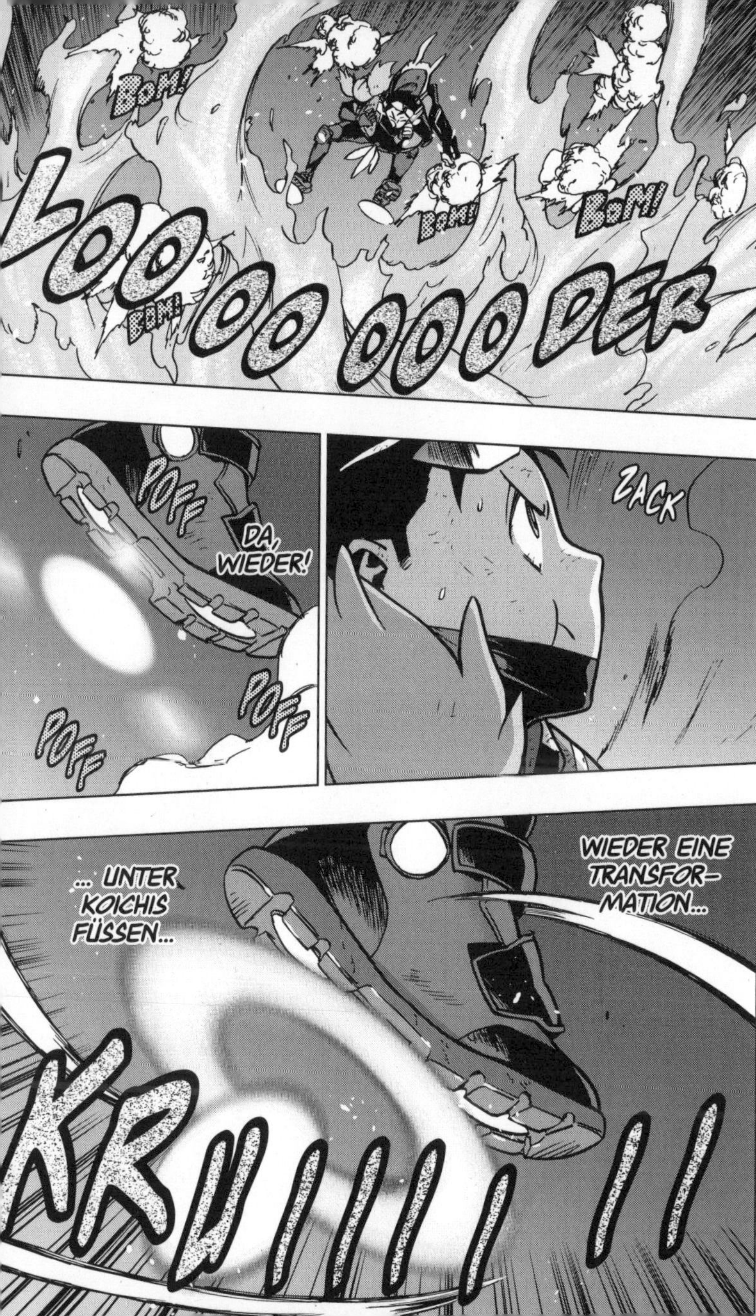
BOM!
BOM!
BOM!
BOM!
LOOOOOOODER
ZACK
POFF
DA, WIEDER!
POFF
POFF
WIEDER EINE TRANSFOR-MATION...
... UNTER KOICHIS FÜSSEN...
KRUIIIIII

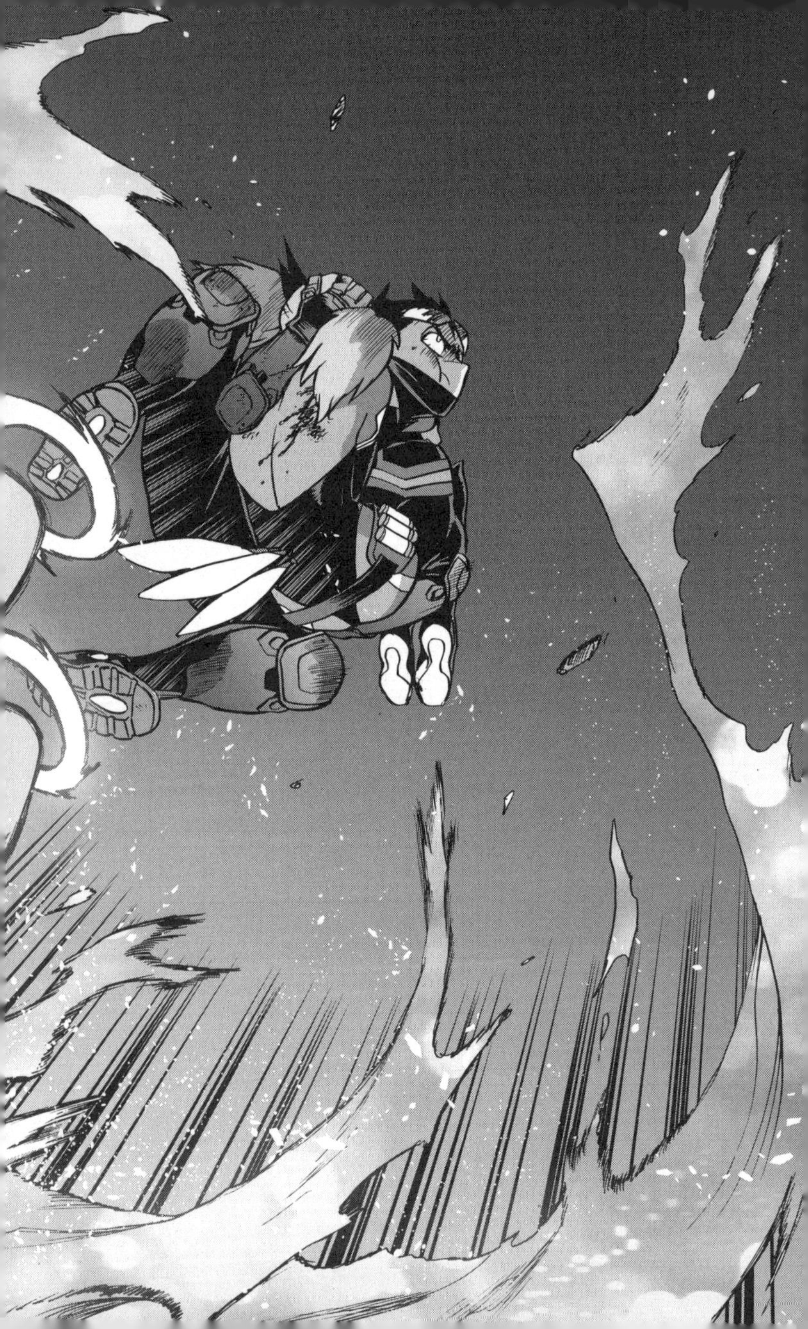

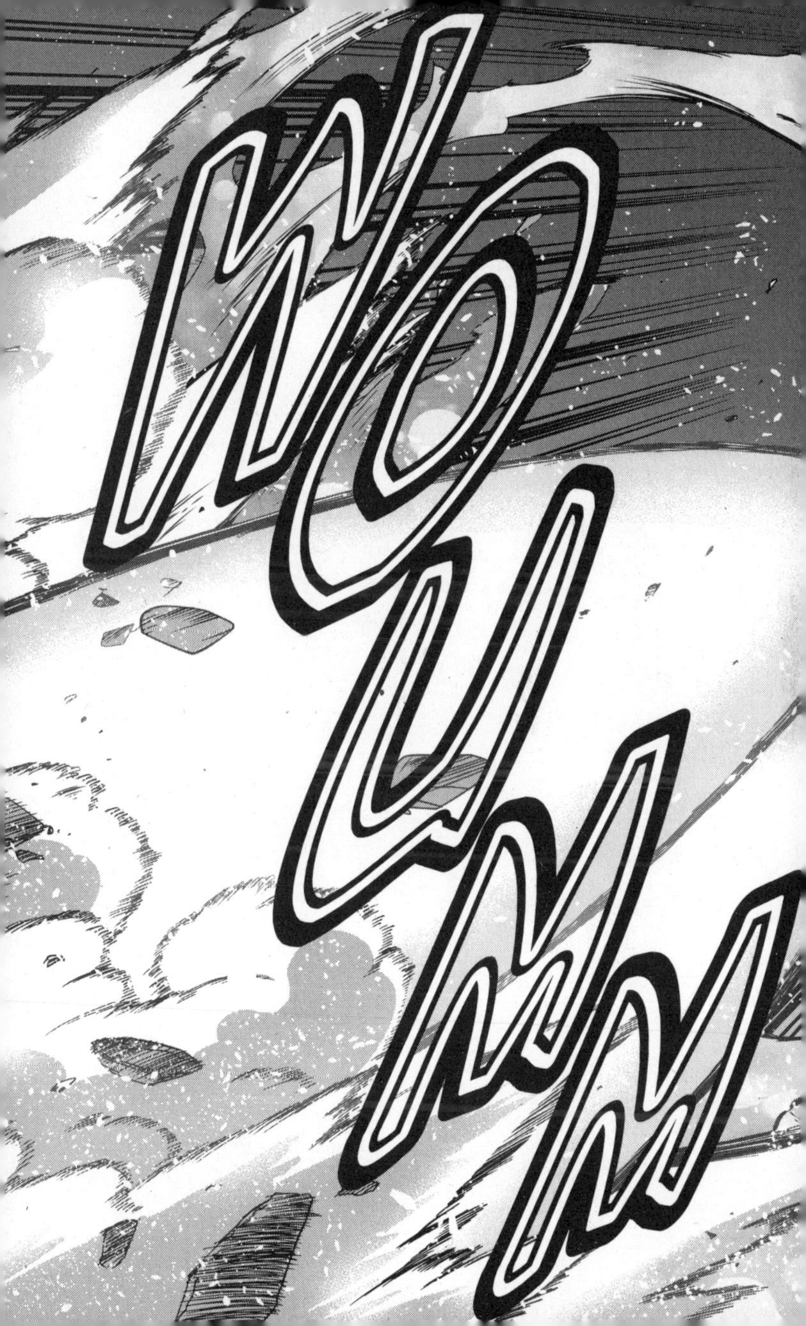

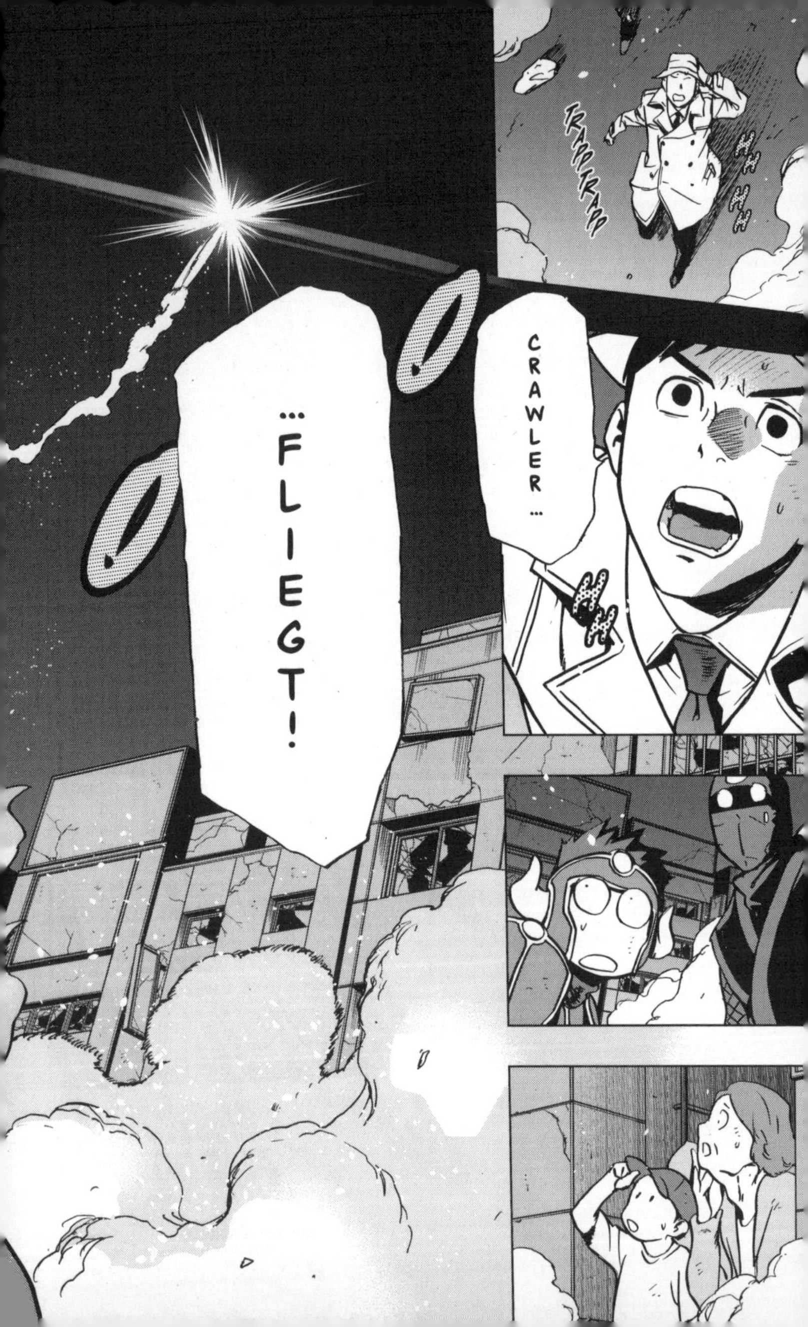
TRAPPTRAPP
CRAWLER ...
... FLIEGT!

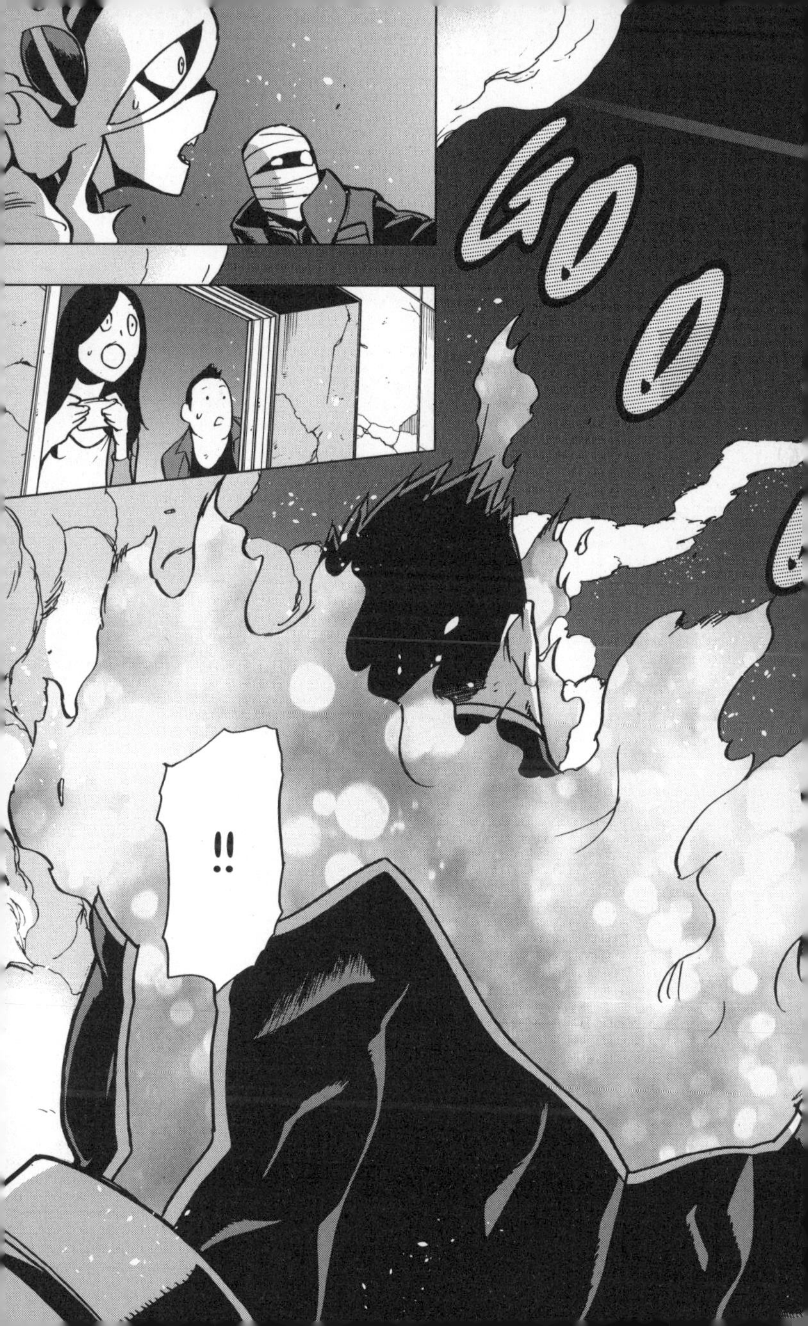
GOO
!!

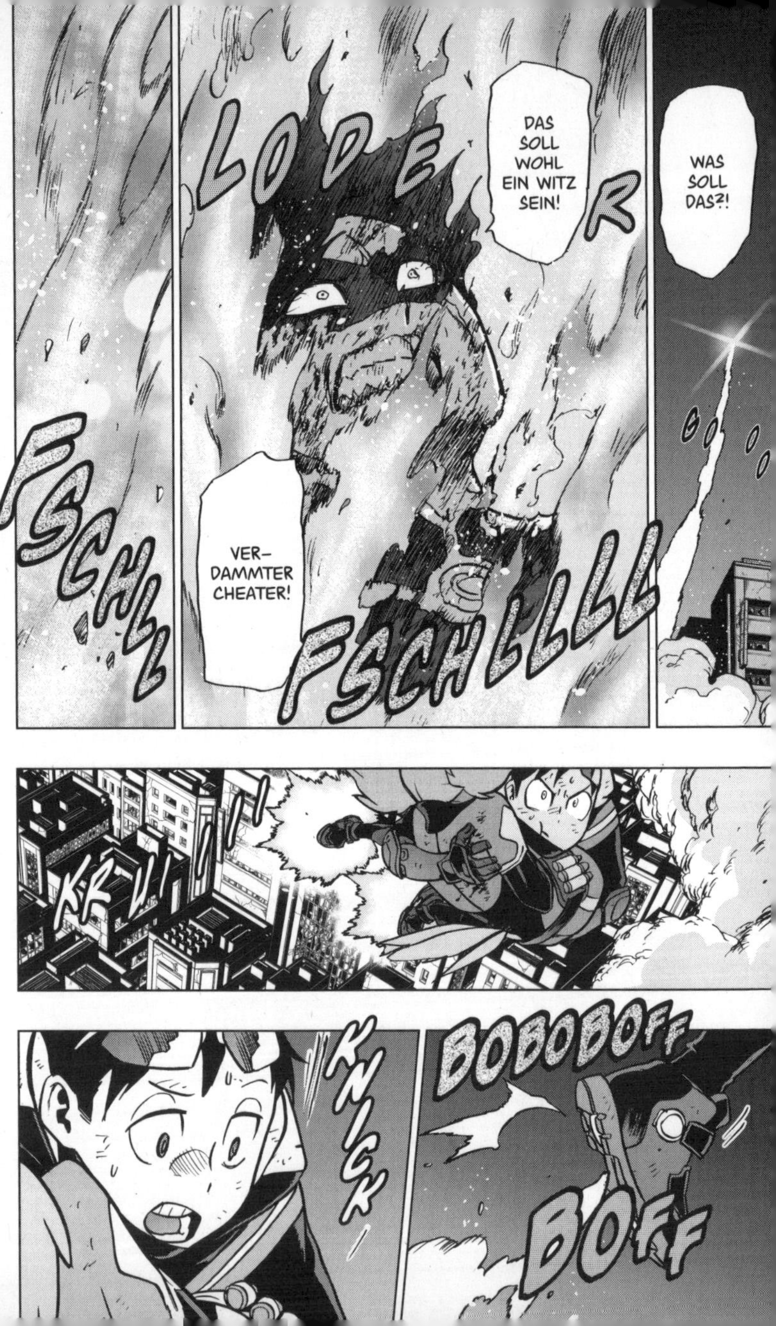

WAS SOLL DAS?!
DAS SOLL WOHL EIN WITZ SEIN!
LODER
VER-DAMMTER CHEATER!
FSCHLLLL
BOBOBOFF
BOFF
KNICK

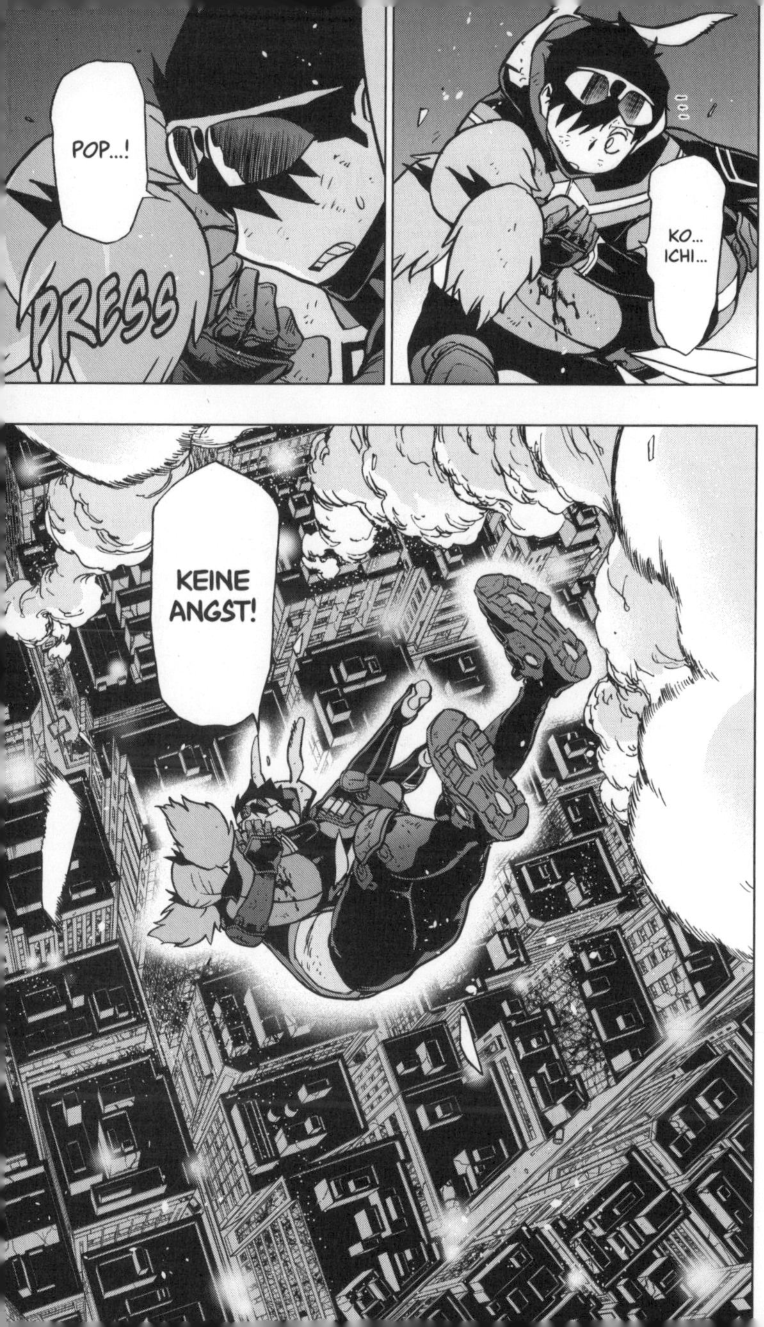
KO... ICHI...
POP...!
PRESS
KEINE ANGST!

THE KOLUMNE

KOICHI

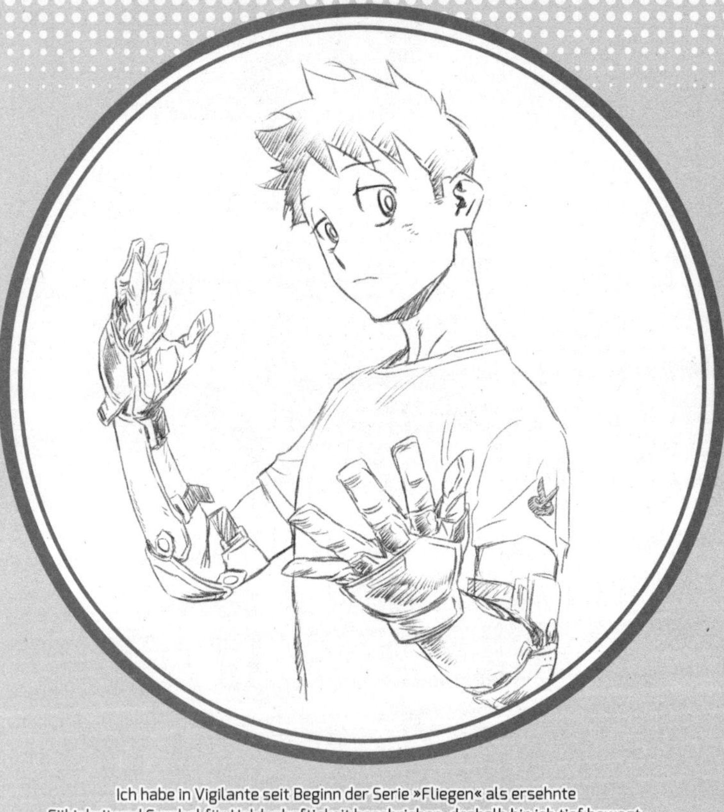

Ich habe in Vigilante seit Beginn der Serie »Fliegen« als ersehnte Fähigkeit und Symbol für Heldenhaftigkeit beschrieben, deshalb bin ich tief bewegt, dass Koichi es jetzt auch endlich so weit gebracht hat. Wobei man natürlich noch nicht sagen kann, dass er frei und ungehindert »fliegen« kann... (Furuhashi)

Da Koichi der Protagonist ist, hatte ich eigentlich die Intention gehabt, dass er möglichst leicht zu zeichnen ist, aber aus unerfindlichen Gründen gibt es immer noch vieles, das irgendwie nicht richtig passt. Möglicherweise kann ich selbst nicht völlig mit Koichis Entwicklung innerhalb der Geschichte Schritt halten... Ich wünsche mir nur beim Zeichnen, dass im Verlauf der Geschichte eine Wandlung von »anfangs ist er uncool« zu »irgendwann ist er plötzlich cool« stattfindet. (Betten)

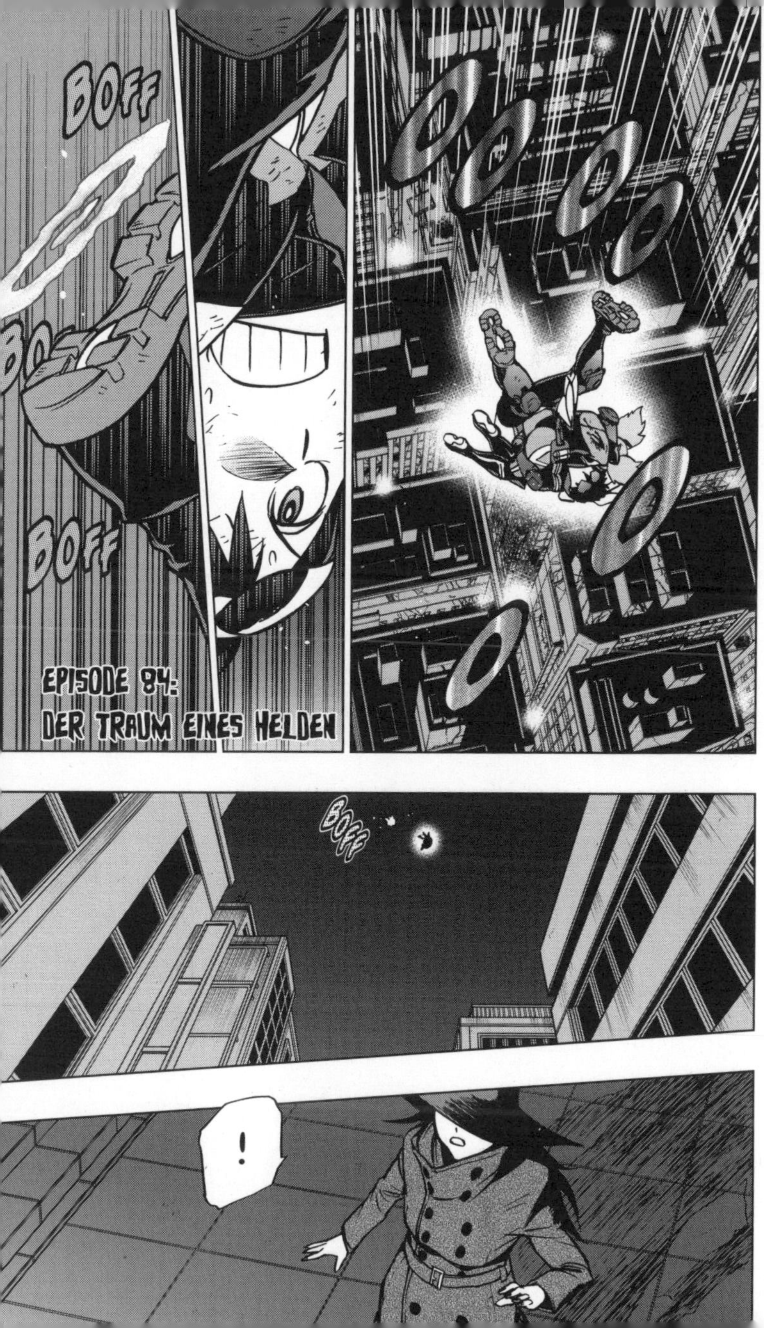
BOFF
BOFF
BOFF
EPISODE 84:
DER TRAUM EINES HELDEN
BOFF
!

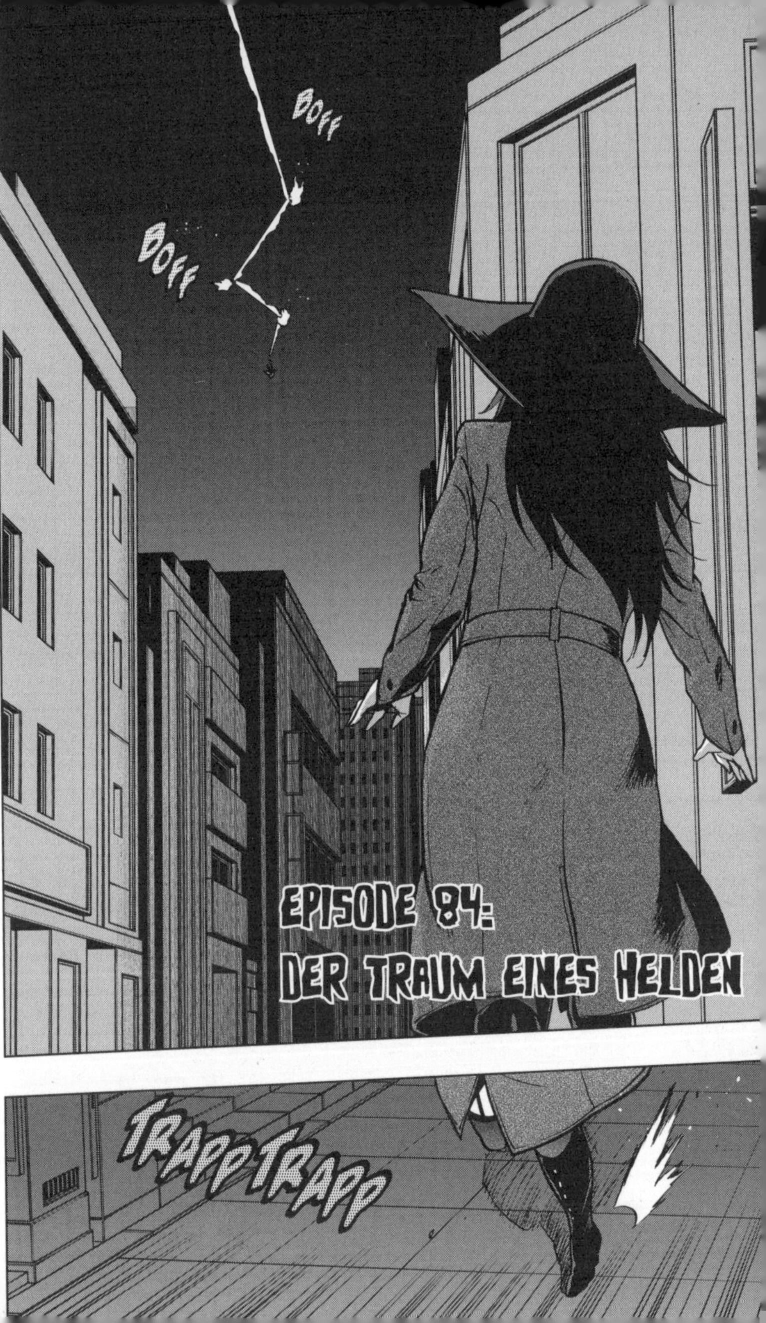
BOFF
BOFF
EPISODE 84:
DER TRAUM EINES HELDEN
TRAPP TRAPP

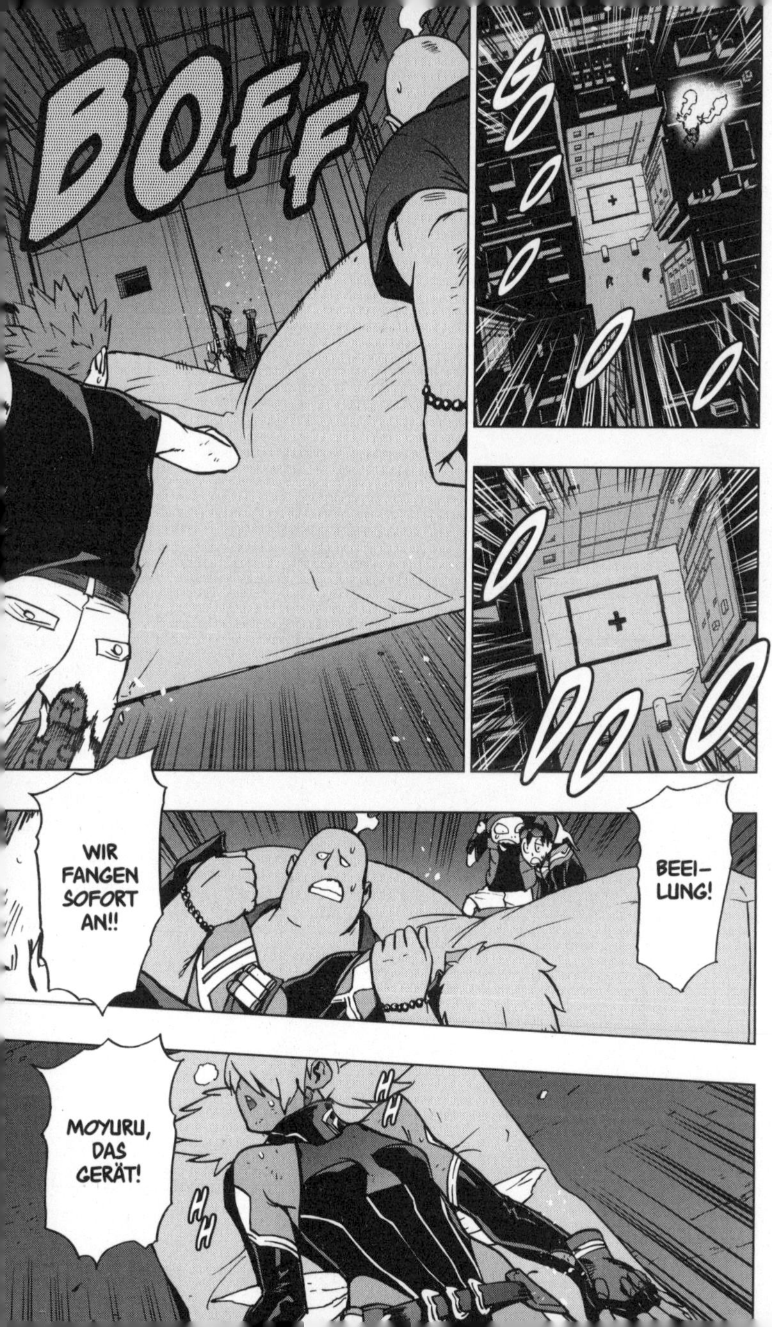
BOFF
BEEI-LUNG!
WIR FANGEN SOFORT AN!!
MOYURU, DAS GERÄT!

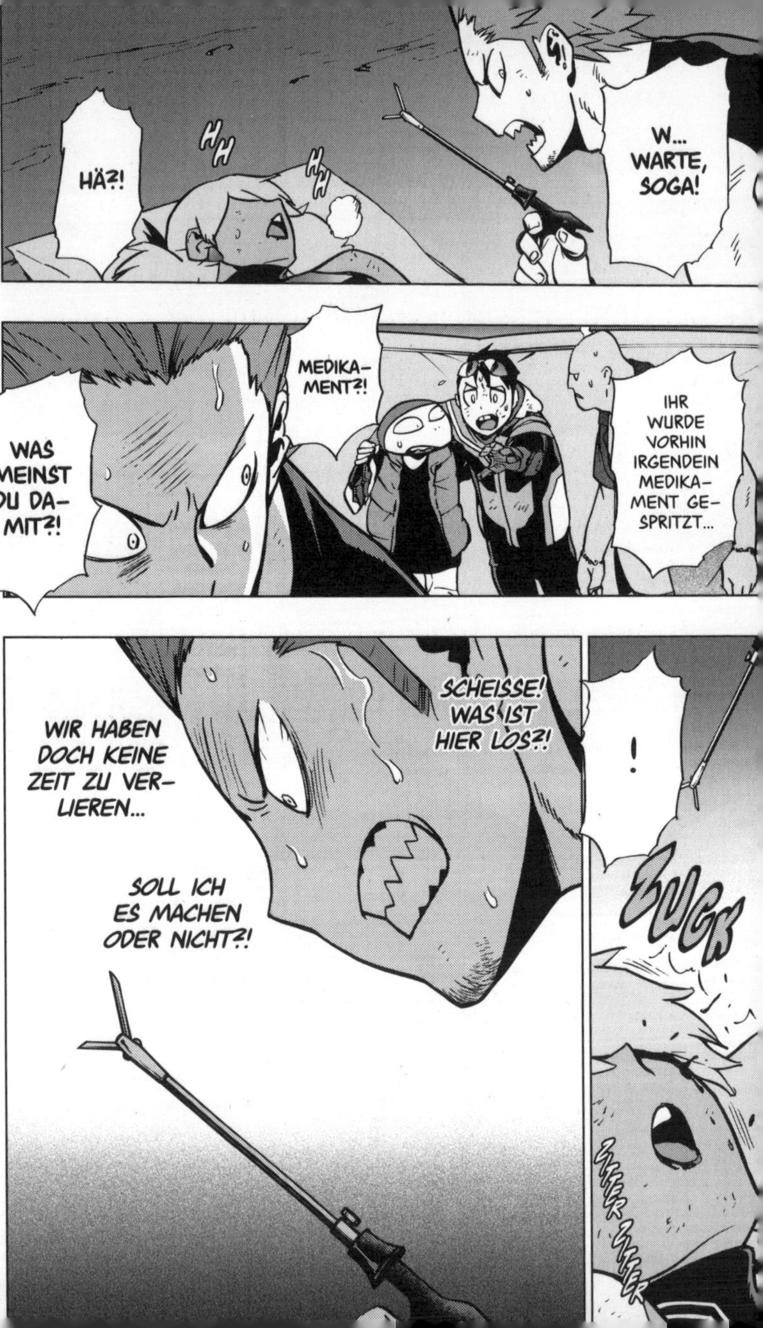
W... WARTE, SOGA!
HÄ?!
H H
H H
MEDIKA-MENT?!
IHR WURDE VORHIN IRGENDEIN MEDIKA-MENT GE-SPRITZT...
WAS MEINST DU DA-MIT?!
!
ZUCK
SCHEISSE! WAS IST HIER LOS?!
WIR HABEN DOCH KEINE ZEIT ZU VER-LIEREN...
SOLL ICH ES MACHEN ODER NICHT?!

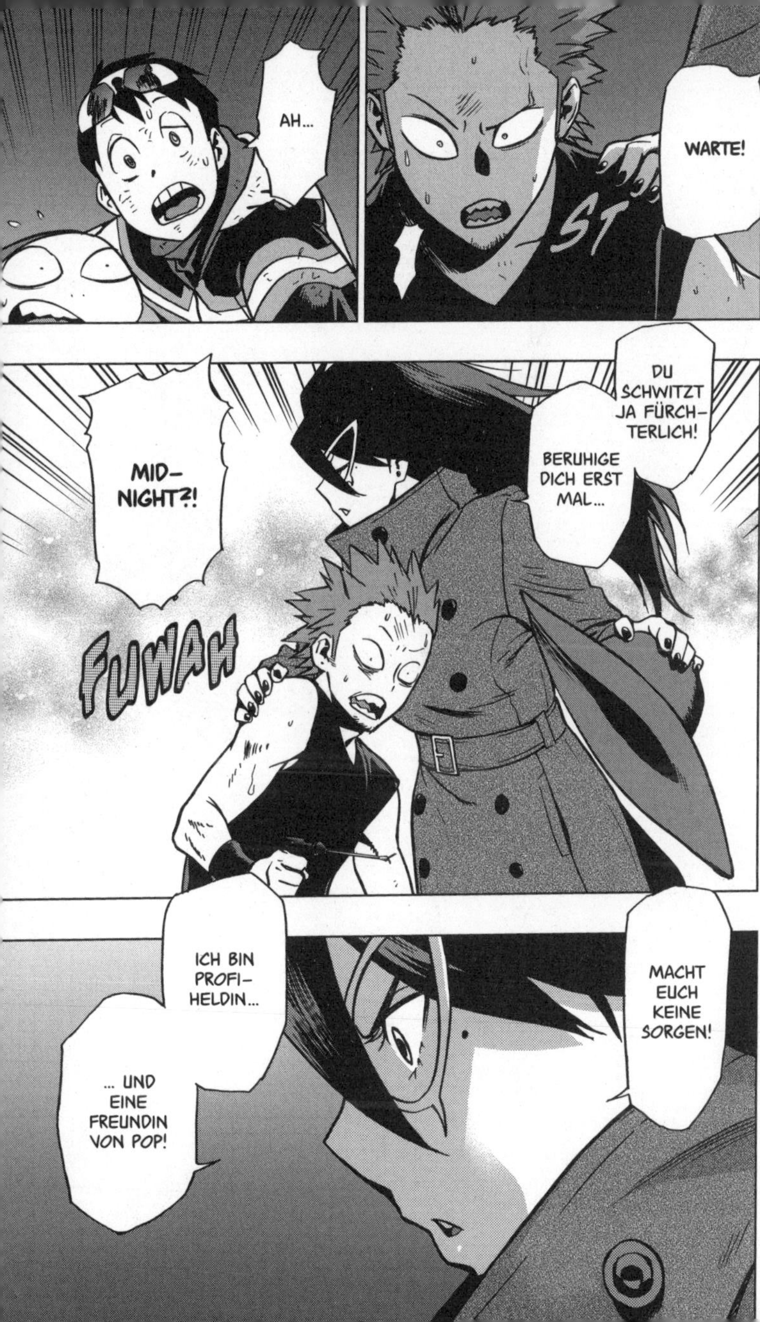
WARTE!
AH...
DU SCHWITZT JA FÜRCH-TERLICH!
BERUHIGE DICH ERST MAL...
MID-NIGHT?!
FUWAH
MACHT EUCH KEINE SORGEN!
ICH BIN PROFI-HELDIN...
... UND EINE FREUNDIN VON POP!

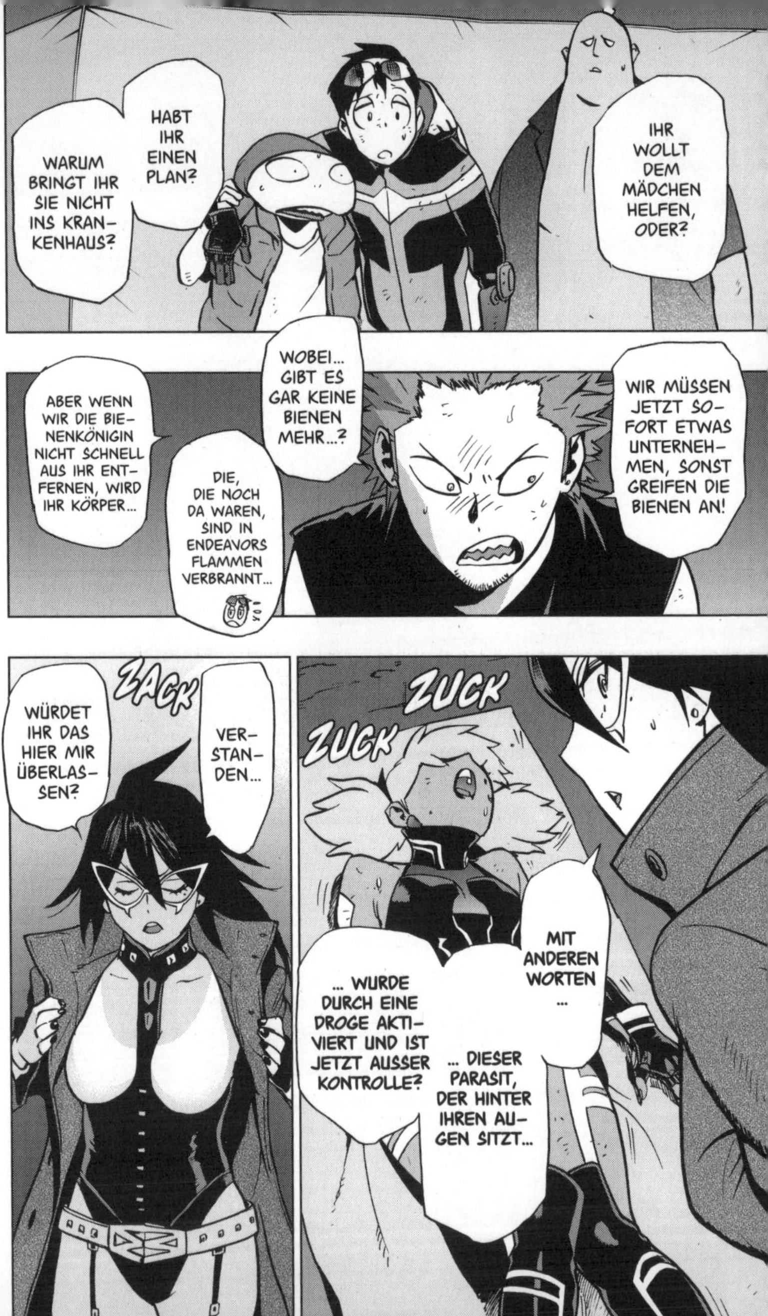
IHR WOLLT DEM MÄDCHEN HELFEN, ODER?
HABT IHR EINEN PLAN?
WARUM BRINGT IHR SIE NICHT INS KRAN-KENHAUS?
WIR MÜSSEN JETZT SO-FORT ETWAS UNTERNEH-MEN, SONST GREIFEN DIE BIENEN AN!
WOBEI... GIBT ES GAR KEINE BIENEN MEHR...?
DIE, DIE NOCH DA WAREN, SIND IN ENDEAVORS FLAMMEN VERBRANNT...
ABER WENN WIR DIE BIE-NENKÖNIGIN NICHT SCHNELL AUS IHR ENT-FERNEN, WIRD IHR KÖRPER...
ZUCK
ZUCK
MIT ANDEREN WORTEN ...
... DIESER PARASIT, DER HINTER IHREN AU-GEN SITZT...
... WURDE DURCH EINE DROGE AKTI-VIERT UND IST JETZT AUSSER KONTROLLE?
ZACK
VER-STAN-DEN...
WÜRDET IHR DAS HIER MIR ÜBERLAS-SEN?

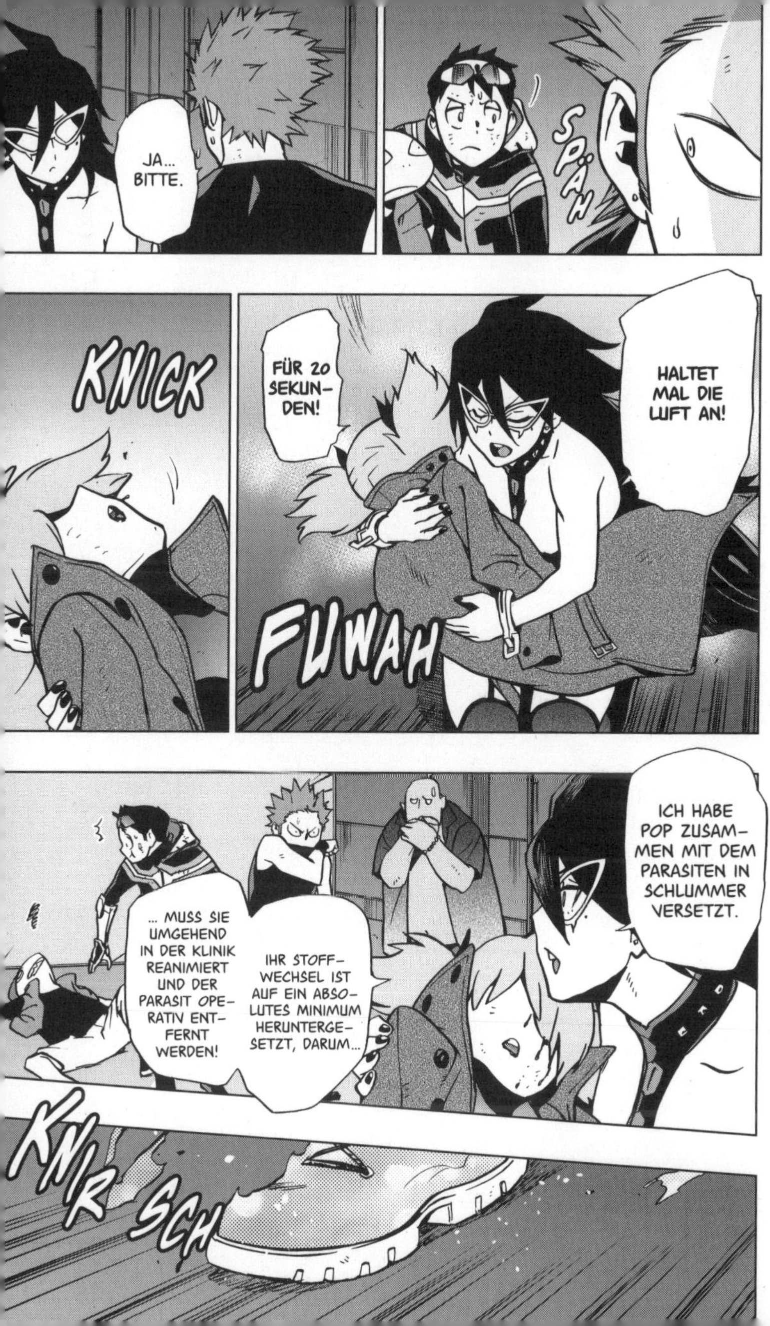
SPÄH
JA... BITTE.
HALTET MAL DIE LUFT AN!
FÜR 20 SEKUNDEN!
FUWAH
KNICK
ICH HABE POP ZUSAMMEN MIT DEM PARASITEN IN SCHLUMMER VERSETZT.
IHR STOFFWECHSEL IST AUF EIN ABSOLUTES MINIMUM HERUNTERGESETZT, DARUM...
... MUSS SIE UMGEHEND IN DER KLINIK REANIMIERT UND DER PARASIT OPERATIV ENTFERNT WERDEN!
KNIRSCH

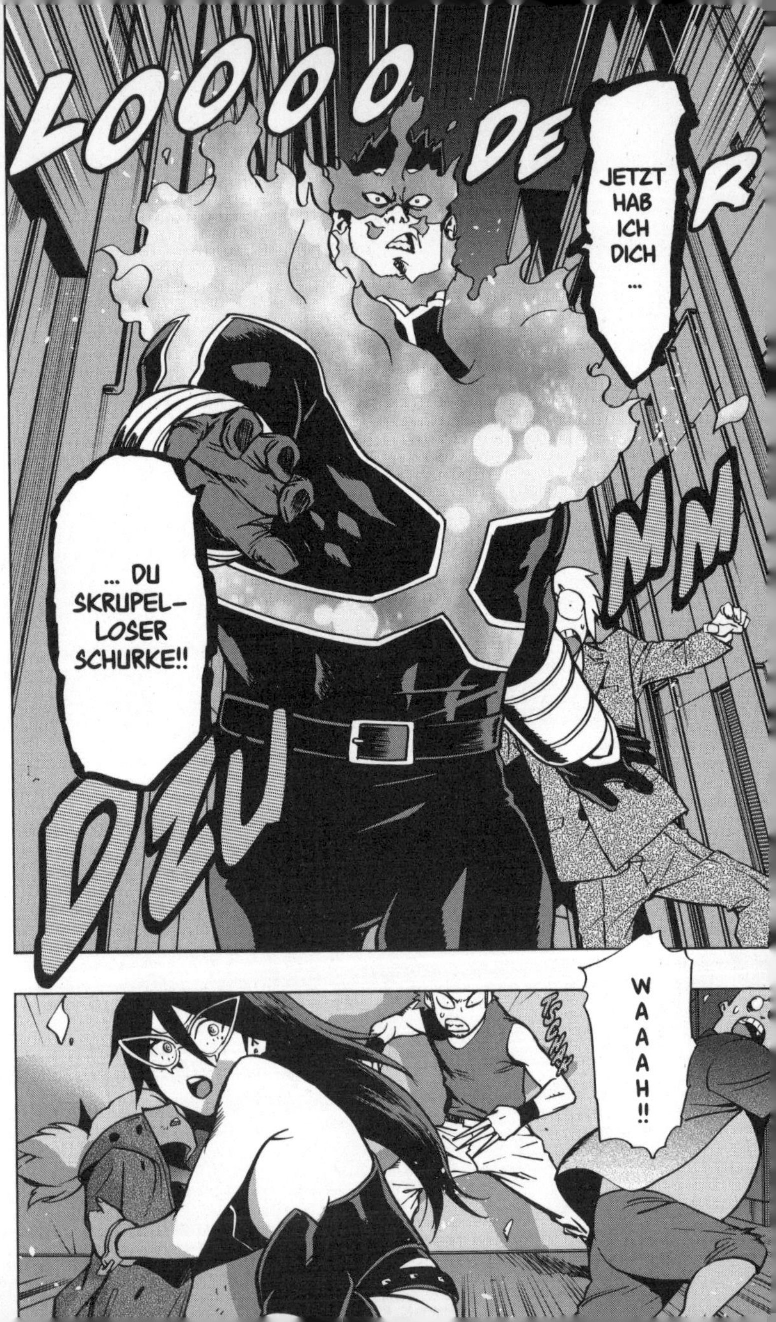
LOOOO
DE
R
JETZT HAB ICH DICH ...
MM
... DU SKRUPEL-LOSER SCHURKE!!
DZU
WAAAAH!!

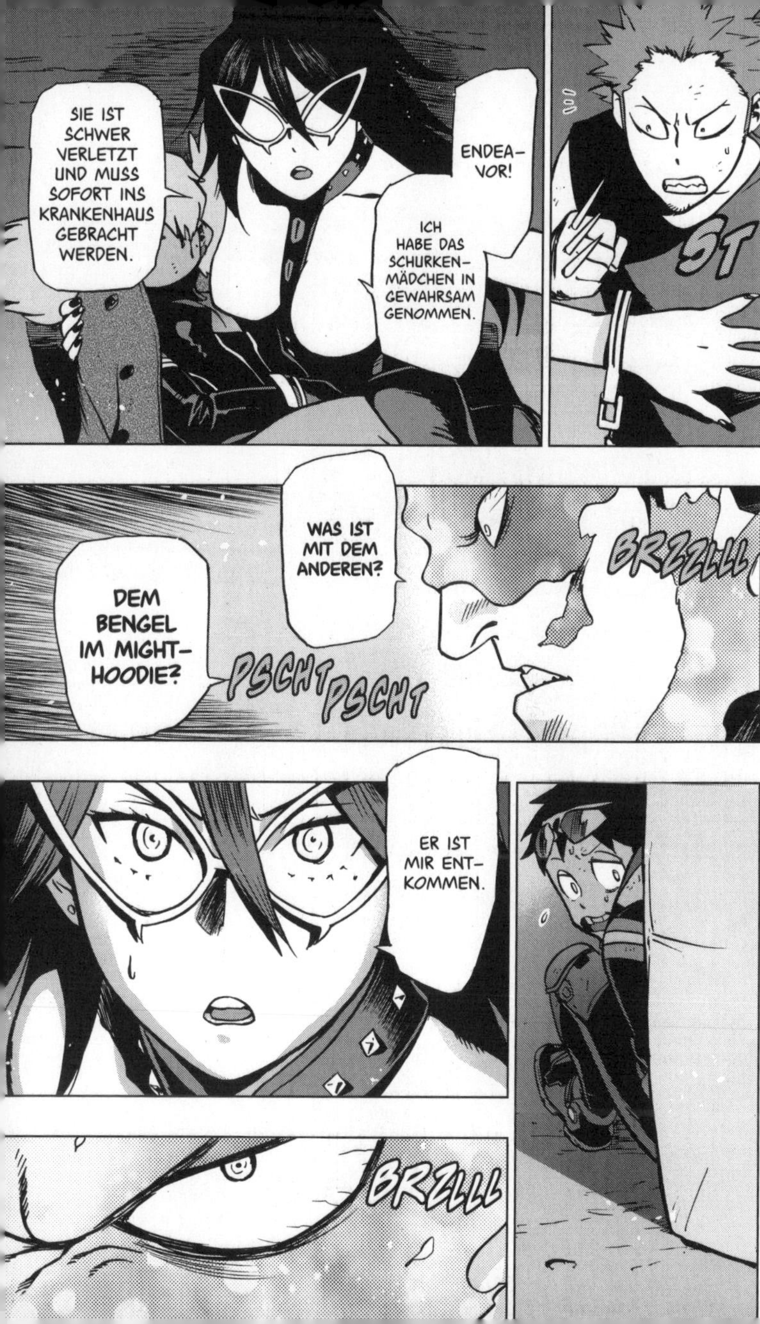
ENDEA-VOR!
ICH HABE DAS SCHURKEN-MÄDCHEN IN GEWAHRSAM GENOMMEN.
SIE IST SCHWER VERLETZT UND MUSS SOFORT INS KRANKENHAUS GEBRACHT WERDEN.
BRZZLLL
WAS IST MIT DEM ANDEREN?
DEM BENGEL IM MIGHT-HOODIE?
PSCHT PSCHT
ER IST MIR ENT-KOMMEN.
BRZLLL

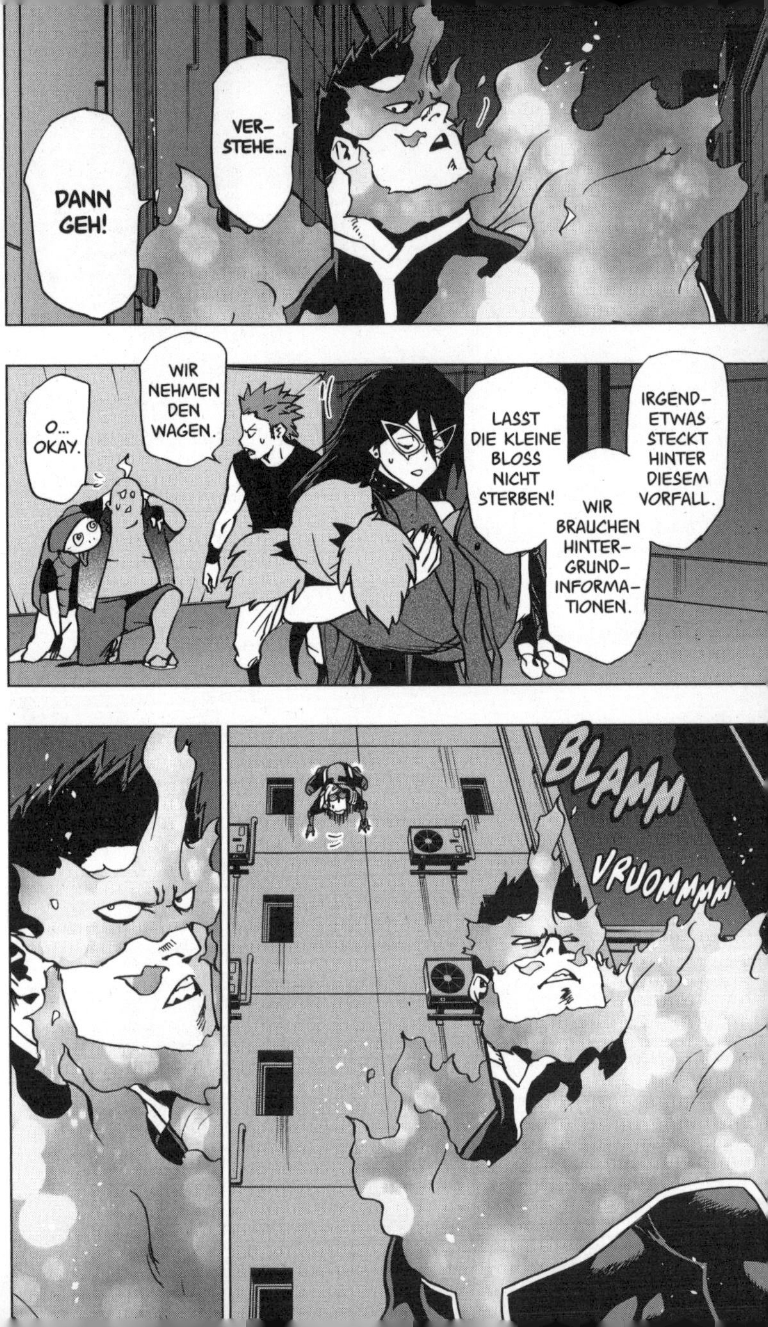
VER-
STEHE...
DANN
GEH!
IRGEND-
ETWAS
STECKT
HINTER
DIESEM
VORFALL.
WIR
BRAUCHEN
HINTER-
GRUND-
INFORMA-
TIONEN.
LASST
DIE KLEINE
BLOSS
NICHT
STERBEN!
WIR
NEHMEN
DEN
WAGEN.
O...
OKAY.
BLAMM
VRUOMMMM

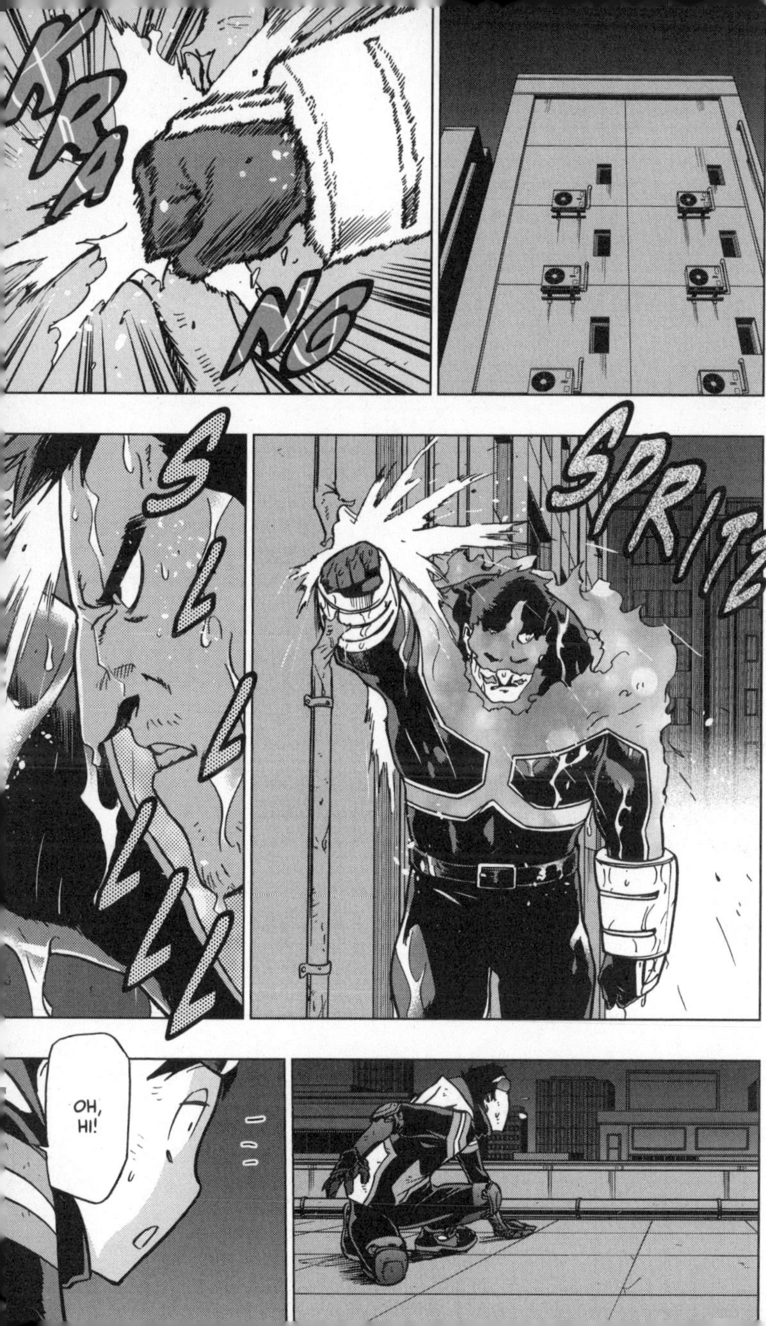
KRRANG
SPRITZ
SSIZZLE
OH, HI!

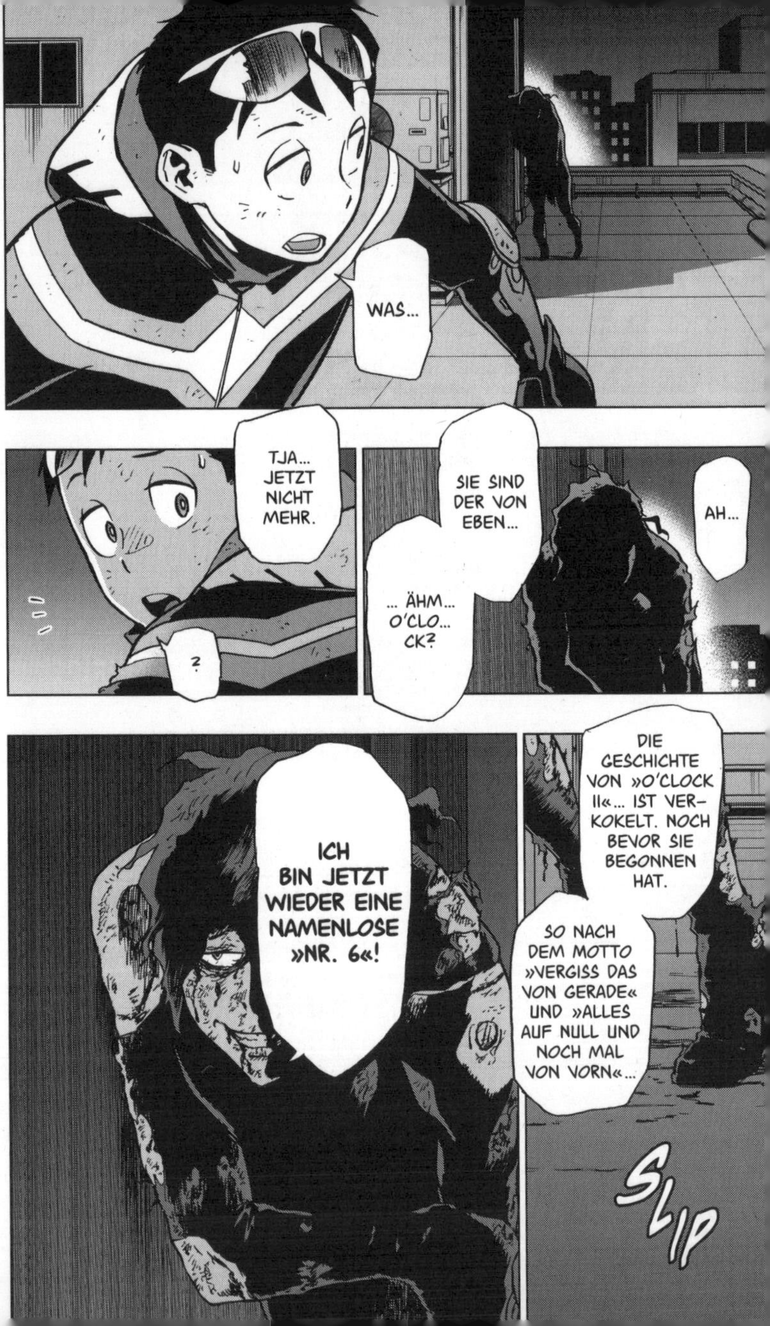
WAS...
AH...
SIE SIND DER VON EBEN...
... ÄHM... O'CLO... CK?
TJA... JETZT NICHT MEHR.
?
DIE GESCHICHTE VON »O'CLOCK II«... IST VERKOKELT. NOCH BEVOR SIE BEGONNEN HAT.
SO NACH DEM MOTTO »VERGISS DAS VON GERADE« UND »ALLES AUF NULL UND NOCH MAL VON VORN«...
ICH BIN JETZT WIEDER EINE NAMENLOSE »NR. 6«!
SLIP

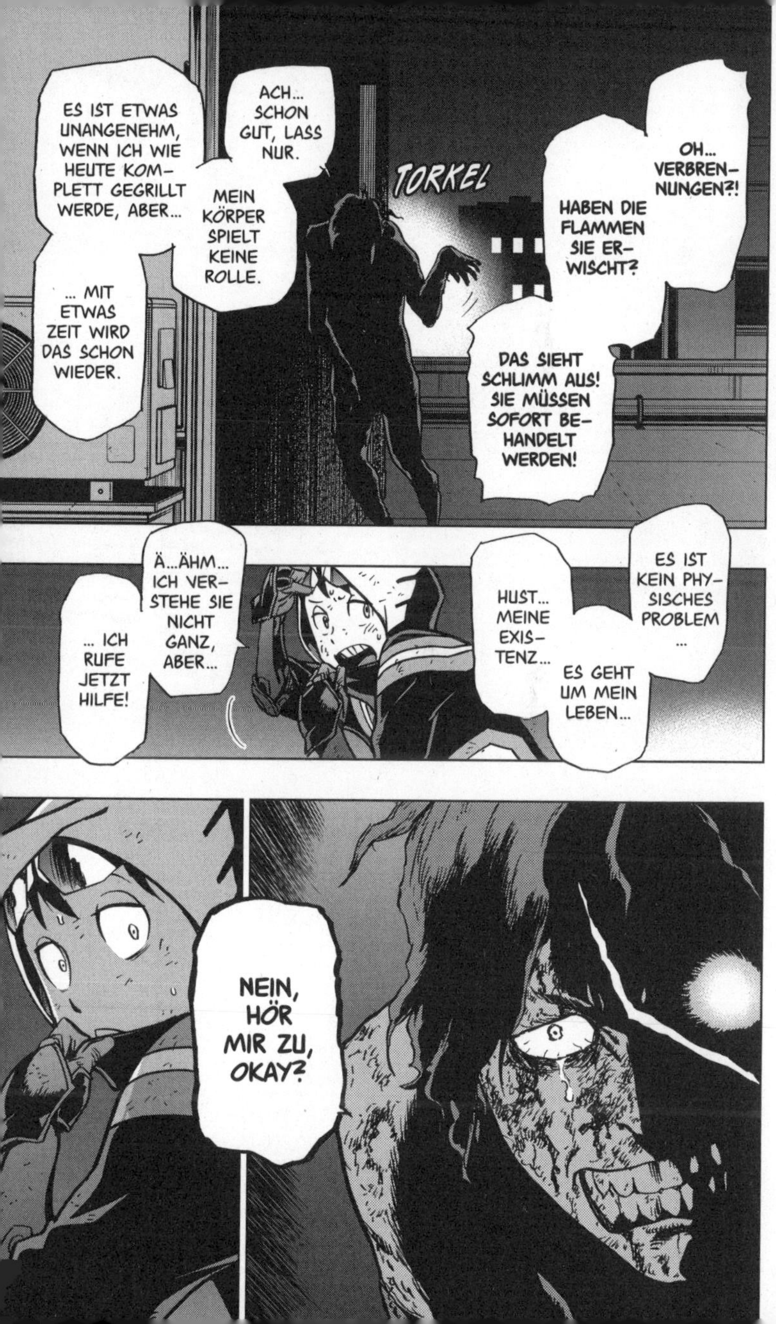
OH... VERBRENNUNGEN?!
HABEN DIE FLAMMEN SIE ERWISCHT?
DAS SIEHT SCHLIMM AUS! SIE MÜSSEN SOFORT BEHANDELT WERDEN!
TORKEL
ACH... SCHON GUT, LASS NUR.
MEIN KÖRPER SPIELT KEINE ROLLE.
ES IST ETWAS UNANGENEHM, WENN ICH WIE HEUTE KOMPLETT GEGRILLT WERDE, ABER...
... MIT ETWAS ZEIT WIRD DAS SCHON WIEDER.
ES IST KEIN PHYSISCHES PROBLEM ...
HUST... MEINE EXISTENZ...
ES GEHT UM MEIN LEBEN...
Ä...ÄHM... ICH VERSTEHE SIE NICHT GANZ, ABER...
... ICH RUFE JETZT HILFE!
NEIN, HÖR MIR ZU, OKAY?

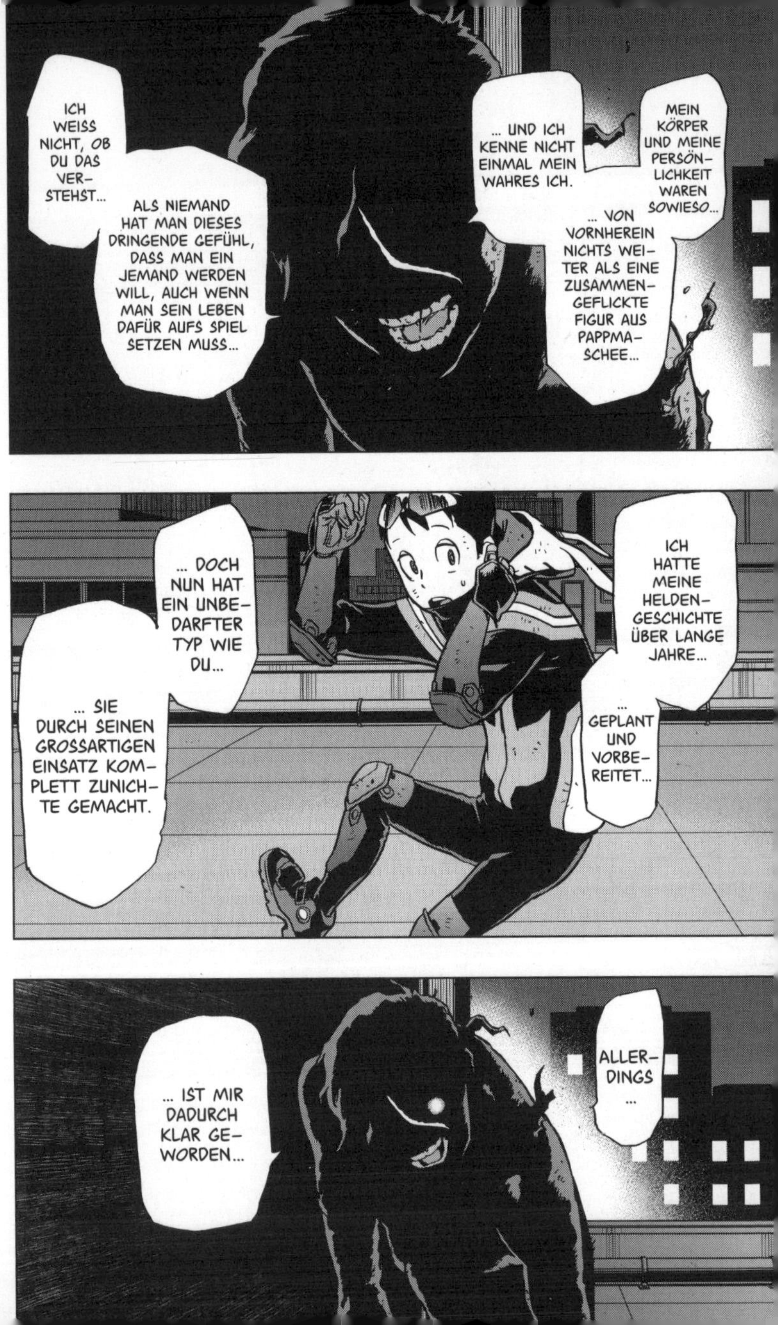
MEIN KÖRPER UND MEINE PERSÖNLICHKEIT WAREN SOWIESO...
... VON VORNHEREIN NICHTS WEITER ALS EINE ZUSAMMENGEFLICKTE FIGUR AUS PAPPMASCHEE...
... UND ICH KENNE NICHT EINMAL MEIN WAHRES ICH.
ICH WEISS NICHT, OB DU DAS VERSTEHST...
ALS NIEMAND HAT MAN DIESES DRINGENDE GEFÜHL, DASS MAN EIN JEMAND WERDEN WILL, AUCH WENN MAN SEIN LEBEN DAFÜR AUFS SPIEL SETZEN MUSS...
ICH HATTE MEINE HELDENGESCHICHTE ÜBER LANGE JAHRE...
... GEPLANT UND VORBEREITET...
... DOCH NUN HAT EIN UNBEDARFTER TYP WIE DU...
... SIE DURCH SEINEN GROSSARTIGEN EINSATZ KOMPLETT ZUNICHTE GEMACHT.
ALLERDINGS...
... IST MIR DADURCH KLAR GEWORDEN...

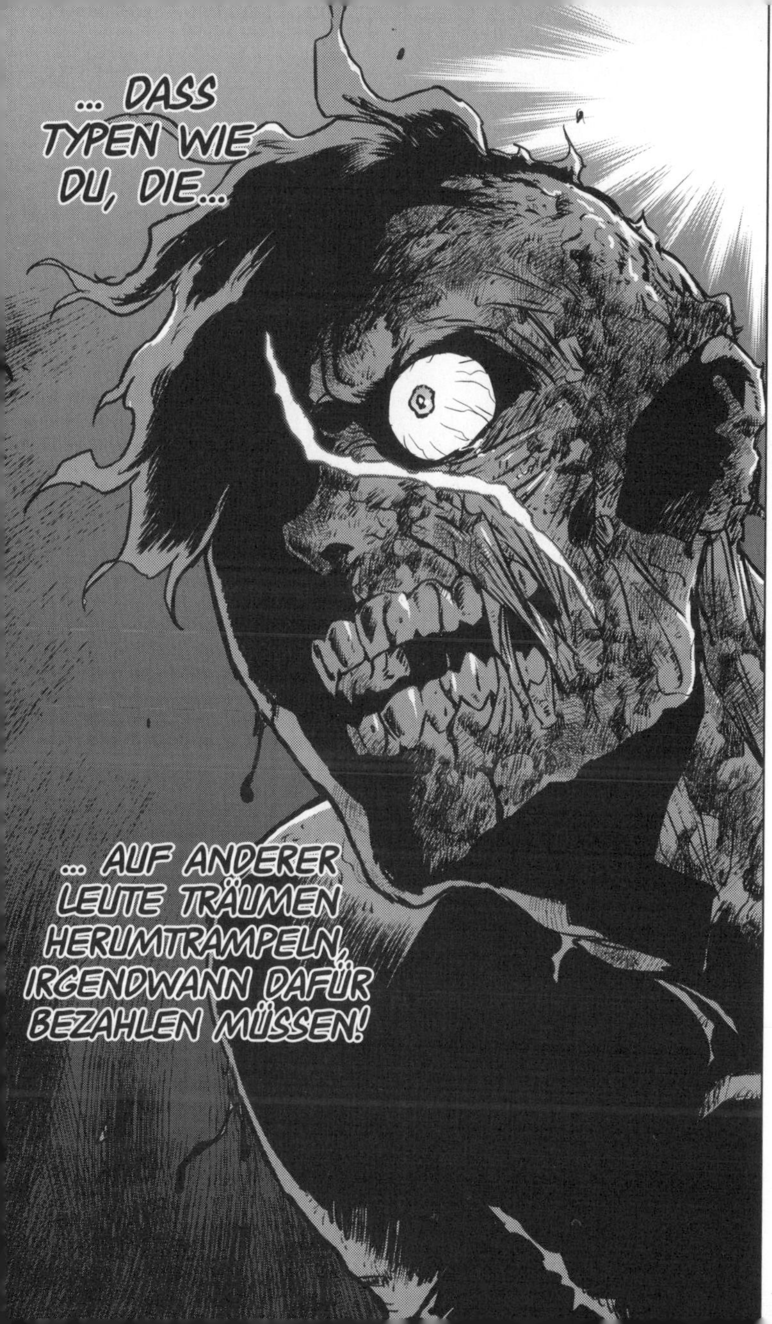
... DASS TYPEN WIE DU, DIE...
... AUF ANDERER LEUTE TRÄUMEN HERUMTRAMPELN, IRGENDWANN DAFÜR BEZAHLEN MÜSSEN!

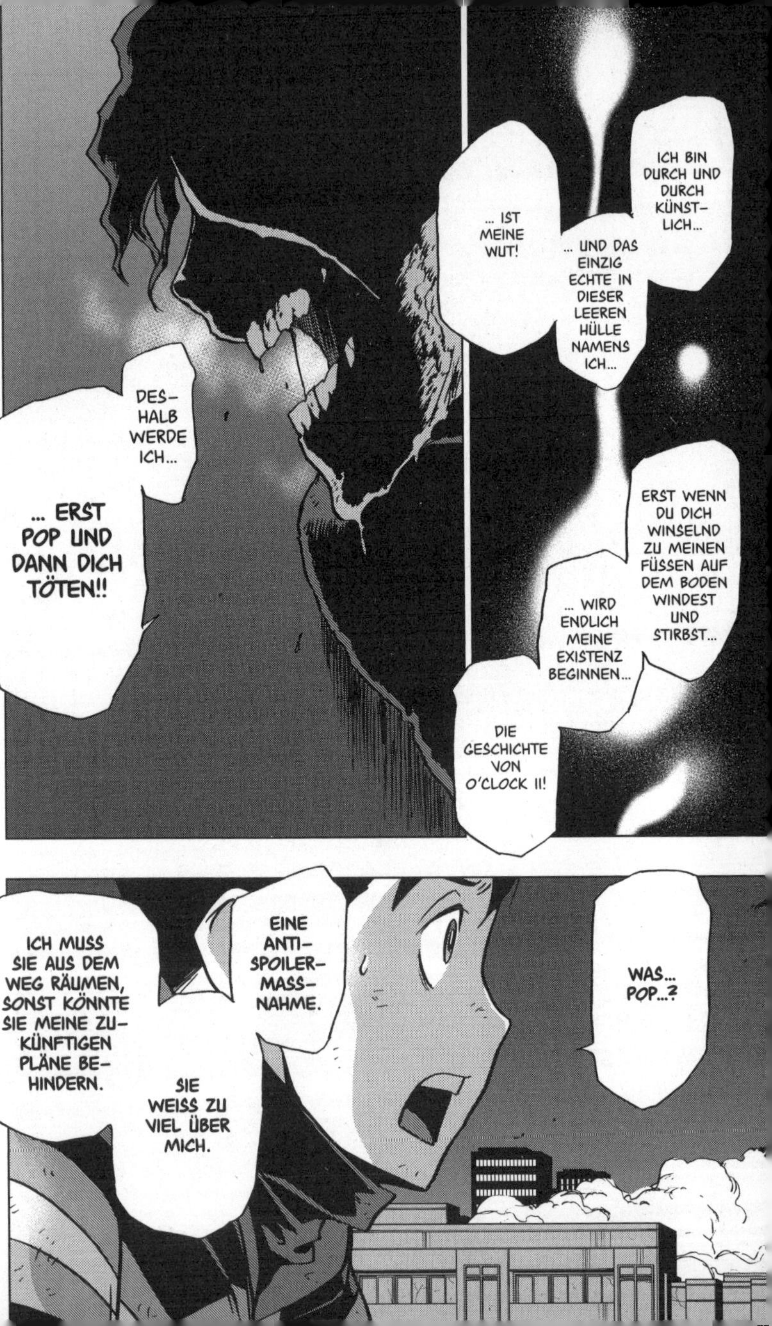
ICH BIN DURCH UND DURCH KÜNST-LICH...
... UND DAS EINZIG ECHTE IN DIESER LEEREN HÜLLE NAMENS ICH...
... IST MEINE WUT!
ERST WENN DU DICH WINSELND ZU MEINEN FÜSSEN AUF DEM BODEN WINDEST UND STIRBST...
... WIRD ENDLICH MEINE EXISTENZ BEGINNEN...
DIE GESCHICHTE VON O'CLOCK II!
DES-HALB WERDE ICH...
... ERST POP UND DANN DICH TÖTEN!!
WAS... POP...?
EINE ANTI-SPOILER-MASS-NAHME.
ICH MUSS SIE AUS DEM WEG RÄUMEN, SONST KÖNNTE SIE MEINE ZU-KÜNFTIGEN PLÄNE BE-HINDERN.
SIE WEISS ZU VIEL ÜBER MICH.

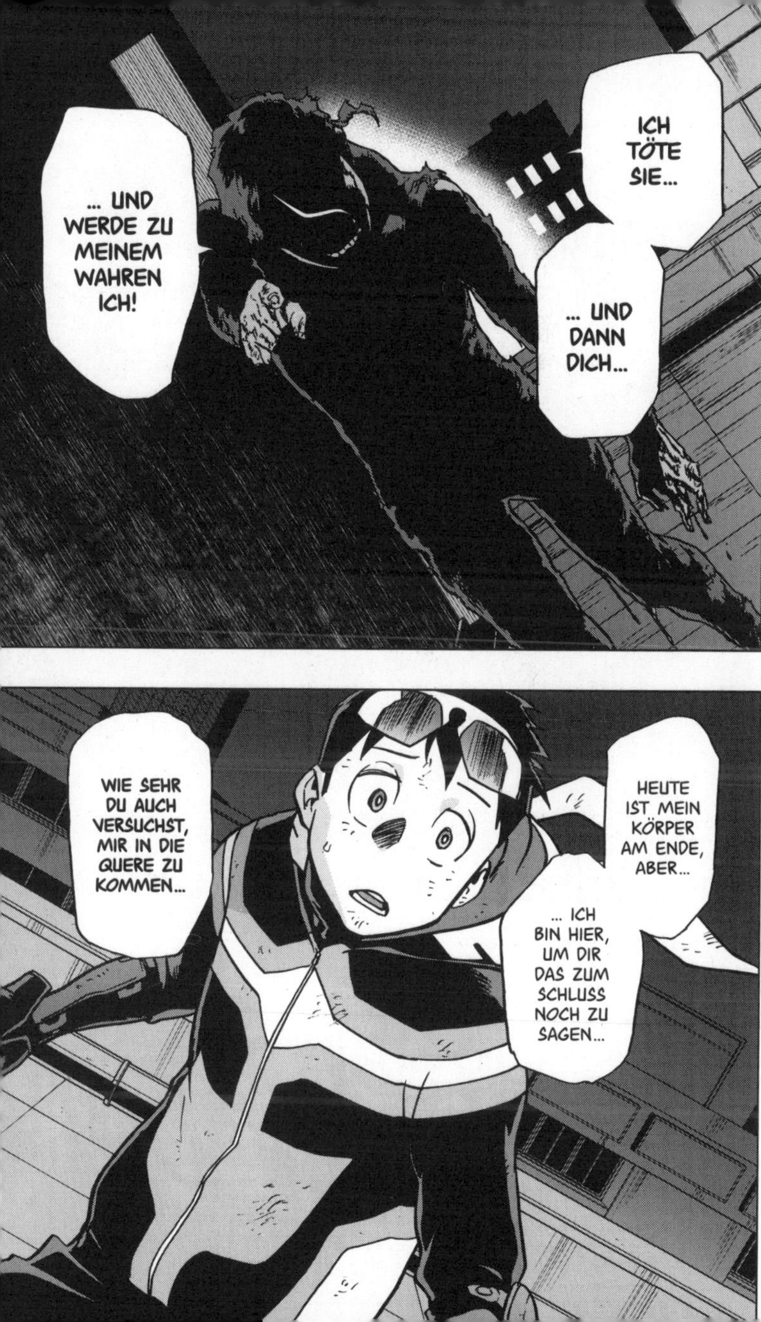
ICH TÖTE SIE...
... UND DANN DICH...
... UND WERDE ZU MEINEM WAHREN ICH!
HEUTE IST MEIN KÖRPER AM ENDE, ABER...
... ICH BIN HIER, UM DIR DAS ZUM SCHLUSS NOCH ZU SAGEN...
WIE SEHR DU AUCH VERSUCHST, MIR IN DIE QUERE ZU KOMMEN...

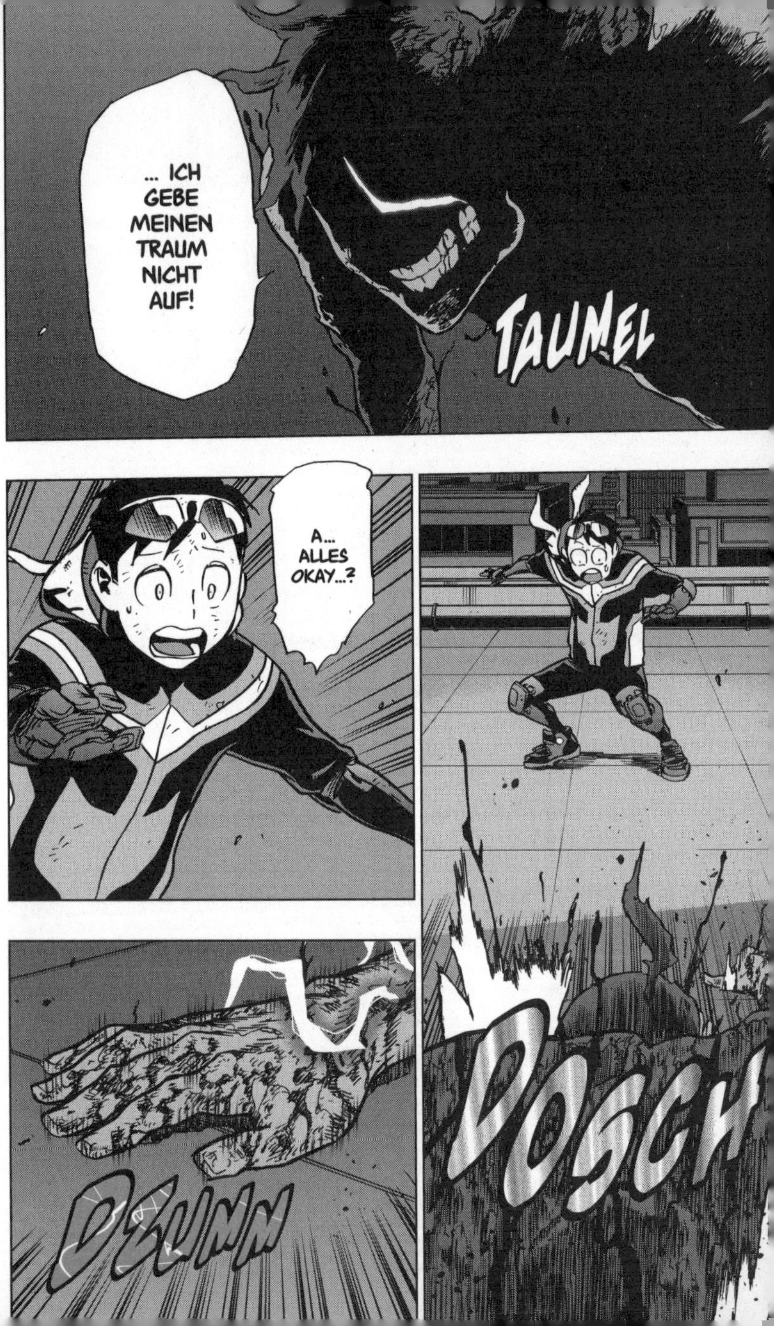
... ICH GEBE MEINEN TRAUM NICHT AUF!
TAUMEL
A... ALLES OKAY...?
DOSCH
DUMM

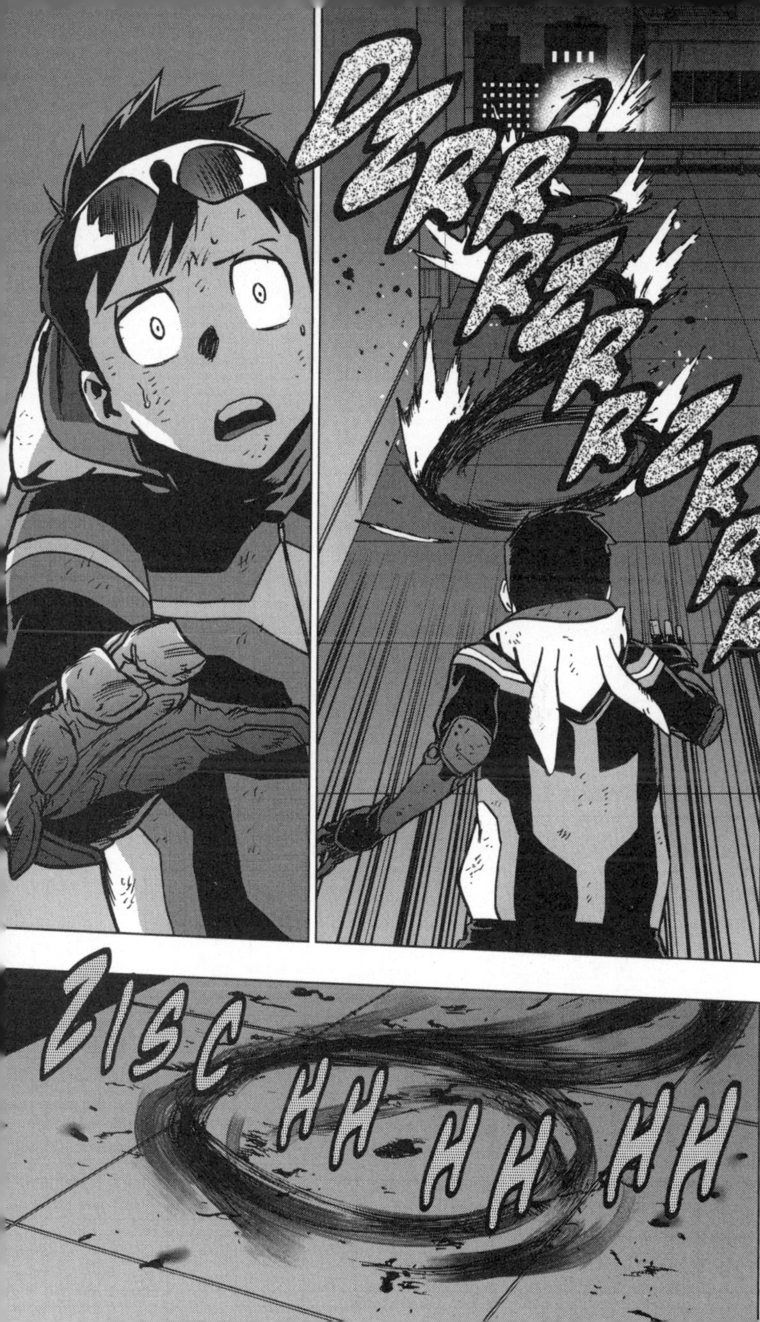
DZRRRZRRRZRRR
ZISCHHHHHH

THE KOLUMNE

MIDNIGHT

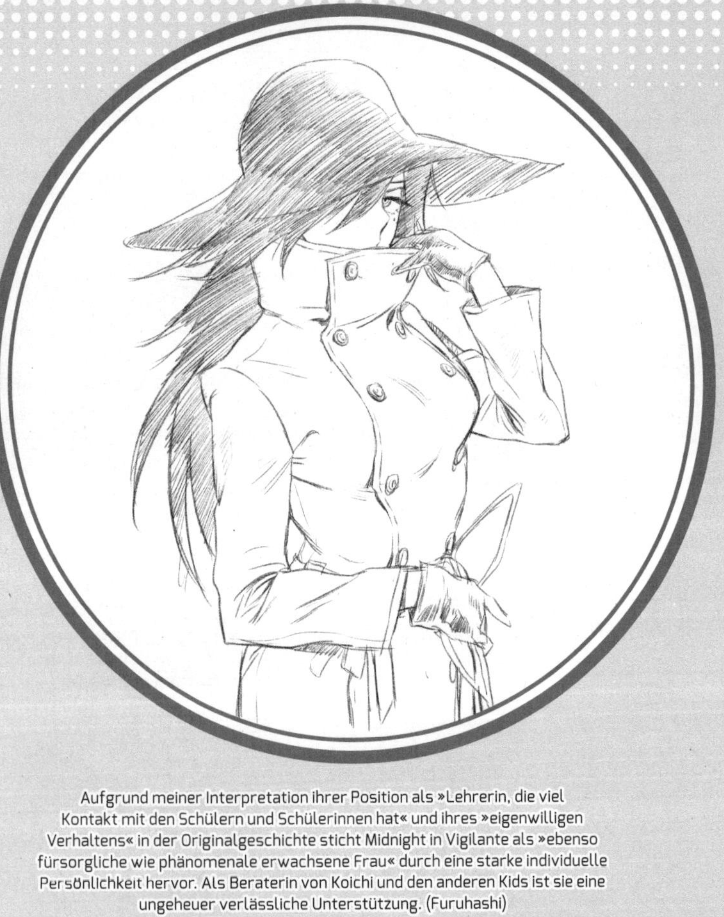

Aufgrund meiner Interpretation ihrer Position als »Lehrerin, die viel Kontakt mit den Schülern und Schülerinnen hat« und ihres »eigenwilligen Verhaltens« in der Originalgeschichte sticht Midnight in Vigilante als »ebenso fürsorgliche wie phänomenale erwachsene Frau« durch eine starke individuelle Persönlichkeit hervor. Als Beraterin von Koichi und den anderen Kids ist sie eine ungeheuer verlässliche Unterstützung. (Furuhashi)

Bei Midnight habe ich unabsichtlich eine Menge Gelegenheiten bekommen, Privatklamotten und Verkleidungen zu zeichnen (haha). Ich weiß nicht, ob das alles so zu ihrem Image passt, aber das Zeichnen macht mir Spaß. (Betten)

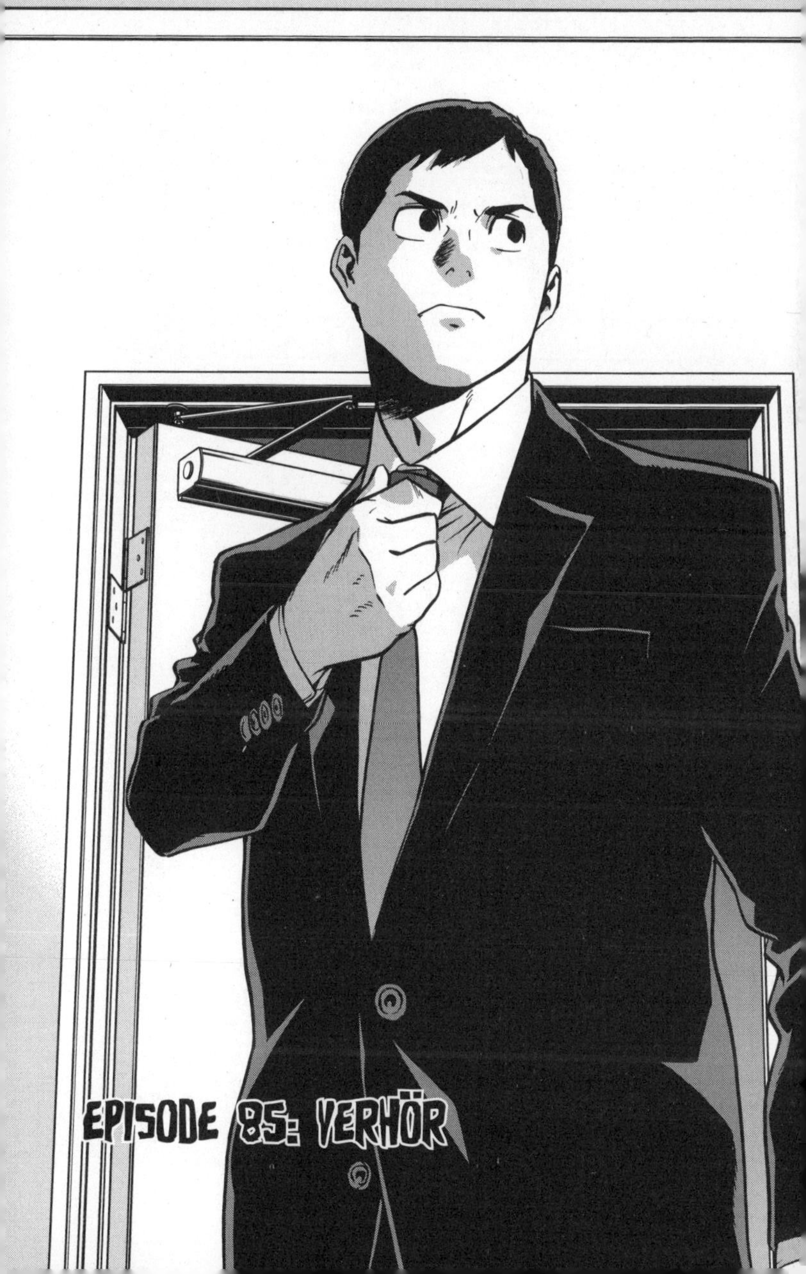
EPISODE 85: VERHÖR

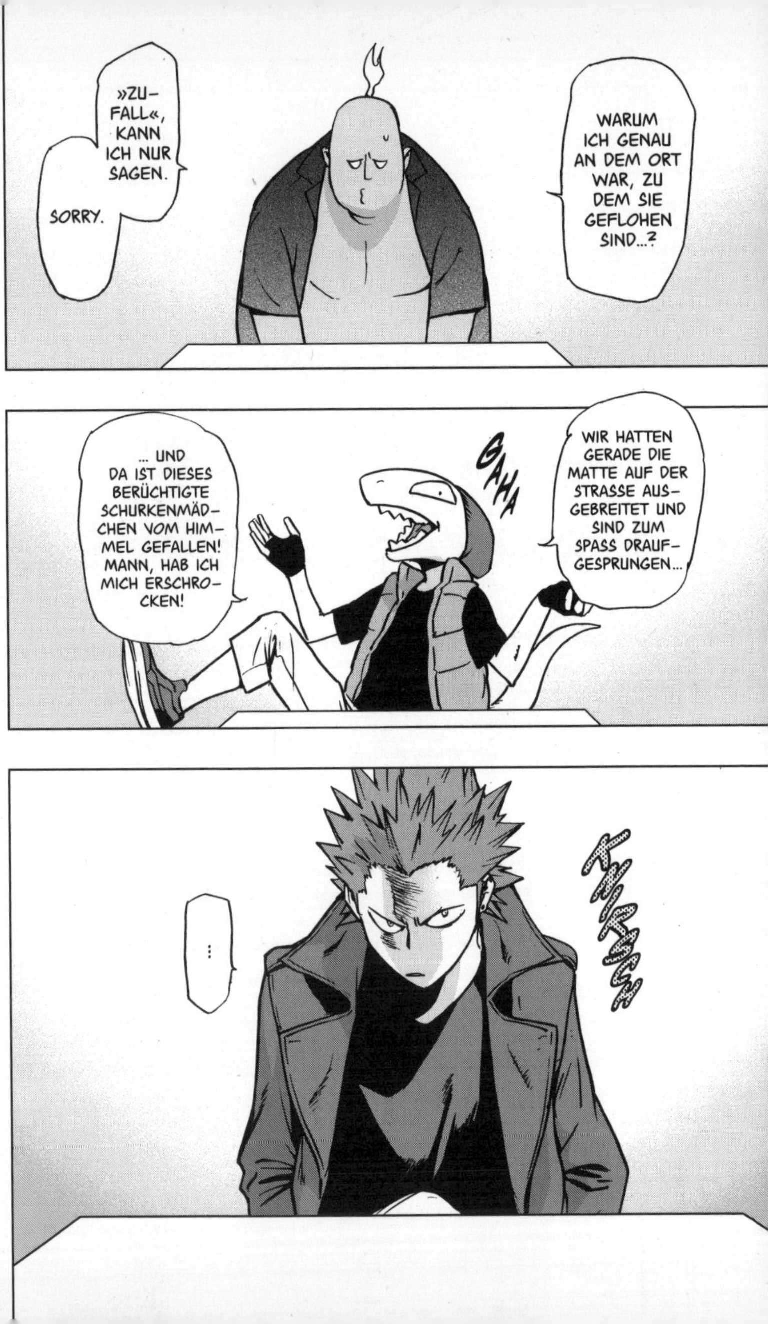
WARUM ICH GENAU AN DEM ORT WAR, ZU DEM SIE GEFLOHEN SIND...?
»ZU-FALL«, KANN ICH NUR SAGEN.
SORRY.
WIR HATTEN GERADE DIE MATTE AUF DER STRASSE AUS-GEBREITET UND SIND ZUM SPASS DRAUF-GESPRUNGEN...
GAHA
... UND DA IST DIESES BERÜCHTIGTE SCHURKENMÄD-CHEN VOM HIM-MEL GEFALLEN! MANN, HAB ICH MICH ERSCHRO-CKEN!
...

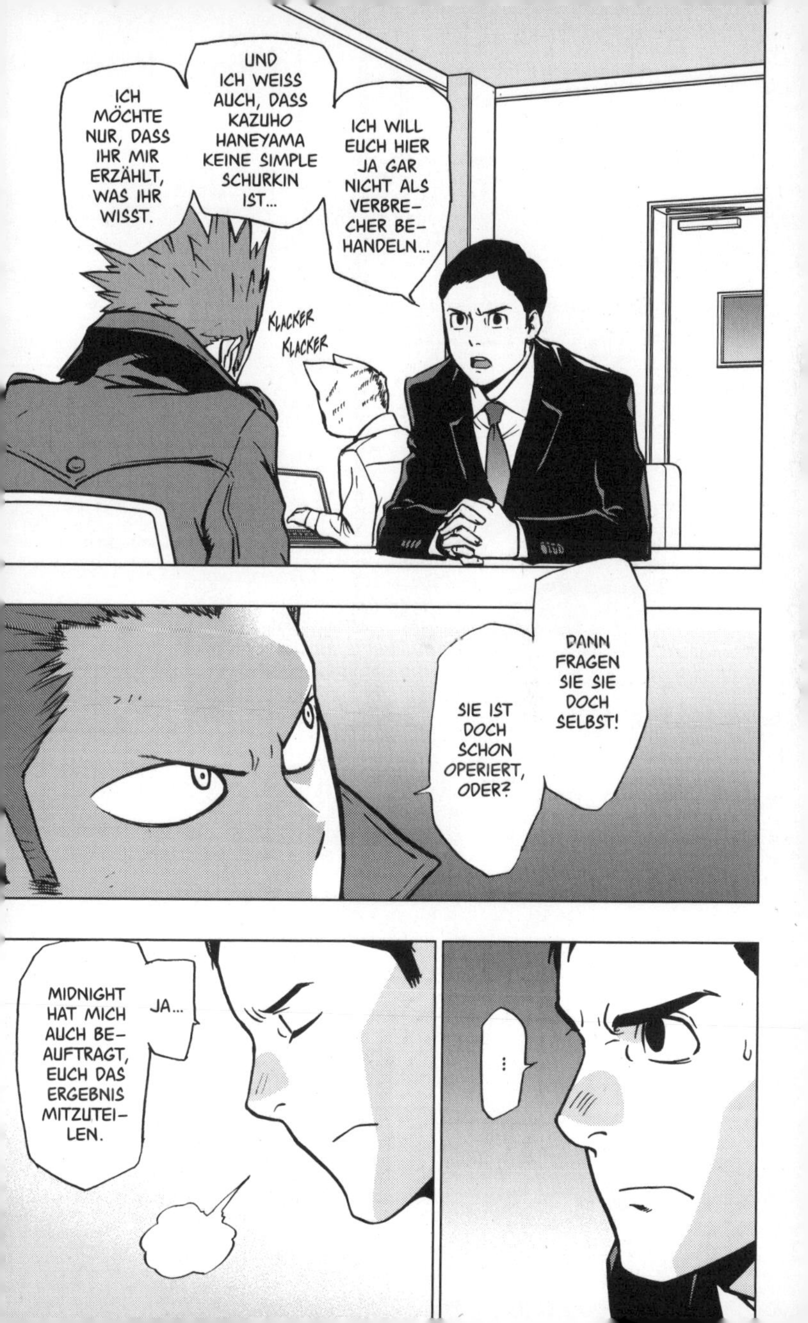
ICH WILL EUCH HIER JA GAR NICHT ALS VERBRE-CHER BE-HANDELN...
UND ICH WEISS AUCH, DASS KAZUHO HANEYAMA KEINE SIMPLE SCHURKIN IST...
ICH MÖCHTE NUR, DASS IHR MIR ERZÄHLT, WAS IHR WISST.
KLACKER KLACKER
DANN FRAGEN SIE SIE DOCH SELBST!
SIE IST DOCH SCHON OPERIERT, ODER?
...
JA...
MIDNIGHT HAT MICH AUCH BE-AUFTRAGT, EUCH DAS ERGEBNIS MITZUTEI-LEN.

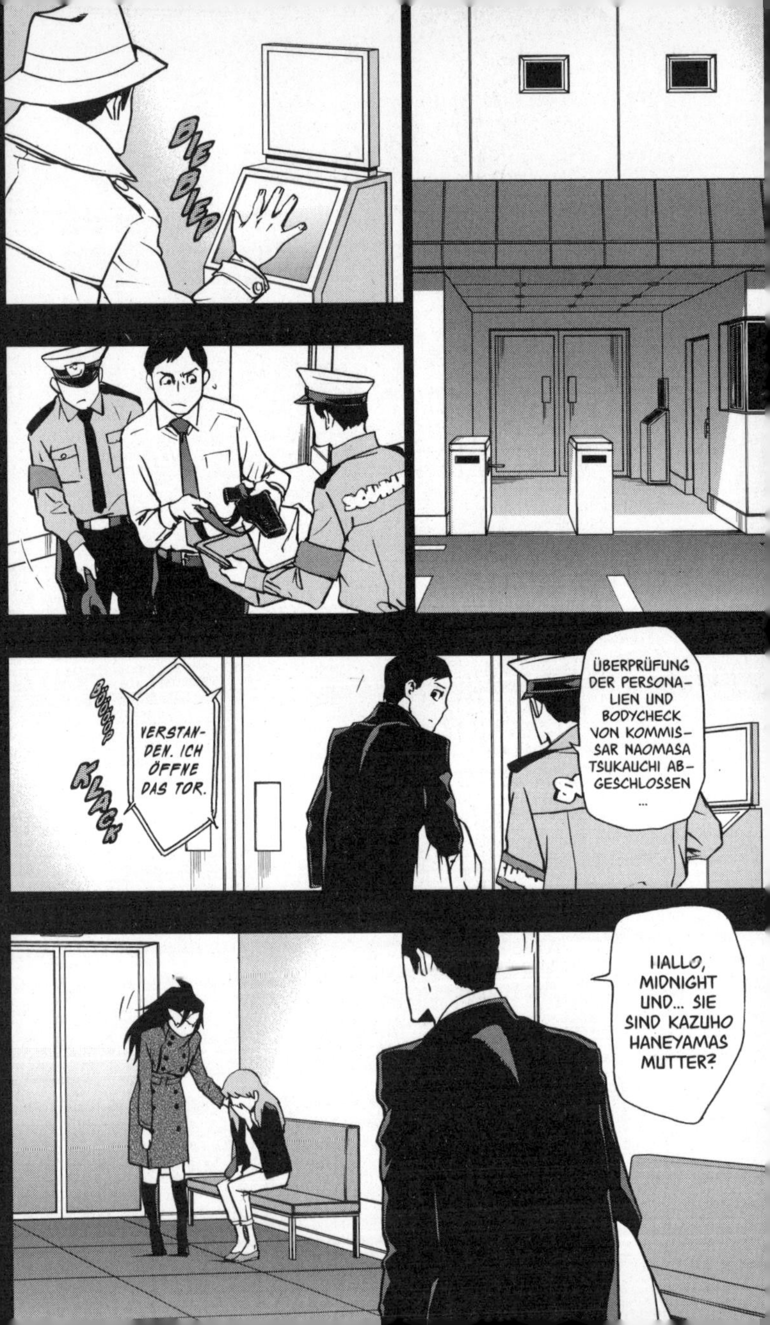
PIEP PIEP
ÜBERPRÜFUNG DER PERSONALIEN UND BODYCHECK VON KOMMISSAR NAOMASA TSUKAUCHI ABGESCHLOSSEN ...
VERSTANDEN. ICH ÖFFNE DAS TOR.
BÖÖÖÖP
KLACK
HALLO, MIDNIGHT UND... SIE SIND KAZUHO HANEYAMAS MUTTER?

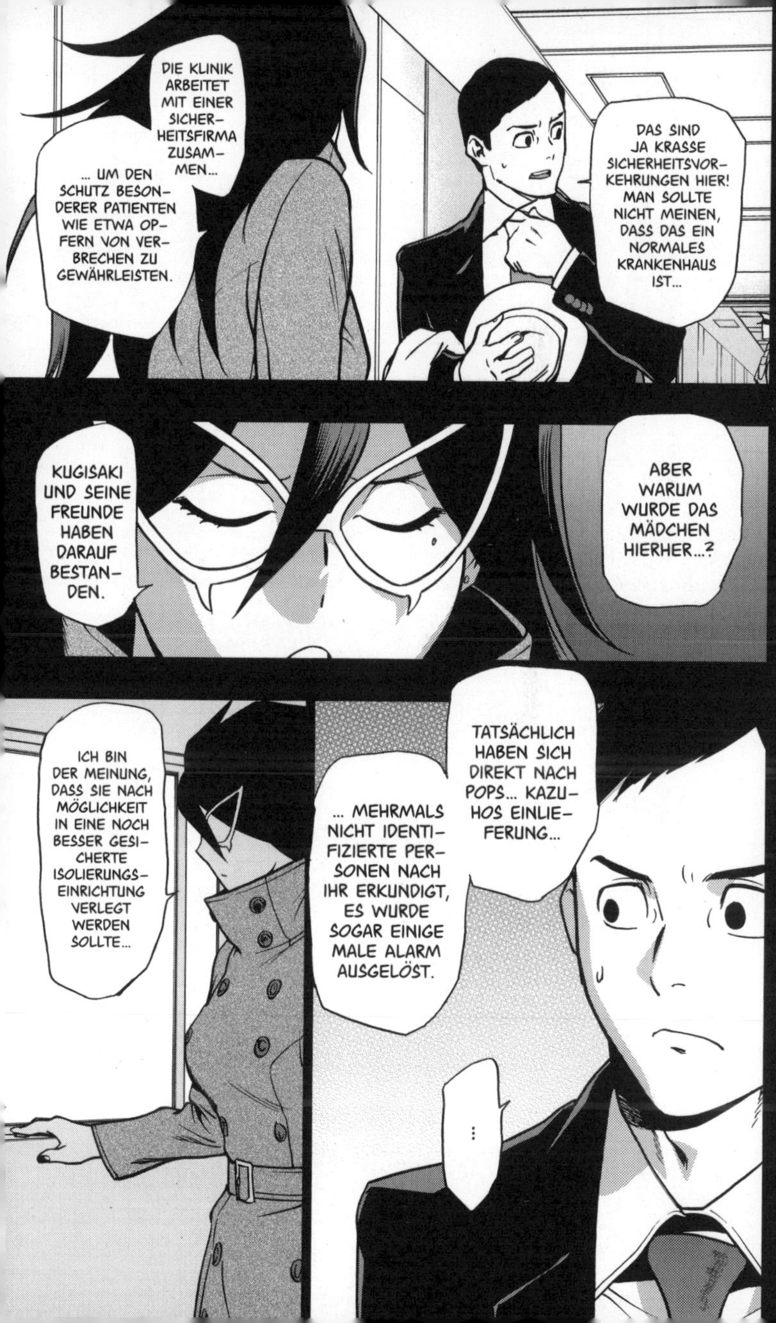
DAS SIND JA KRASSE SICHERHEITSVORKEHRUNGEN HIER! MAN SOLLTE NICHT MEINEN, DASS DAS EIN NORMALES KRANKENHAUS IST...
DIE KLINIK ARBEITET MIT EINER SICHERHEITSFIRMA ZUSAMMEN...
... UM DEN SCHUTZ BESONDERER PATIENTEN WIE ETWA OPFERN VON VERBRECHEN ZU GEWÄHRLEISTEN.
ABER WARUM WURDE DAS MÄDCHEN HIERHER...?
KUGISAKI UND SEINE FREUNDE HABEN DARAUF BESTANDEN.
TATSÄCHLICH HABEN SICH DIREKT NACH POPS... KAZUHOS EINLIEFERUNG...
... MEHRMALS NICHT IDENTIFIZIERTE PERSONEN NACH IHR ERKUNDIGT, ES WURDE SOGAR EINIGE MALE ALARM AUSGELÖST.
...
ICH BIN DER MEINUNG, DASS SIE NACH MÖGLICHKEIT IN EINE NOCH BESSER GESICHERTE ISOLIERUNGSEINRICHTUNG VERLEGT WERDEN SOLLTE...

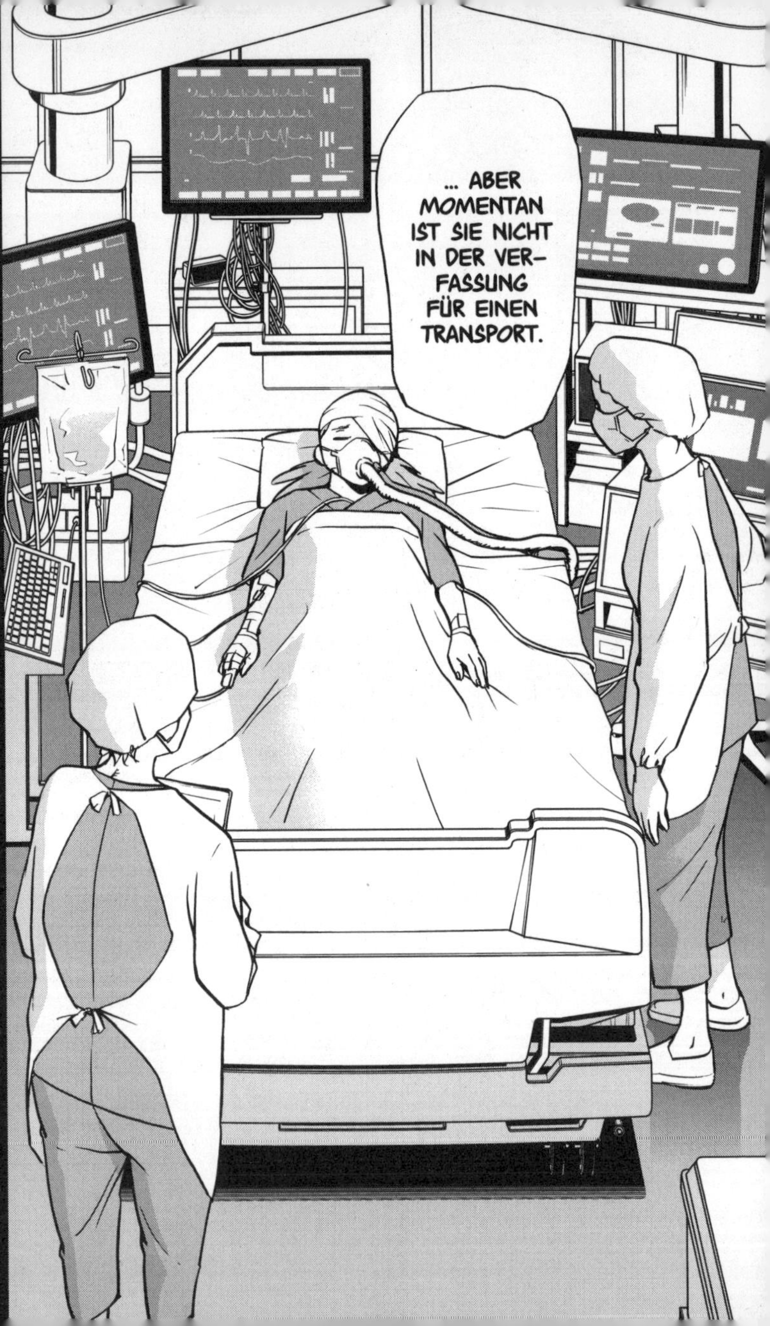
... ABER MOMENTAN IST SIE NICHT IN DER VERFASSUNG FÜR EINEN TRANSPORT.

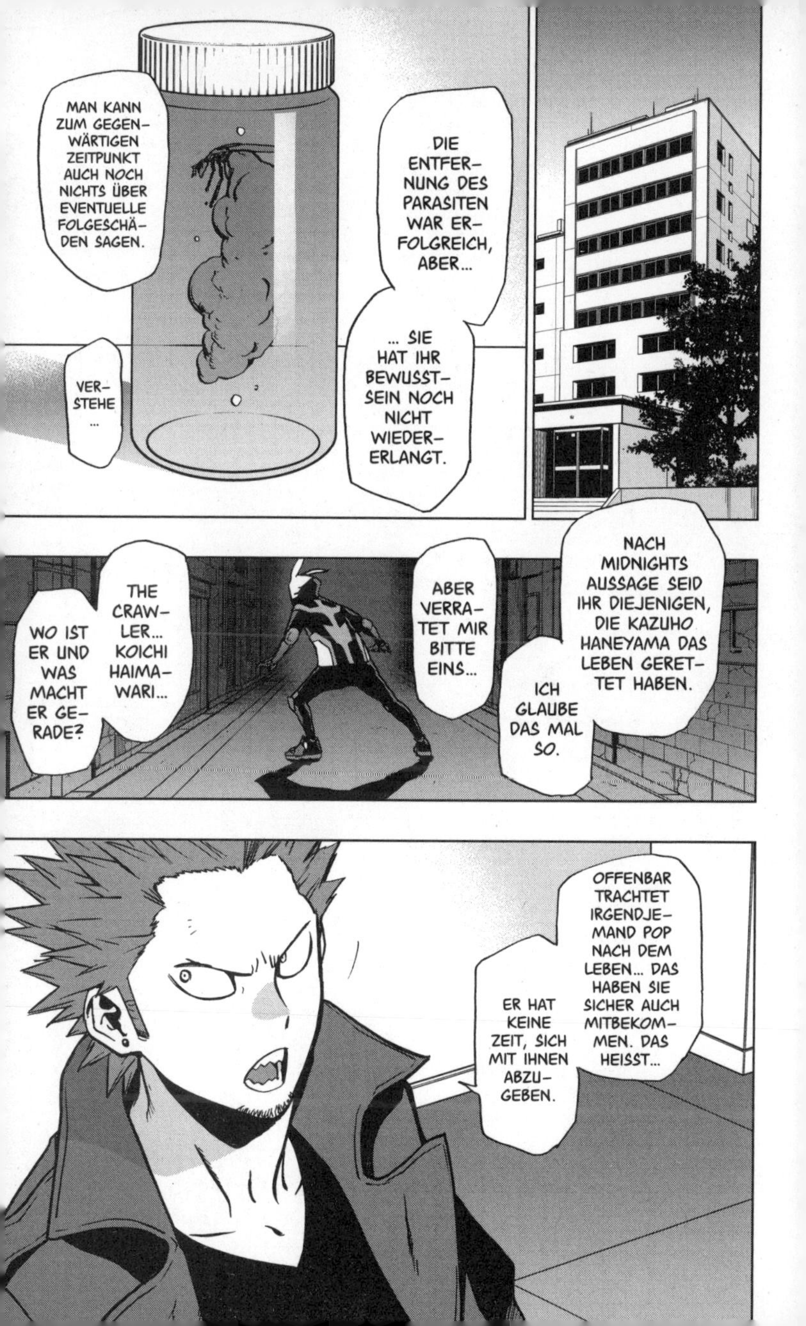
DIE ENTFERNUNG DES PARASITEN WAR ERFOLGREICH, ABER...
... SIE HAT IHR BEWUSSTSEIN NOCH NICHT WIEDERERLANGT.
MAN KANN ZUM GEGENWÄRTIGEN ZEITPUNKT AUCH NOCH NICHTS ÜBER EVENTUELLE FOLGESCHÄDEN SAGEN.
VERSTEHE ...
NACH MIDNIGHTS AUSSAGE SEID IHR DIEJENIGEN, DIE KAZUHO HANEYAMA DAS LEBEN GERETTET HABEN.
ICH GLAUBE DAS MAL SO.
ABER VERRATET MIR BITTE EINS...
THE CRAWLER... KOICHI HAIMAWARI...
WO IST ER UND WAS MACHT ER GERADE?
OFFENBAR TRACHTET IRGENDJEMAND POP NACH DEM LEBEN... DAS HABEN SIE SICHER AUCH MITBEKOMMEN. DAS HEISST...
ER HAT KEINE ZEIT, SICH MIT IHNEN ABZUGEBEN.

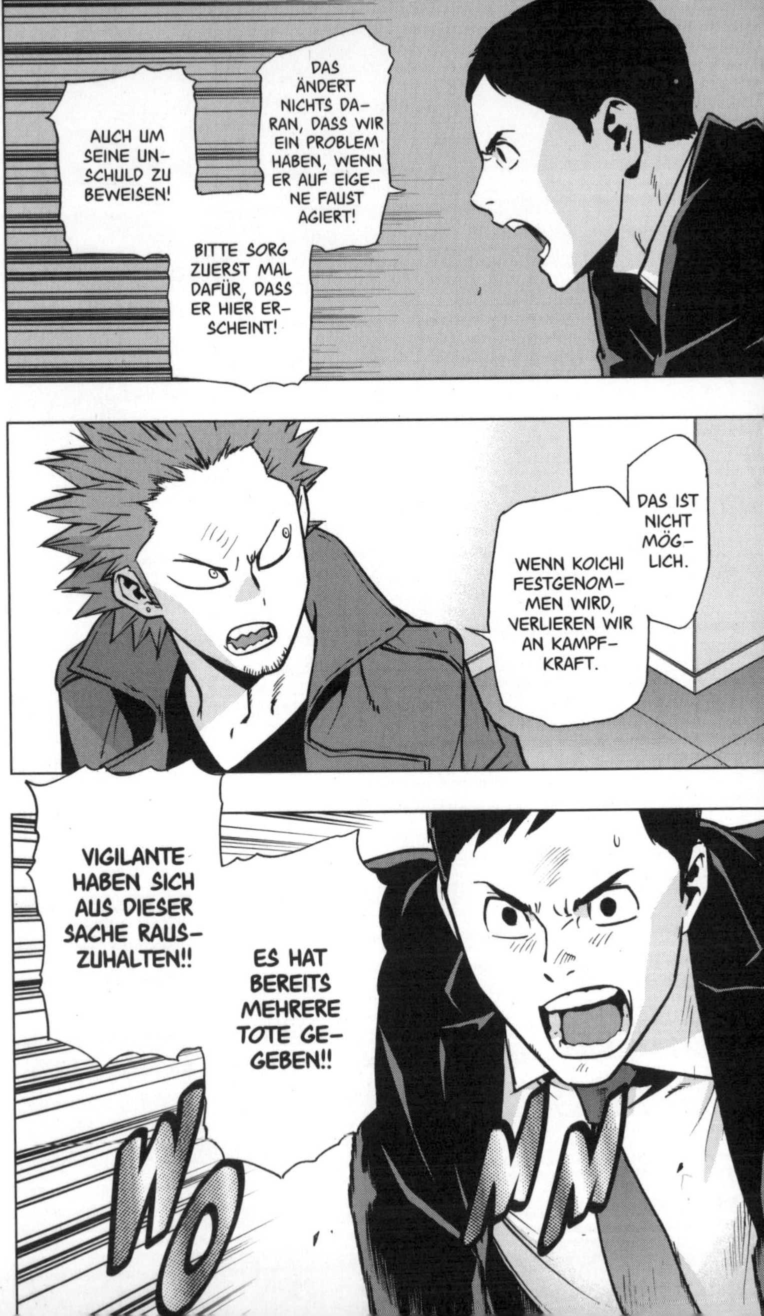
DAS ÄNDERT NICHTS DARAN, DASS WIR EIN PROBLEM HABEN, WENN ER AUF EIGENE FAUST AGIERT!
AUCH UM SEINE UNSCHULD ZU BEWEISEN!
BITTE SORG ZUERST MAL DAFÜR, DASS ER HIER ERSCHEINT!
DAS IST NICHT MÖGLICH.
WENN KOICHI FESTGENOMMEN WIRD, VERLIEREN WIR AN KAMPFKRAFT.
VIGILANTE HABEN SICH AUS DIESER SACHE RAUSZUHALTEN!!
ES HAT BEREITS MEHRERE TOTE GEGEBEN!!

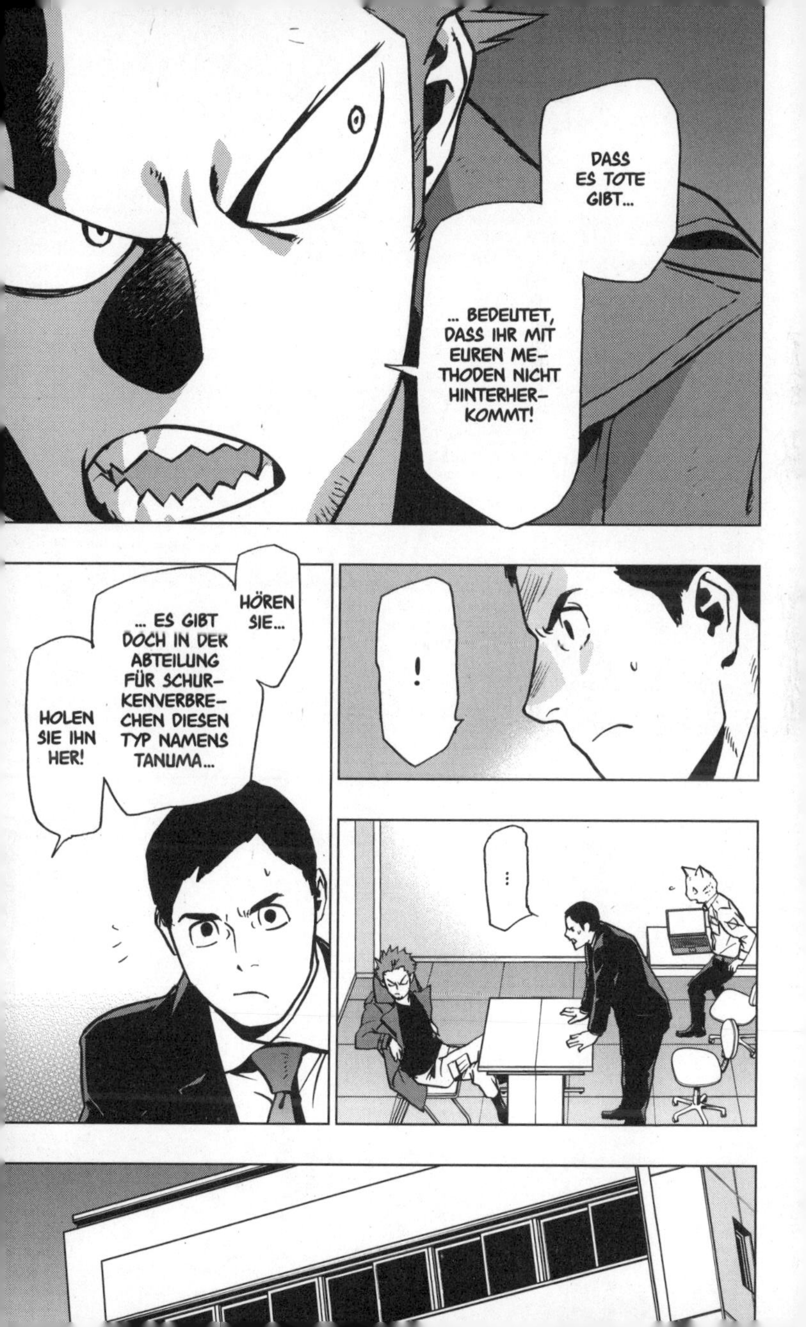

DASS ES TOTE GIBT...
... BEDEUTET, DASS IHR MIT EUREN METHODEN NICHT HINTERHERKOMMT!
!
HÖREN SIE...
... ES GIBT DOCH IN DER ABTEILUNG FÜR SCHURKENVERBRECHEN DIESEN TYP NAMENS TANUMA...
HOLEN SIE IHN HER!
...

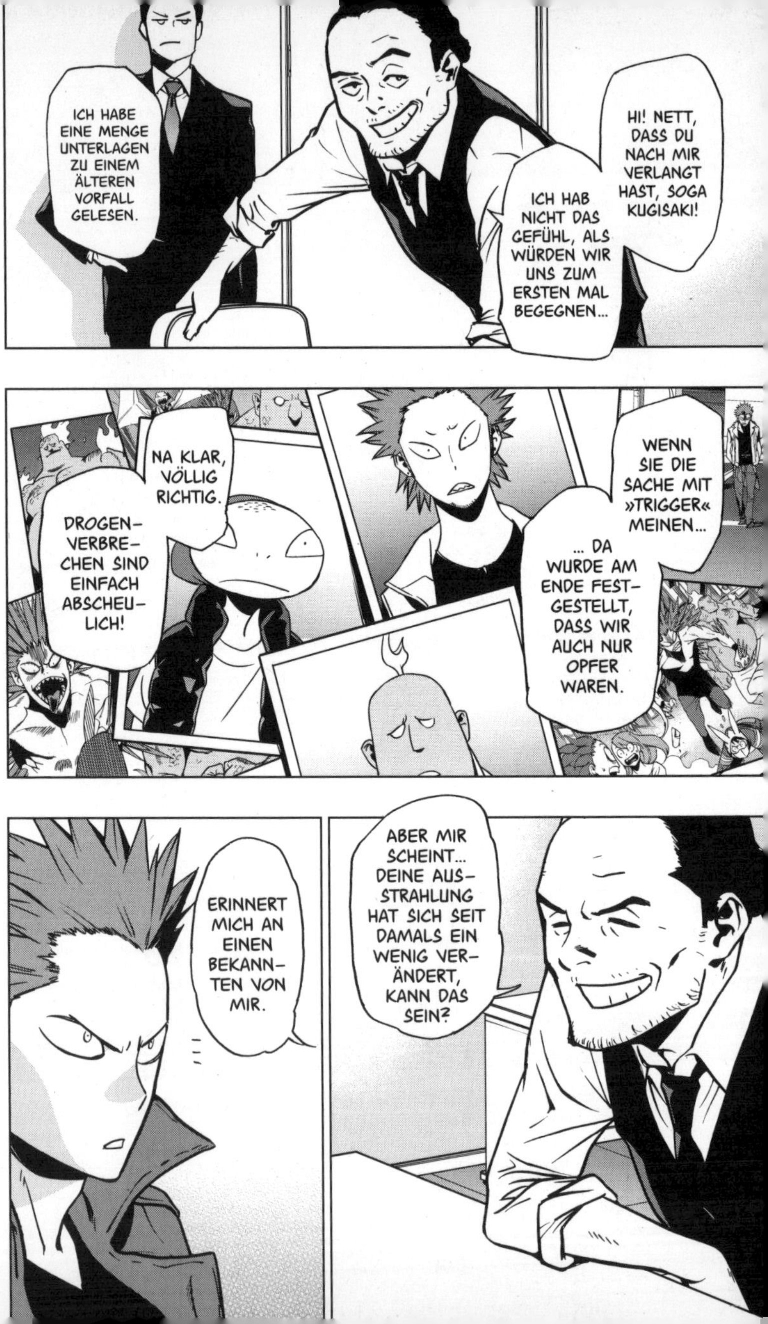
HI! NETT, DASS DU NACH MIR VERLANGT HAST, SOGA KUGISAKI!
ICH HAB NICHT DAS GEFÜHL, ALS WÜRDEN WIR UNS ZUM ERSTEN MAL BEGEGNEN…
ICH HABE EINE MENGE UNTERLAGEN ZU EINEM ÄLTEREN VORFALL GELESEN.
WENN SIE DIE SACHE MIT »TRIGGER« MEINEN…
… DA WURDE AM ENDE FESTGESTELLT, DASS WIR AUCH NUR OPFER WAREN.
NA KLAR, VÖLLIG RICHTIG.
DROGENVERBRECHEN SIND EINFACH ABSCHEULICH!
ABER MIR SCHEINT… DEINE AUSSTRAHLUNG HAT SICH SEIT DAMALS EIN WENIG VERÄNDERT, KANN DAS SEIN?
ERINNERT MICH AN EINEN BEKANNTEN VON MIR.

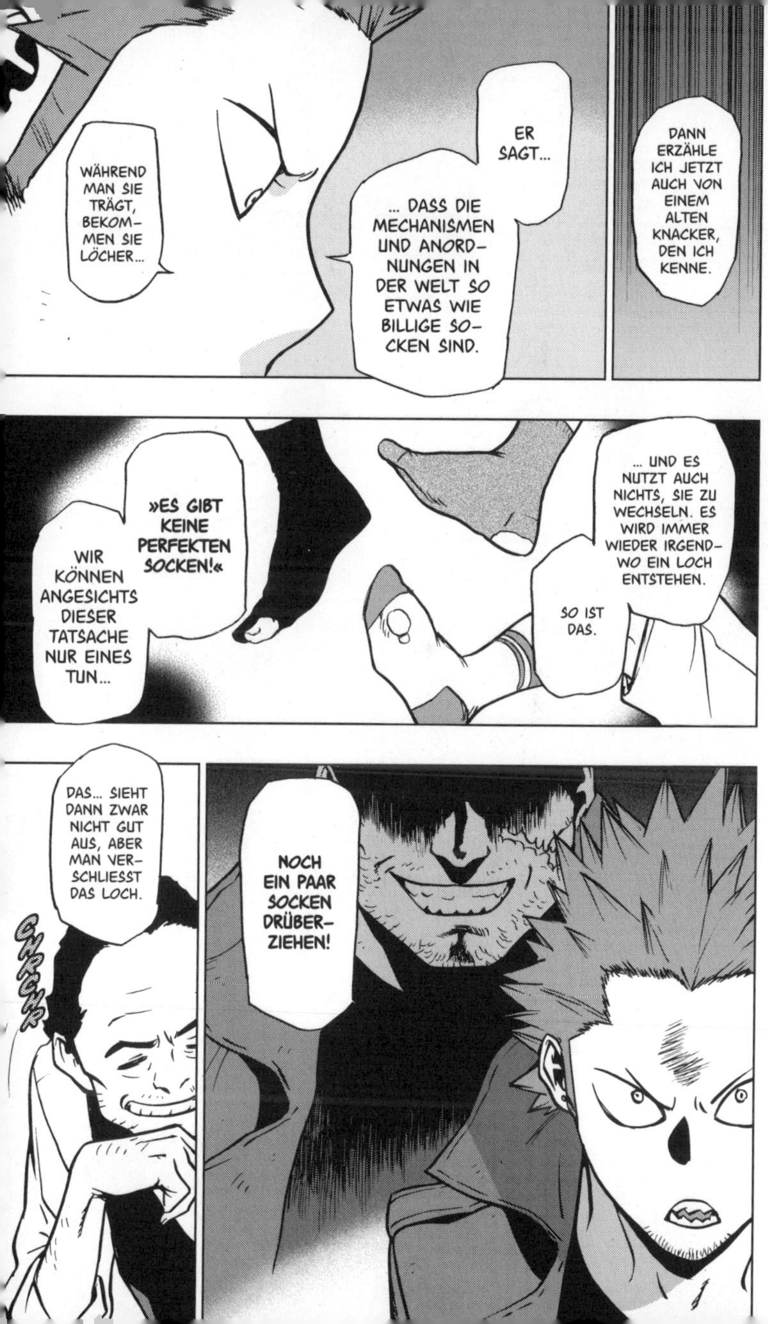

DANN ERZÄHLE ICH JETZT AUCH VON EINEM ALTEN KNACKER, DEN ICH KENNE.
ER SAGT...
... DASS DIE MECHANISMEN UND ANORDNUNGEN IN DER WELT SO ETWAS WIE BILLIGE SOCKEN SIND.
WÄHREND MAN SIE TRÄGT, BEKOMMEN SIE LÖCHER...
... UND ES NUTZT AUCH NICHTS, SIE ZU WECHSELN. ES WIRD IMMER WIEDER IRGENDWO EIN LOCH ENTSTEHEN.
SO IST DAS.
»ES GIBT KEINE PERFEKTEN SOCKEN!«
WIR KÖNNEN ANGESICHTS DIESER TATSACHE NUR EINES TUN...
NOCH EIN PAAR SOCKEN DRÜBERZIEHEN!
DAS... SIEHT DANN ZWAR NICHT GUT AUS, ABER MAN VERSCHLIESST DAS LOCH.

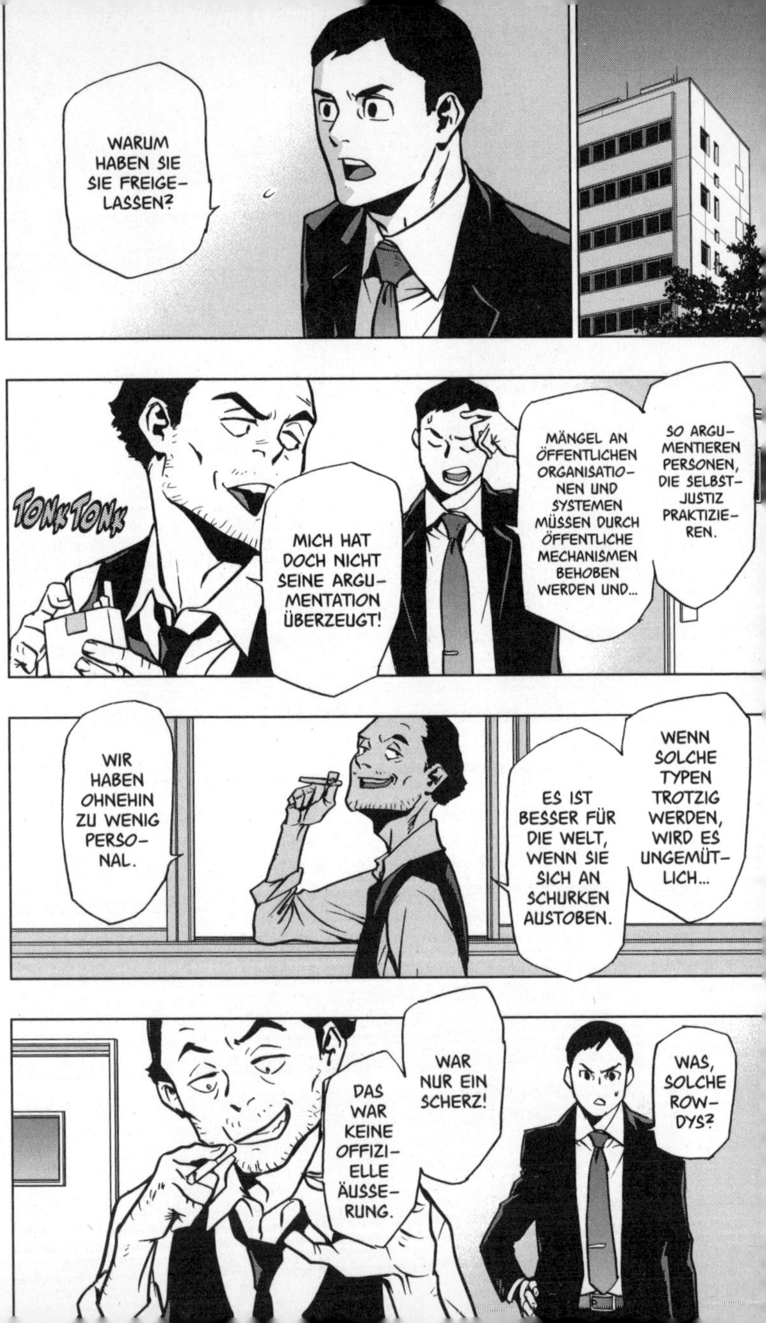
WARUM HABEN SIE SIE FREIGELASSEN?
SO ARGUMENTIEREN PERSONEN, DIE SELBSTJUSTIZ PRAKTIZIEREN.
MÄNGEL AN ÖFFENTLICHEN ORGANISATIONEN UND SYSTEMEN MÜSSEN DURCH ÖFFENTLICHE MECHANISMEN BEHOBEN WERDEN UND...
MICH HAT DOCH NICHT SEINE ARGUMENTATION ÜBERZEUGT!
TONK TONK
WENN SOLCHE TYPEN TROTZIG WERDEN, WIRD ES UNGEMÜTLICH...
ES IST BESSER FÜR DIE WELT, WENN SIE SICH AN SCHURKEN AUSTOBEN.
WIR HABEN OHNEHIN ZU WENIG PERSONAL.
WAS, SOLCHE ROWDYS?
WAR NUR EIN SCHERZ!
DAS WAR KEINE OFFIZIELLE ÄUSSERUNG.

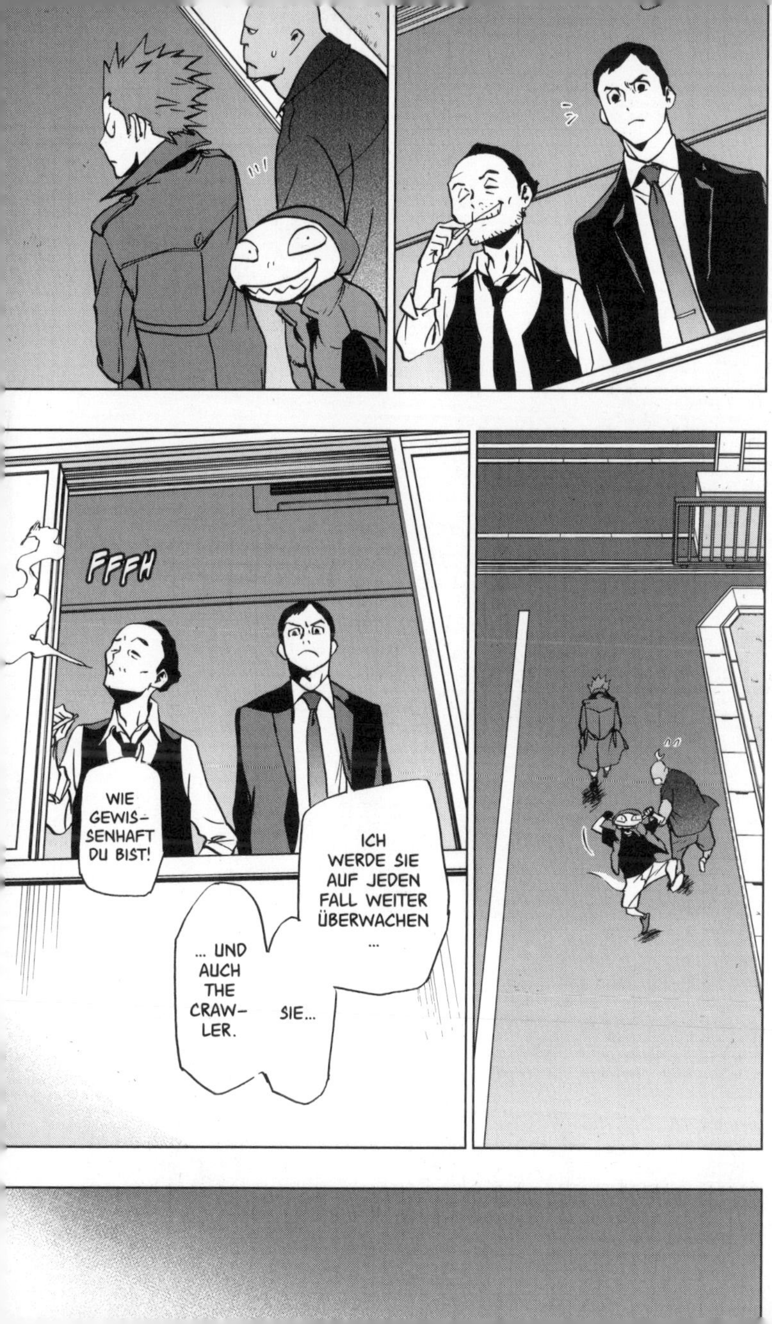
FFFH
WIE GEWIS-SENHAFT DU BIST!
ICH WERDE SIE AUF JEDEN FALL WEITER ÜBERWACHEN ...
SIE...
... UND AUCH THE CRAW-LER.

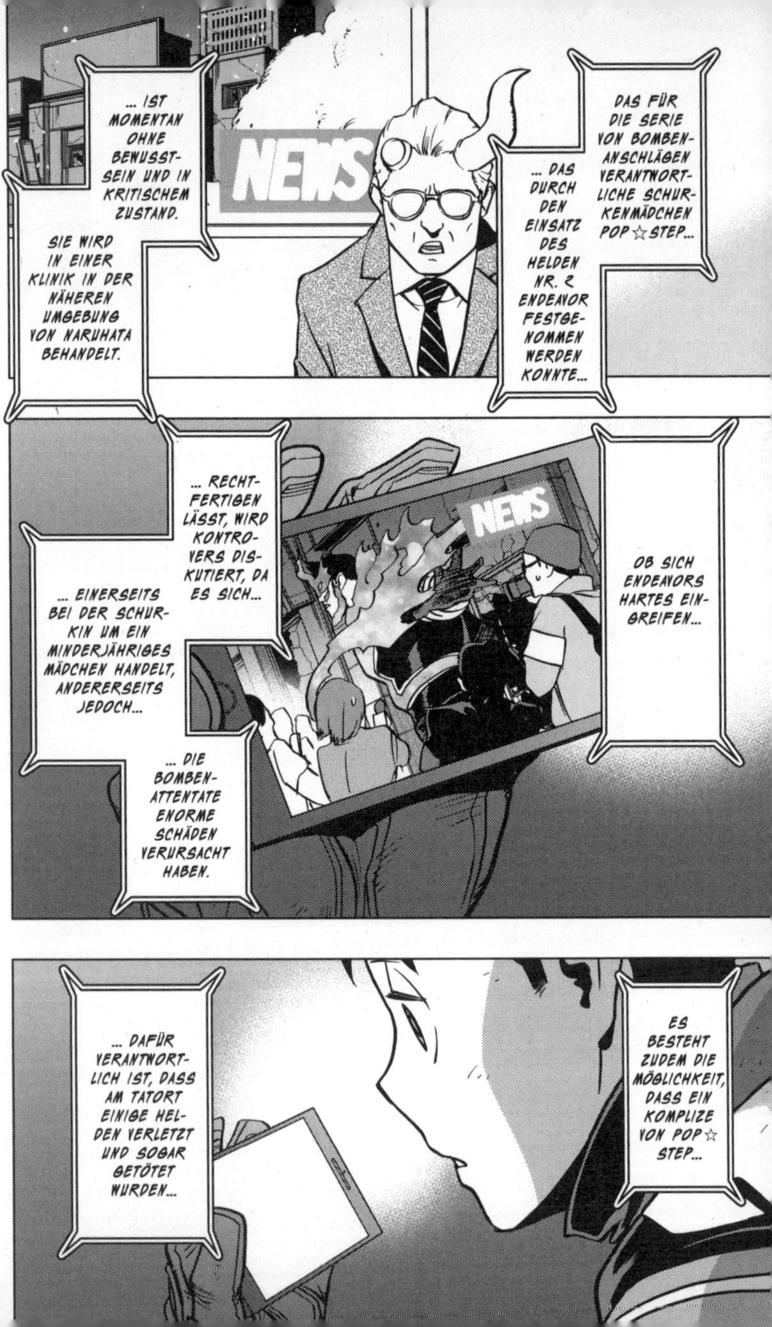
DAS FÜR DIE SERIE VON BOMBENANSCHLÄGEN VERANTWORTLICHE SCHURKENMÄDCHEN POP☆STEP...
... DAS DURCH DEN EINSATZ DES HELDEN NR. 2 ENDEAVOR FESTGENOMMEN WERDEN KONNTE...
... IST MOMENTAN OHNE BEWUSSTSEIN UND IN KRITISCHEM ZUSTAND.
SIE WIRD IN EINER KLINIK IN DER NÄHEREN UMGEBUNG VON NARUHATA BEHANDELT.
NEWS
OB SICH ENDEAVORS HARTES EINGREIFEN...
... RECHTFERTIGEN LÄSST, WIRD KONTROVERS DISKUTIERT, DA ES SICH...
... EINERSEITS BEI DER SCHURKIN UM EIN MINDERJÄHRIGES MÄDCHEN HANDELT, ANDERERSEITS JEDOCH...
... DIE BOMBENATTENTATE ENORME SCHÄDEN VERURSACHT HABEN.
NEWS
ES BESTEHT ZUDEM DIE MÖGLICHKEIT, DASS EIN KOMPLIZE VON POP☆STEP...
... DAFÜR VERANTWORTLICH IST, DASS AM TATORT EINIGE HELDEN VERLETZT UND SOGAR GETÖTET WURDEN...

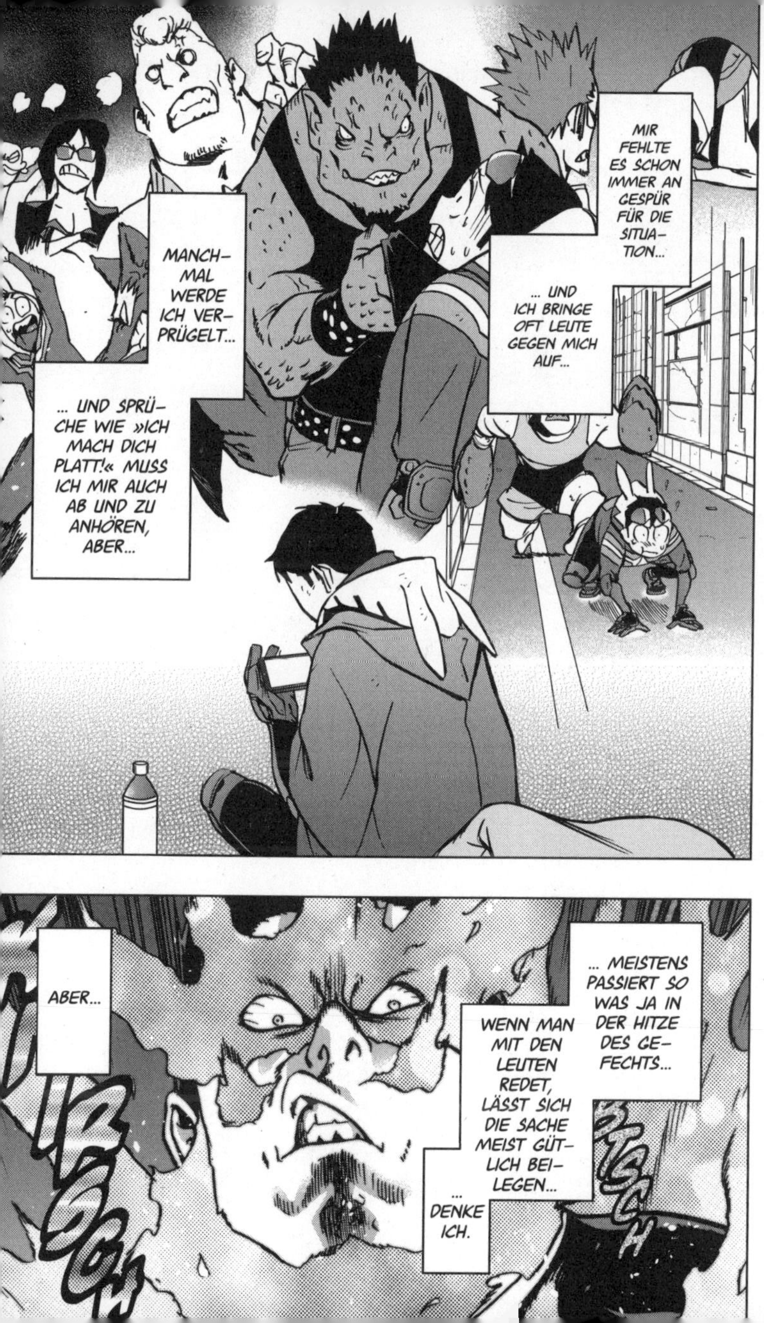
MIR FEHLTE ES SCHON IMMER AN GESPÜR FÜR DIE SITUATION...
... UND ICH BRINGE OFT LEUTE GEGEN MICH AUF...
MANCHMAL WERDE ICH VERPRÜGELT...
... UND SPRÜCHE WIE »ICH MACH DICH PLATT!« MUSS ICH MIR AUCH AB UND ZU ANHÖREN, ABER...
ABER...
... MEISTENS PASSIERT SO WAS JA IN DER HITZE DES GEFECHTS...
WENN MAN MIT DEN LEUTEN REDET, LÄSST SICH DIE SACHE MEIST GÜTLICH BEILEGEN...
... DENKE ICH.

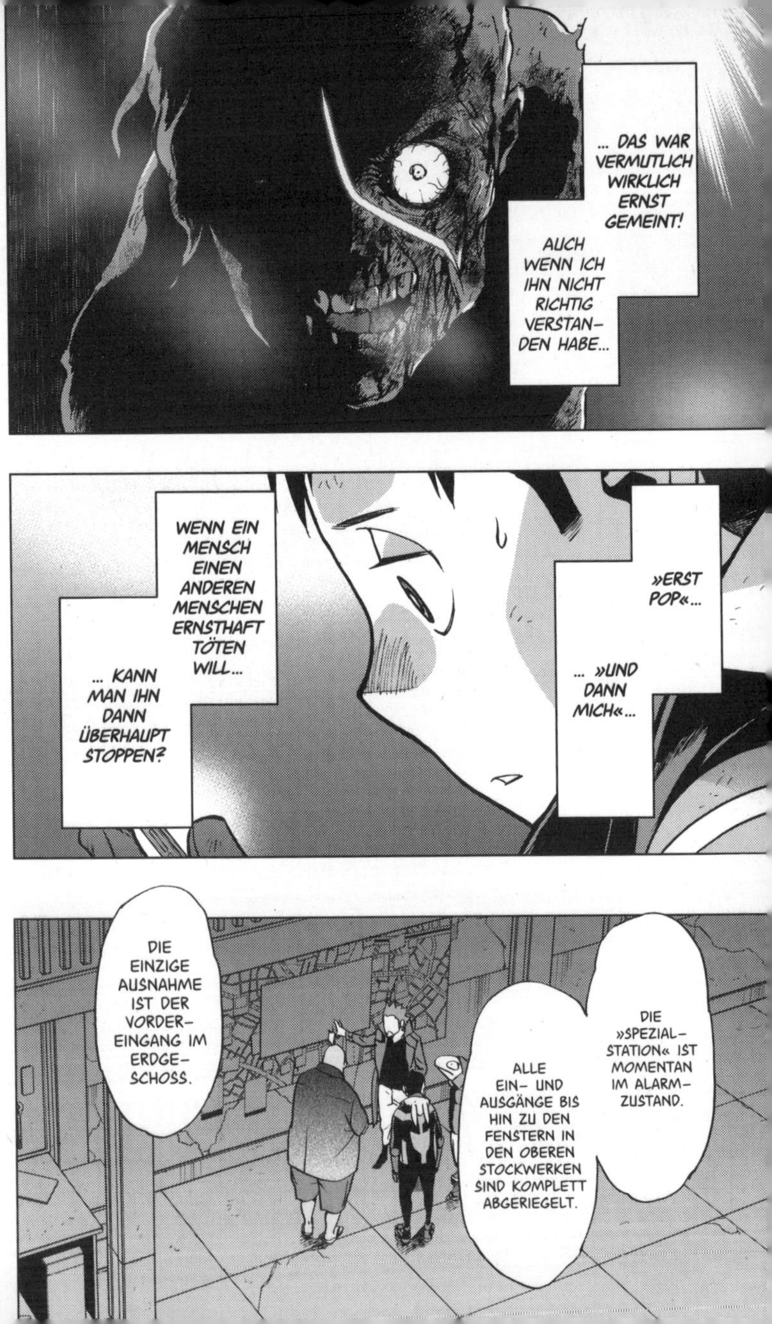
... DAS WAR VERMUTLICH WIRKLICH ERNST GEMEINT!
AUCH WENN ICH IHN NICHT RICHTIG VERSTAN-DEN HABE...
»ERST POP«...
... »UND DANN MICH«...
WENN EIN MENSCH EINEN ANDEREN MENSCHEN ERNSTHAFT TÖTEN WILL...
... KANN MAN IHN DANN ÜBERHAUPT STOPPEN?
DIE »SPEZIAL-STATION« IST MOMENTAN IM ALARM-ZUSTAND.
ALLE EIN- UND AUSGÄNGE BIS HIN ZU DEN FENSTERN IN DEN OBEREN STOCKWERKEN SIND KOMPLETT ABGERIEGELT.
DIE EINZIGE AUSNAHME IST DER VORDER-EINGANG IM ERDGE-SCHOSS.

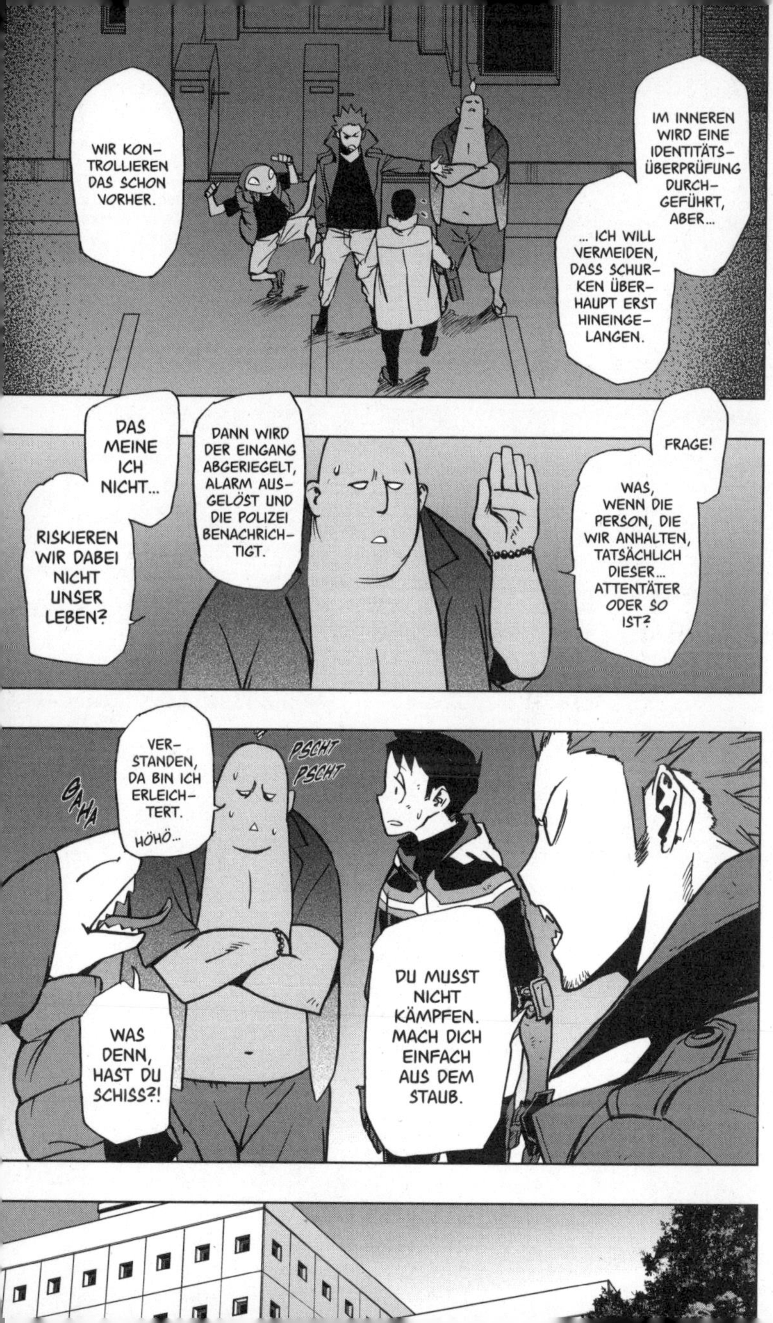
IM INNEREN WIRD EINE IDENTITÄTSÜBERPRÜFUNG DURCHGEFÜHRT, ABER...
... ICH WILL VERMEIDEN, DASS SCHURKEN ÜBERHAUPT ERST HINEINGELANGEN.
WIR KONTROLLIEREN DAS SCHON VORHER.
FRAGE!
WAS, WENN DIE PERSON, DIE WIR ANHALTEN, TATSÄCHLICH DIESER... ATTENTÄTER ODER SO IST?
DANN WIRD DER EINGANG ABGERIEGELT, ALARM AUSGELÖST UND DIE POLIZEI BENACHRICHTIGT.
DAS MEINE ICH NICHT...
RISKIEREN WIR DABEI NICHT UNSER LEBEN?
DU MUSST NICHT KÄMPFEN. MACH DICH EINFACH AUS DEM STAUB.
PSCHT PSCHT
VERSTANDEN, DA BIN ICH ERLEICHTERT.
HÖHÖ...
GAHA
WAS DENN, HAST DU SCHISS?!

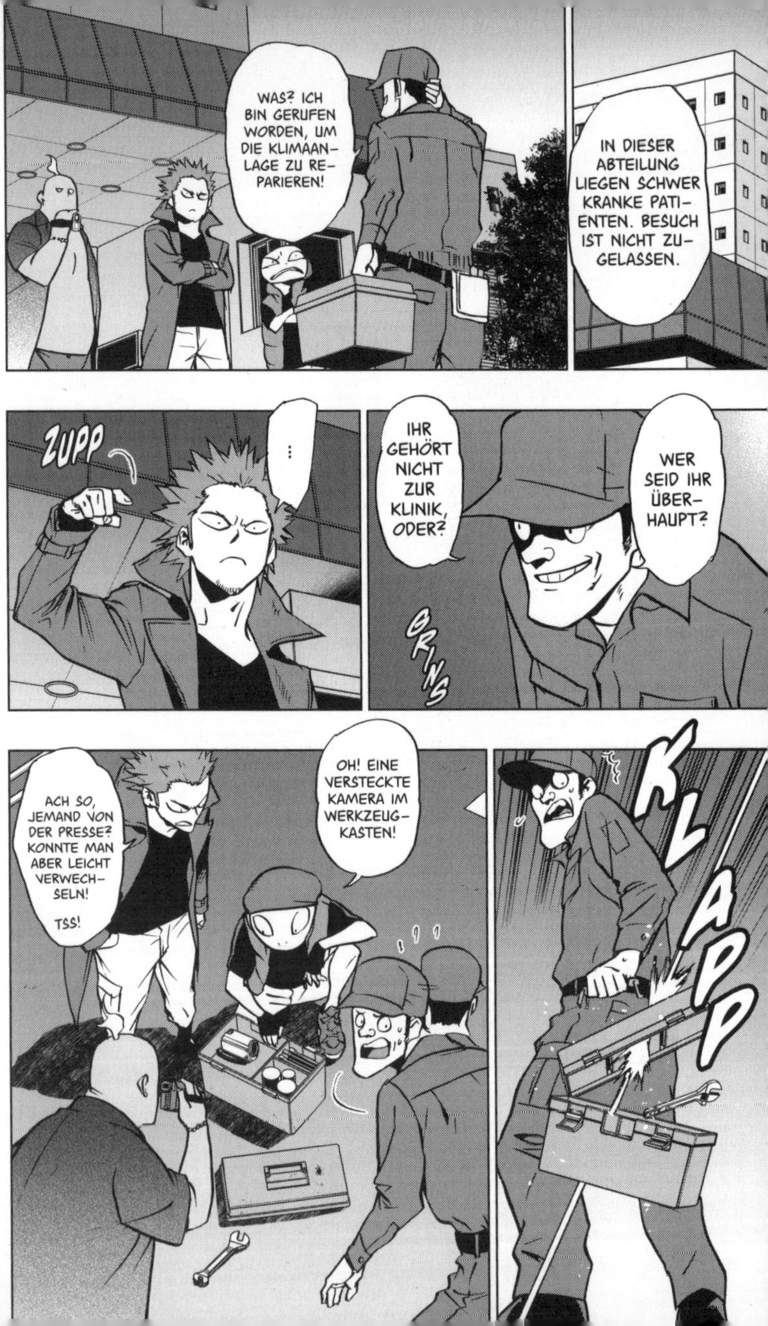

IN DIESER ABTEILUNG LIEGEN SCHWER KRANKE PATIENTEN. BESUCH IST NICHT ZUGELASSEN.
WAS? ICH BIN GERUFEN WORDEN, UM DIE KLIMAANLAGE ZU REPARIEREN!
WER SEID IHR ÜBERHAUPT?
IHR GEHÖRT NICHT ZUR KLINIK, ODER?
GRINS
…
ZUPP
KLAPP
OH! EINE VERSTECKTE KAMERA IM WERKZEUGKASTEN!
ACH SO, JEMAND VON DER PRESSE? KONNTE MAN ABER LEICHT VERWECHSELN!
TSS!

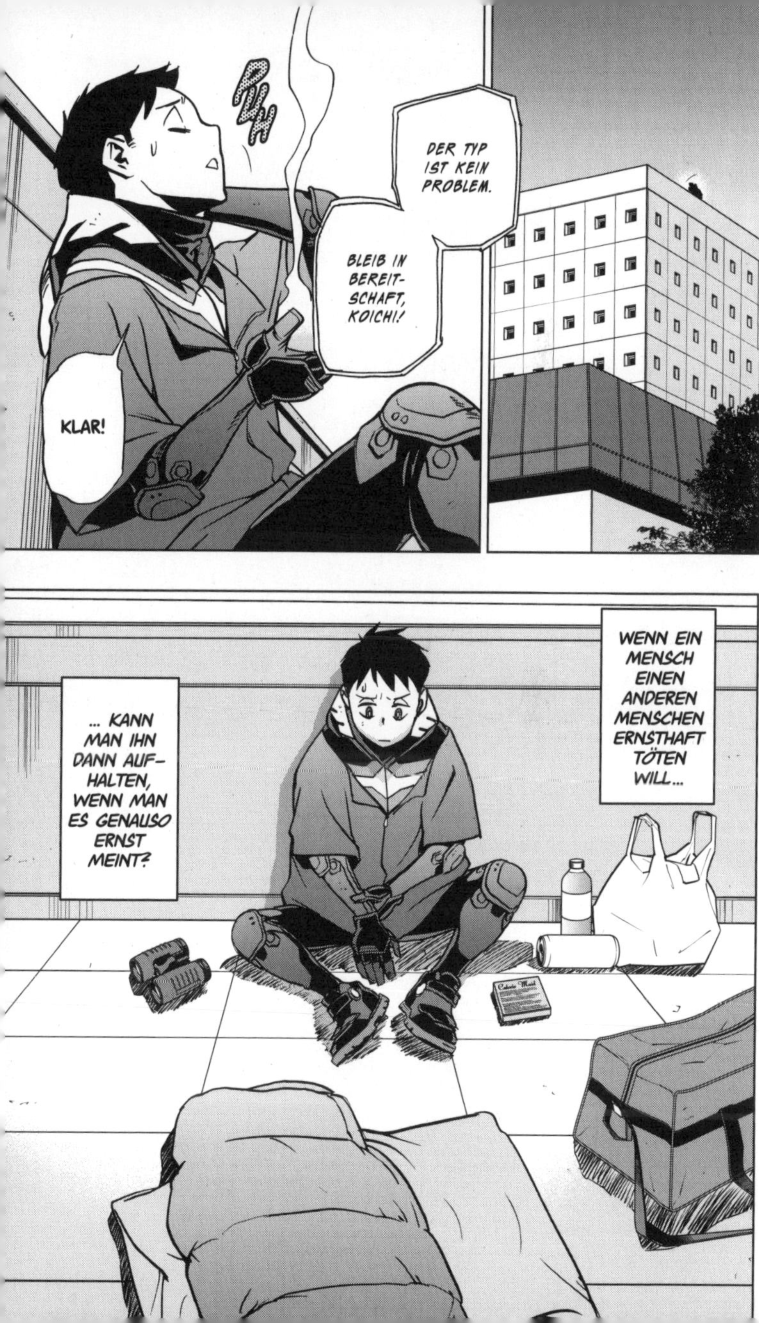
DER TYP IST KEIN PROBLEM.
BLEIB IN BEREIT-SCHAFT, KOICHI!
KLAR!
WENN EIN MENSCH EINEN ANDEREN MENSCHEN ERNSTHAFT TÖTEN WILL...
... KANN MAN IHN DANN AUF-HALTEN, WENN MAN ES GENAUSO ERNST MEINT?

POLIZEIHAUPTMEISTER TANUMA

THE GROBDESIGN

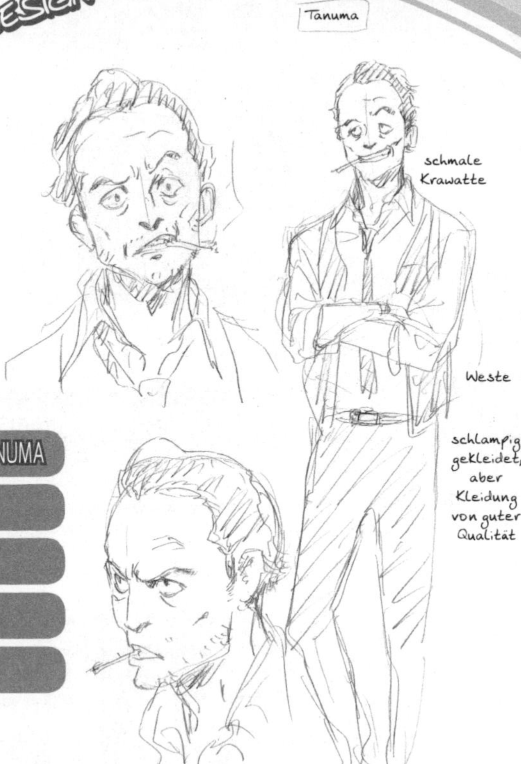

EIGENTLICHER NAME: EIZO TANUMA

GEBURTSTAG: 12. MAI

GRÖSSE: 1,67 M

MAG: ZIGARETTEN, ALKOHOL

MACKE: GUT ZU FUSS

THE HINTERGRUNDINFOS

Es ist unklar, ob er Kommissar Tsukauchis Kollege oder Vorgesetzter ist, er ist auf jeden Fall ein erfahrener Polizist. Irgendwie taucht er seit Band 1 immer wieder auf. Ich glaube, er gehört zum Team »Nichtlaufbahnbeamter« und hat wahrscheinlich den gleichen Rang wie Tsukauchi, obwohl er fast doppelt so alt ist. (Furuhashi)

Ich erinnere mich, dass ich in der Anfangszeit mit dem Design große Mühe hatte, weil ich seinen Charakter noch überhaupt nicht erfasst hatte. Jetzt denke ich, ich hätte ihn ruhig ein bisschen attraktiver designen können…
Tatsächlich habe ich insgeheim für mich das Setting, dass er bei Kleidung gute Qualität schätzt. (Haha) (Betten)

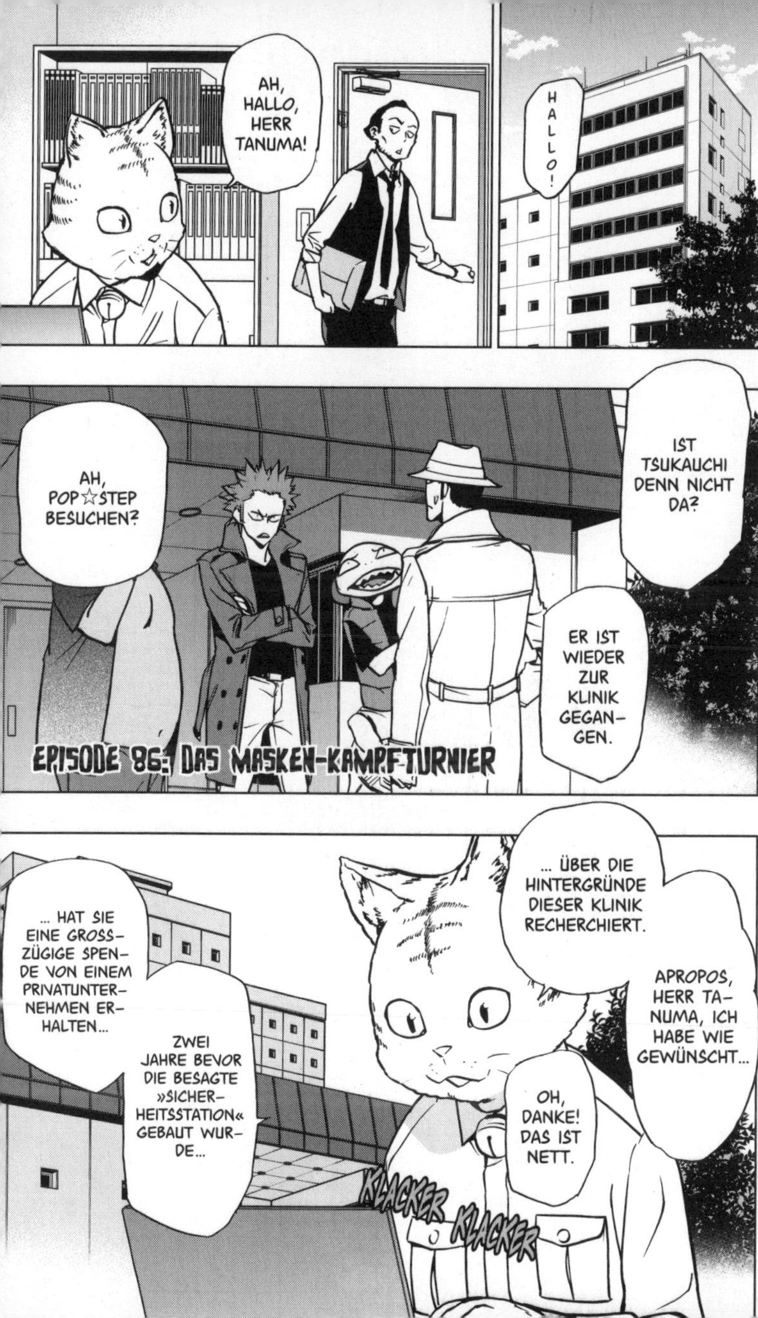
HALLO!
AH, HALLO, HERR TANUMA!
IST TSUKAUCHI DENN NICHT DA?
ER IST WIEDER ZUR KLINIK GEGANGEN.
AH, POP☆STEP BESUCHEN?
EPISODE 86: DAS MASKEN-KAMPFTURNIER
APROPOS, HERR TANUMA, ICH HABE WIE GEWÜNSCHT…
… ÜBER DIE HINTERGRÜNDE DIESER KLINIK RECHERCHIERT.
OH, DANKE! DAS IST NETT.
ZWEI JAHRE BEVOR DIE BESAGTE »SICHERHEITSSTATION« GEBAUT WURDE…
… HAT SIE EINE GROSSZÜGIGE SPENDE VON EINEM PRIVATUNTERNEHMEN ERHALTEN…
KLACKER KLACKER

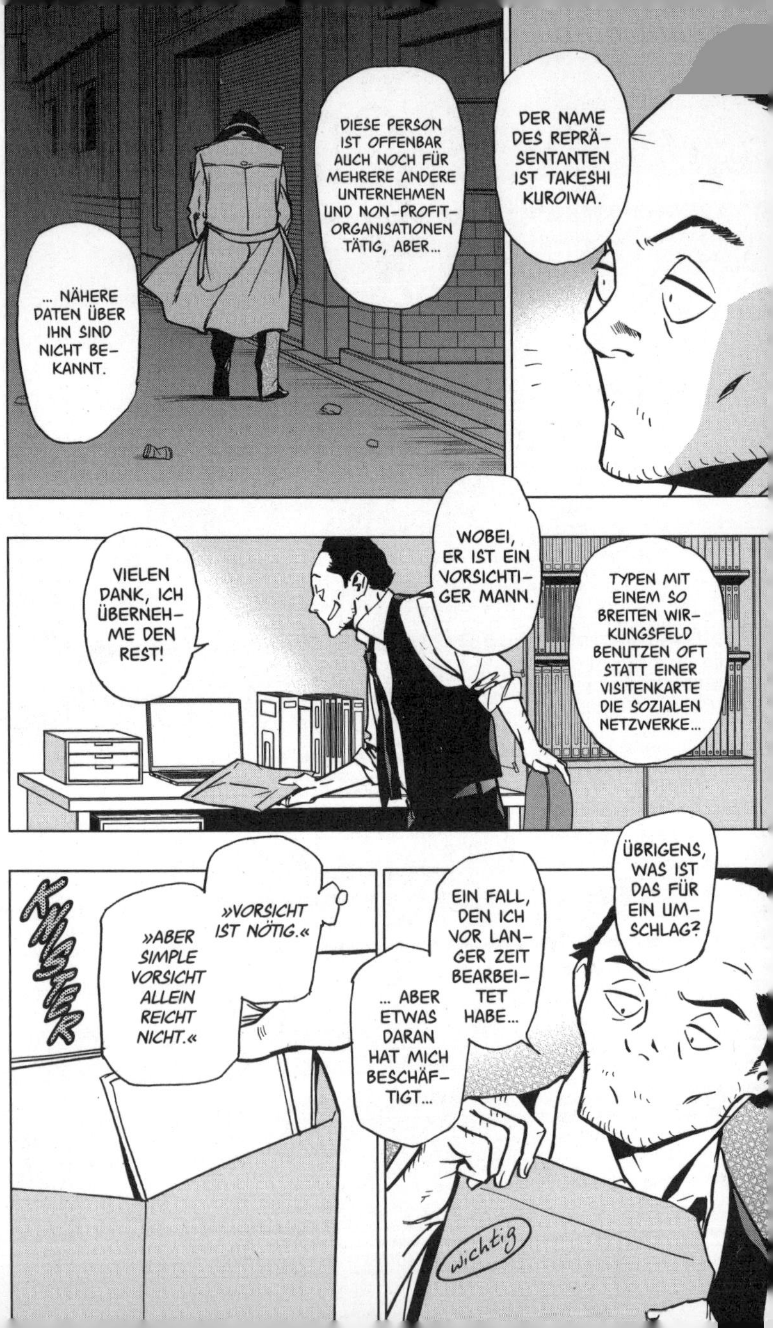
DER NAME DES REPRÄ-SENTANTEN IST TAKESHI KUROIWA.
DIESE PERSON IST OFFENBAR AUCH NOCH FÜR MEHRERE ANDERE UNTERNEHMEN UND NON-PROFIT-ORGANISATIONEN TÄTIG, ABER ...
... NÄHERE DATEN ÜBER IHN SIND NICHT BE-KANNT.
WOBEI, ER IST EIN VORSICHTI-GER MANN.
TYPEN MIT EINEM SO BREITEN WIR-KUNGSFELD BENUTZEN OFT STATT EINER VISITENKARTE DIE SOZIALEN NETZWERKE ...
VIELEN DANK, ICH ÜBERNEH-ME DEN REST!
ÜBRIGENS, WAS IST DAS FÜR EIN UM-SCHLAG?
EIN FALL, DEN ICH VOR LAN-GER ZEIT BEARBEI-TET HABE ...
... ABER ETWAS DARAN HAT MICH BESCHÄF-TIGT ...
»VORSICHT IST NÖTIG.«
»ABER SIMPLE VORSICHT ALLEIN REICHT NICHT.«
wichtig

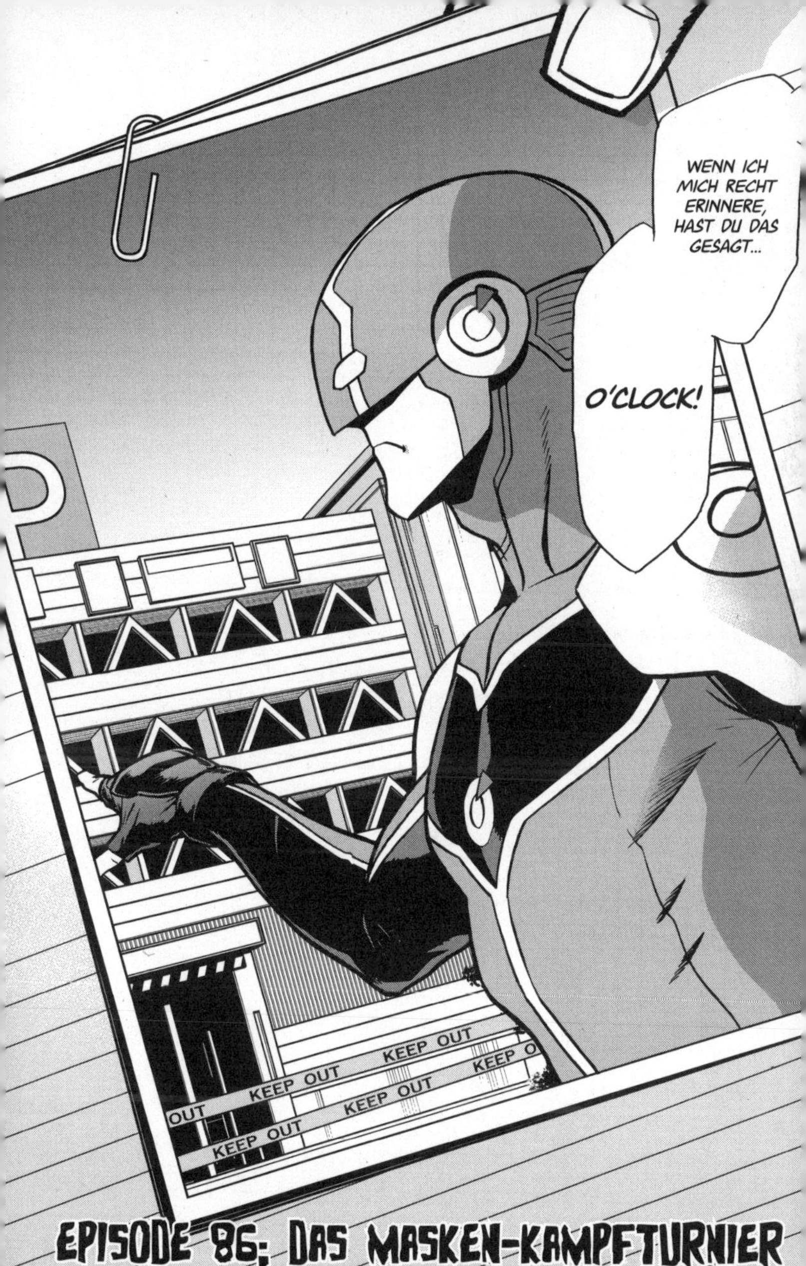

EPISODE 86: DAS MASKEN-KAMPFTURNIER

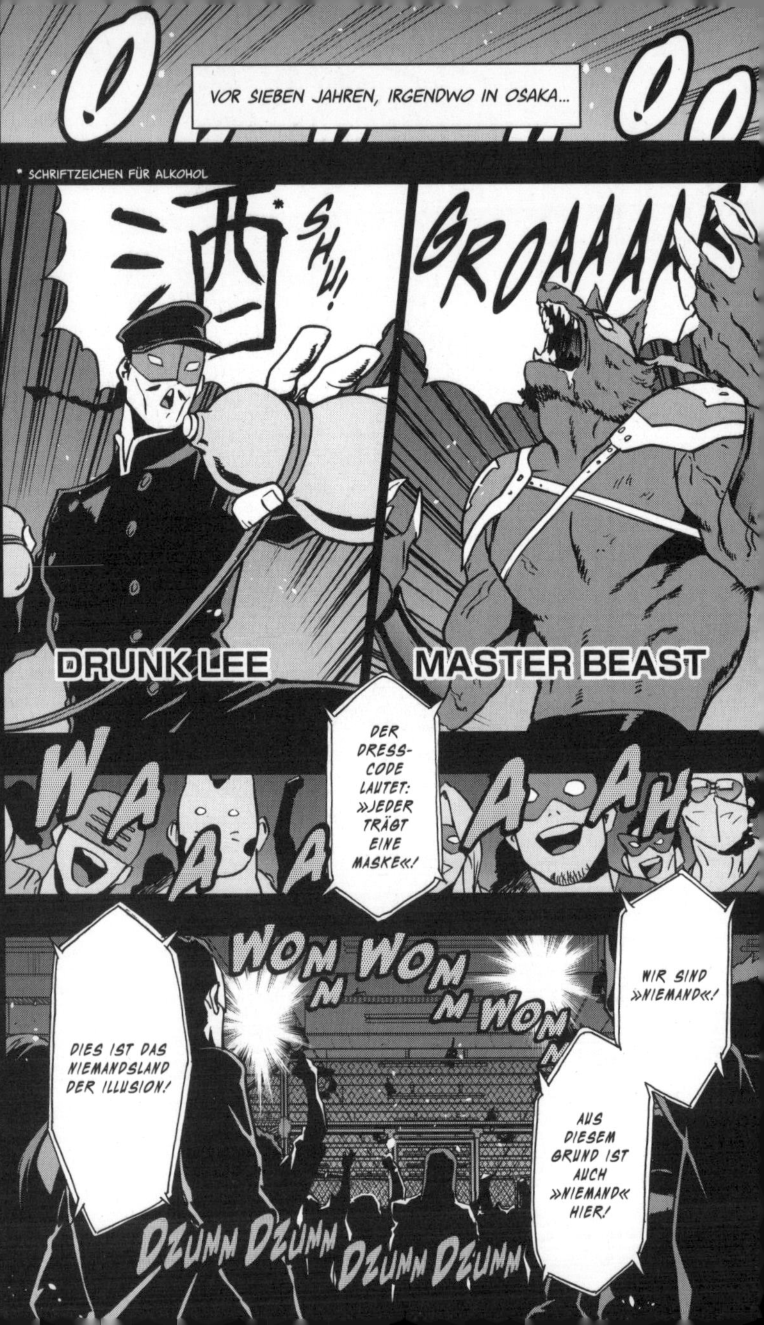

* SCHRIFTZEICHEN FÜR ALKOHOL

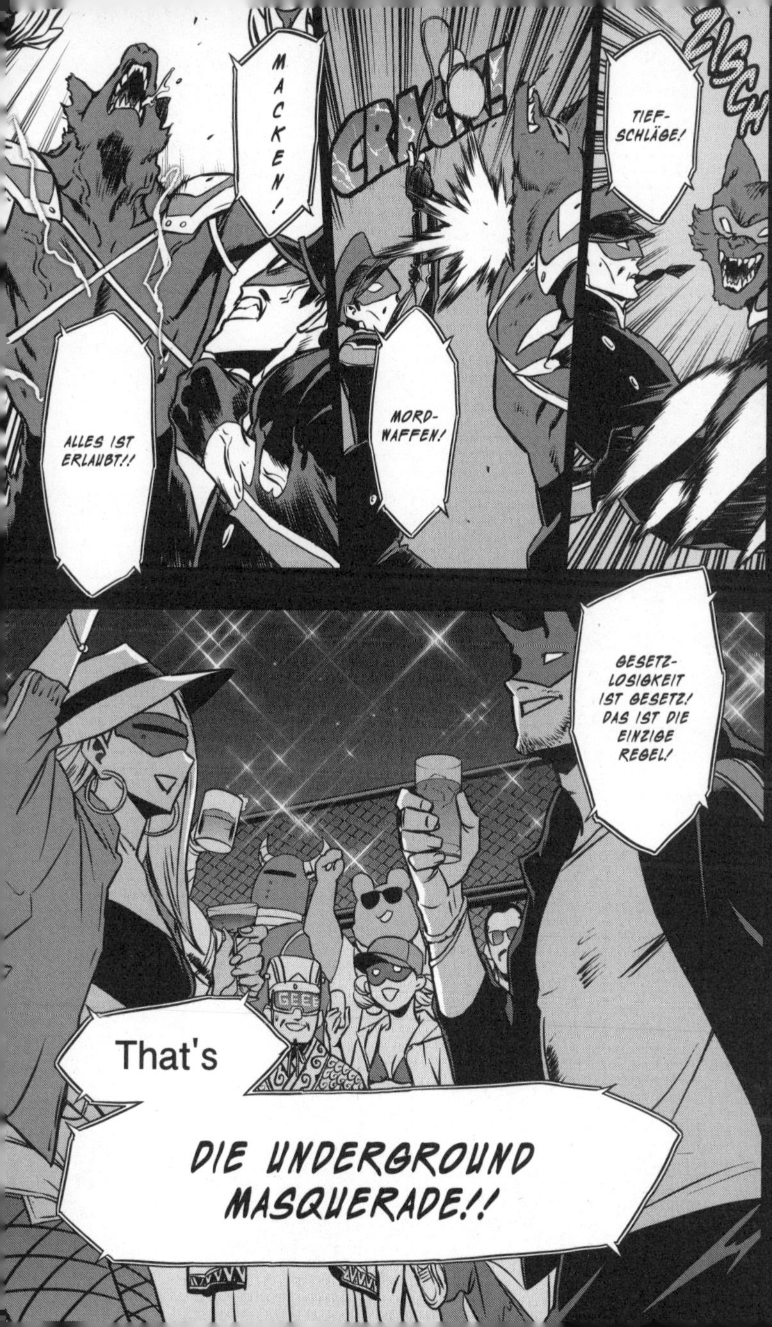
ZISCH
TIEF-SCHLÄGE!
CRACK!
MORD-WAFFEN!
MACKEN!
ALLES IST ERLAUBT!!
GESETZ-LOSIGKEIT IST GESETZ! DAS IST DIE EINZIGE REGEL!
That's
DIE UNDERGROUND MASQUERADE!!

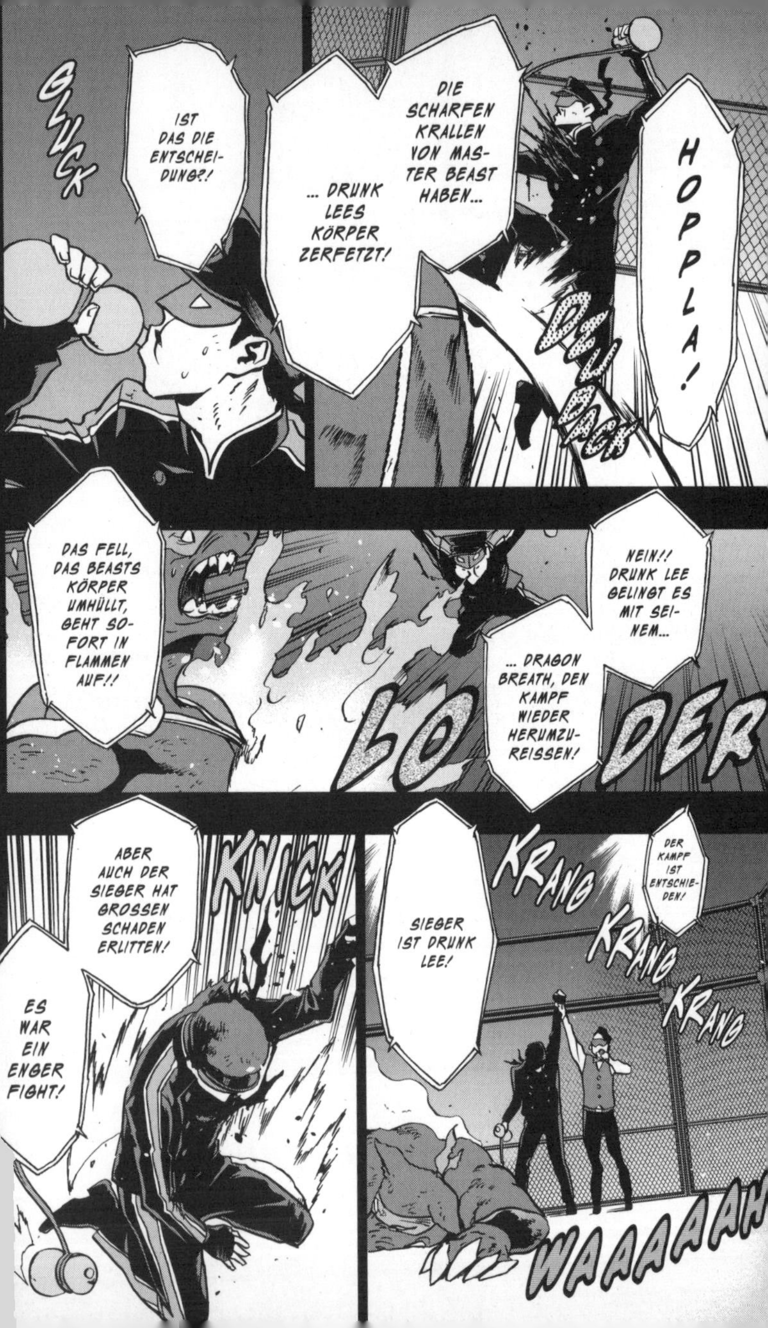
HOPPLA!
DIE SCHARFEN KRALLEN VON MASTER BEAST HABEN...
... DRUNK LEES KÖRPER ZERFETZT!
IST DAS DIE ENTSCHEIDUNG?!
GLUCK
NEIN!! DRUNK LEE GELINGT ES MIT SEINEM...
... DRAGON BREATH, DEN KAMPF WIEDER HERUMZUREISSEN!
LODER
DAS FELL, DAS BEASTS KÖRPER UMHÜLLT, GEHT SOFORT IN FLAMMEN AUF!!
DER KAMPF IST ENTSCHIEDEN!
KRANG
KRANG
KRANG
SIEGER IST DRUNK LEE!
WAAAAAAH
ABER AUCH DER SIEGER HAT GROSSEN SCHADEN ERLITTEN!
KNICK
ES WAR EIN ENGER FIGHT!

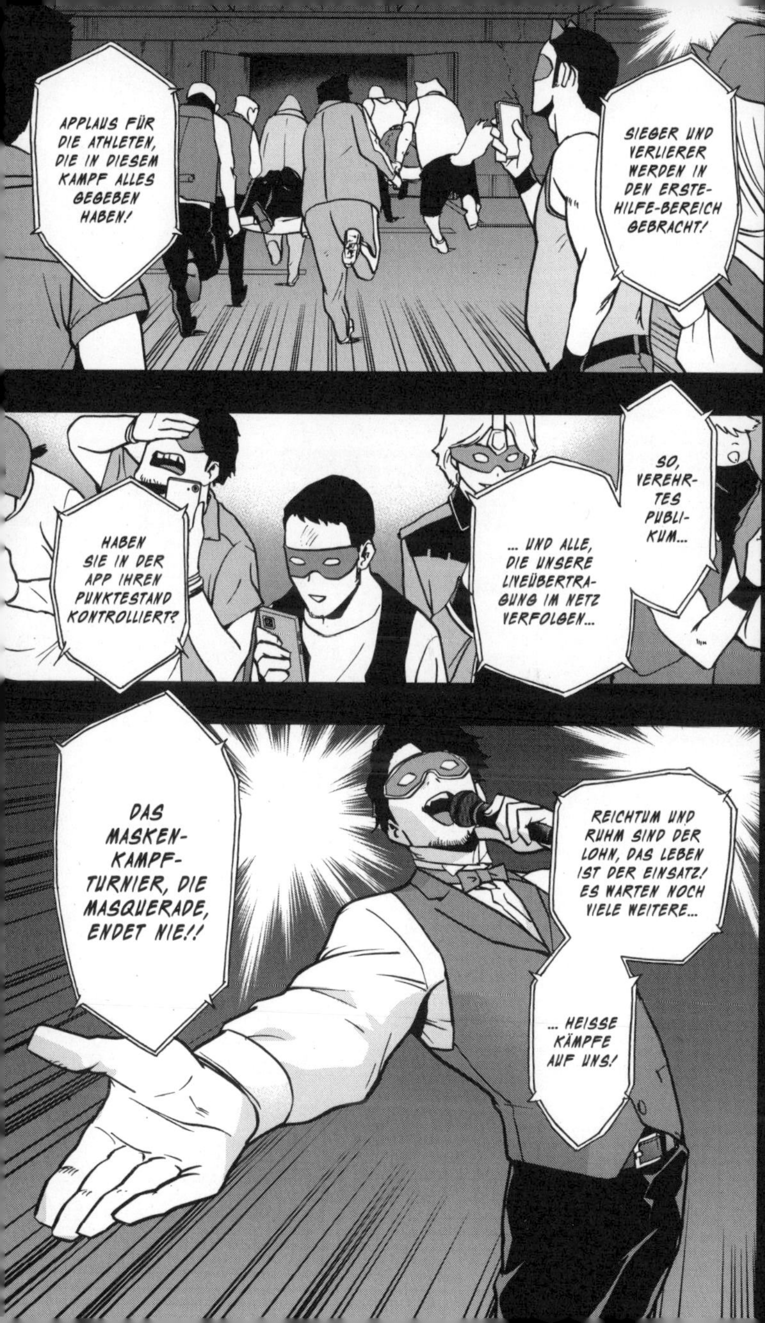
SIEGER UND VERLIERER WERDEN IN DEN ERSTE-HILFE-BEREICH GEBRACHT!
APPLAUS FÜR DIE ATHLETEN, DIE IN DIESEM KAMPF ALLES GEGEBEN HABEN!
SO, VEREHRTES PUBLIKUM...
... UND ALLE, DIE UNSERE LIVEÜBERTRAGUNG IM NETZ VERFOLGEN...
HABEN SIE IN DER APP IHREN PUNKTESTAND KONTROLLIERT?
REICHTUM UND RUHM SIND DER LOHN, DAS LEBEN IST DER EINSATZ! ES WARTEN NOCH VIELE WEITERE...
... HEISSE KÄMPFE AUF UNS!
DAS MASKEN-KAMPF-TURNIER, DIE MASQUERADE, ENDET NIE!!

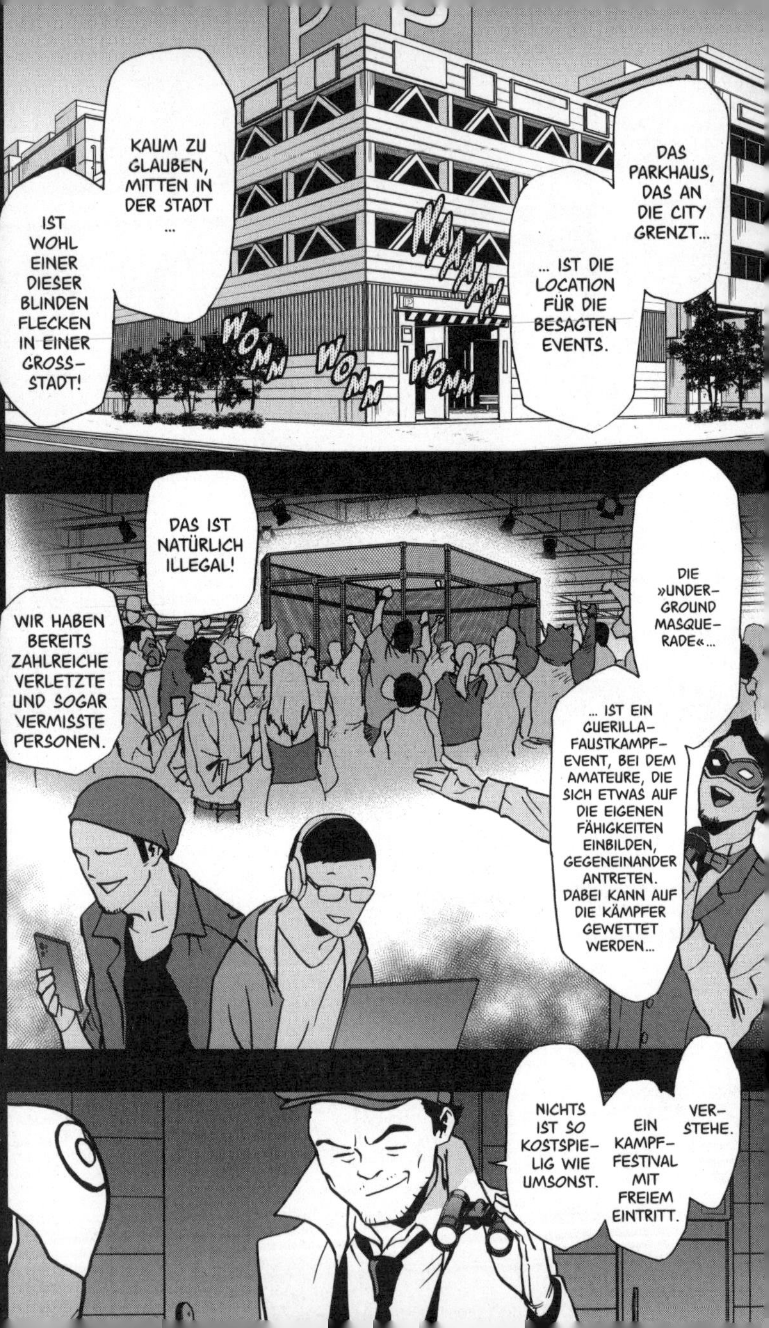
DAS PARKHAUS, DAS AN DIE CITY GRENZT...
... IST DIE LOCATION FÜR DIE BESAGTEN EVENTS.
WAAAAH
WOMM
WOMM
WOMM
KAUM ZU GLAUBEN, MITTEN IN DER STADT ...
IST WOHL EINER DIESER BLINDEN FLECKEN IN EINER GROSS-STADT!
DIE »UNDER-GROUND MASQUE-RADE« ...
... IST EIN GUERILLA-FAUSTKAMPF-EVENT, BEI DEM AMATEURE, DIE SICH ETWAS AUF DIE EIGENEN FÄHIGKEITEN EINBILDEN, GEGENEINANDER ANTRETEN. DABEI KANN AUF DIE KÄMPFER GEWETTET WERDEN ...
DAS IST NATÜRLICH ILLEGAL!
WIR HABEN BEREITS ZAHLREICHE VERLETZTE UND SOGAR VERMISSTE PERSONEN.
VER-STEHE.
EIN KAMPF-FESTIVAL MIT FREIEM EINTRITT.
NICHTS IST SO KOSTSPIE-LIG WIE UMSONST.

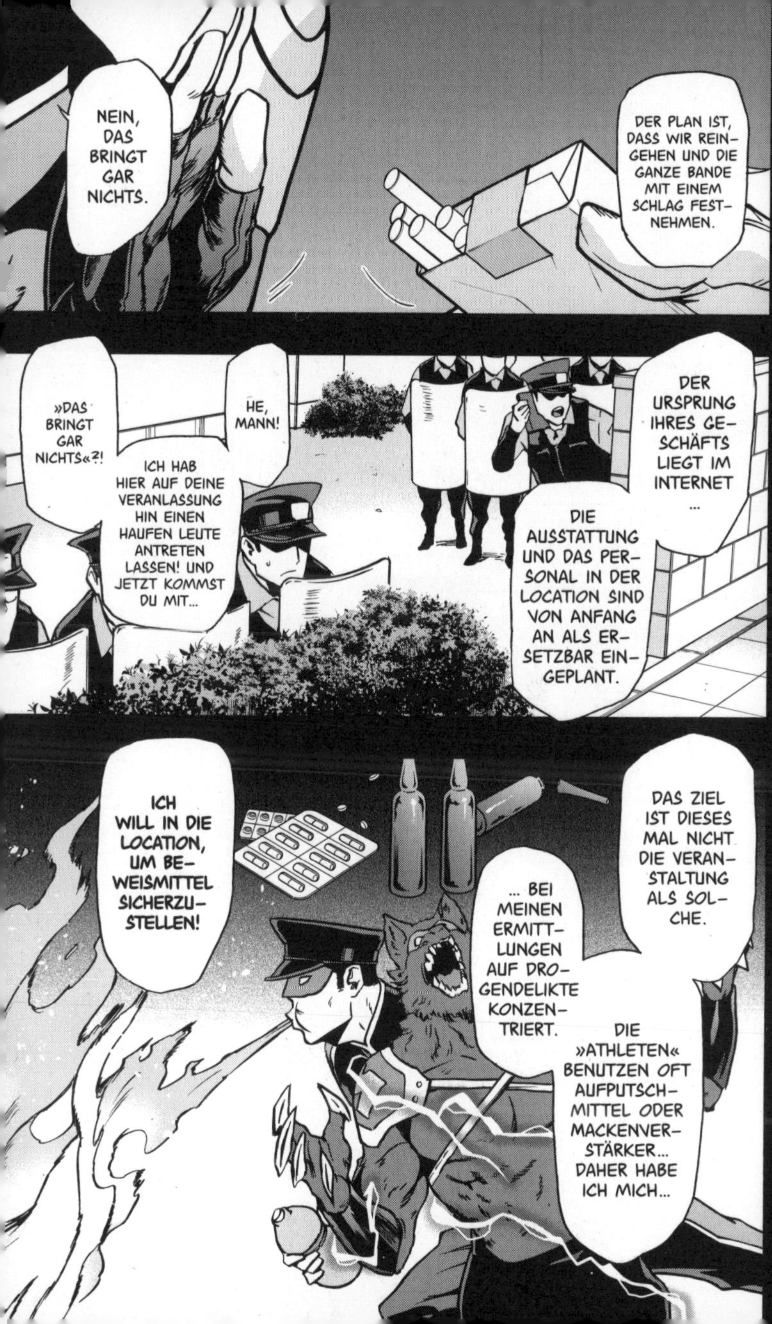
DER PLAN IST, DASS WIR REINGEHEN UND DIE GANZE BANDE MIT EINEM SCHLAG FESTNEHMEN.
NEIN, DAS BRINGT GAR NICHTS.
DER URSPRUNG IHRES GESCHÄFTS LIEGT IM INTERNET ...
DIE AUSSTATTUNG UND DAS PERSONAL IN DER LOCATION SIND VON ANFANG AN ALS ERSETZBAR EINGEPLANT.
HE, MANN!
»DAS BRINGT GAR NICHTS«?!
ICH HAB HIER AUF DEINE VERANLASSUNG HIN EINEN HAUFEN LEUTE ANTRETEN LASSEN! UND JETZT KOMMST DU MIT...
DAS ZIEL IST DIESES MAL NICHT DIE VERANSTALTUNG ALS SOLCHE.
DIE »ATHLETEN« BENUTZEN OFT AUFPUTSCHMITTEL ODER MACKENVERSTÄRKER... DAHER HABE ICH MICH...
... BEI MEINEN ERMITTLUNGEN AUF DROGENDELIKTE KONZENTRIERT.
ICH WILL IN DIE LOCATION, UM BEWEISMITTEL SICHERZUSTELLEN!

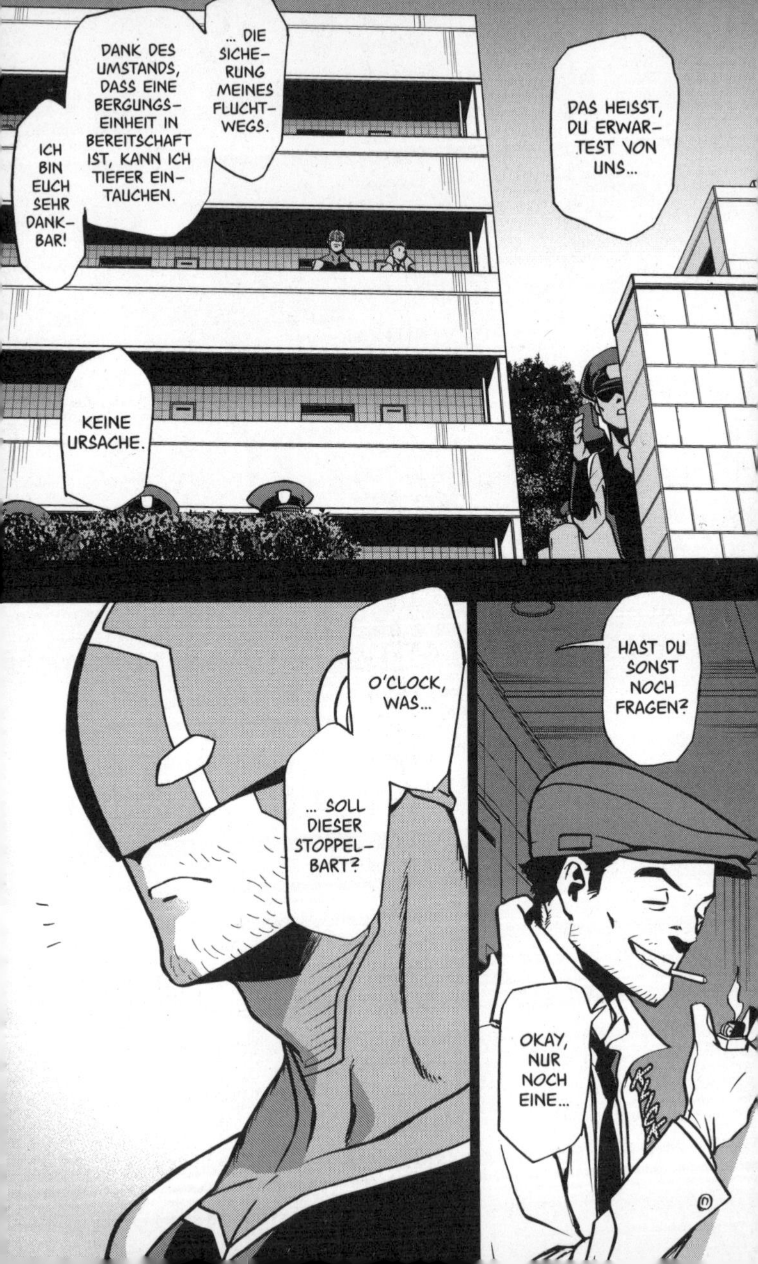
DAS HEISST, DU ERWARTEST VON UNS...
... DIE SICHERUNG MEINES FLUCHTWEGS.
DANK DES UMSTANDS, DASS EINE BERGUNGSEINHEIT IN BEREITSCHAFT IST, KANN ICH TIEFER EINTAUCHEN.
ICH BIN EUCH SEHR DANKBAR!
KEINE URSACHE.
HAST DU SONST NOCH FRAGEN?
OKAY, NUR NOCH EINE...
O'CLOCK, WAS...
... SOLL DIESER STOPPELBART?

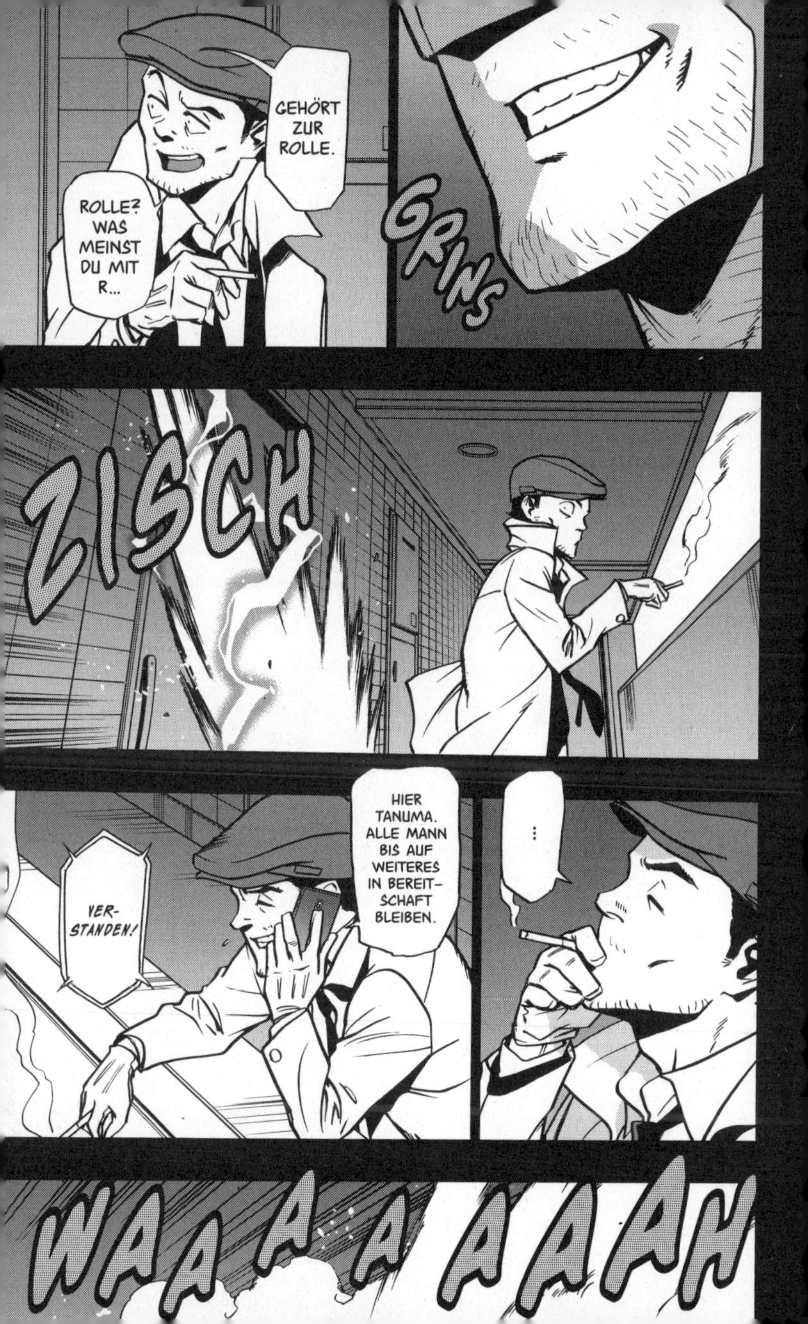
GRINS
GEHÖRT ZUR ROLLE.
ROLLE? WAS MEINST DU MIT R...
ZISCH
...
HIER TANUMA. ALLE MANN BIS AUF WEITERES IN BEREIT-SCHAFT BLEIBEN.
VER-STANDEN!
WAAAAAAAH

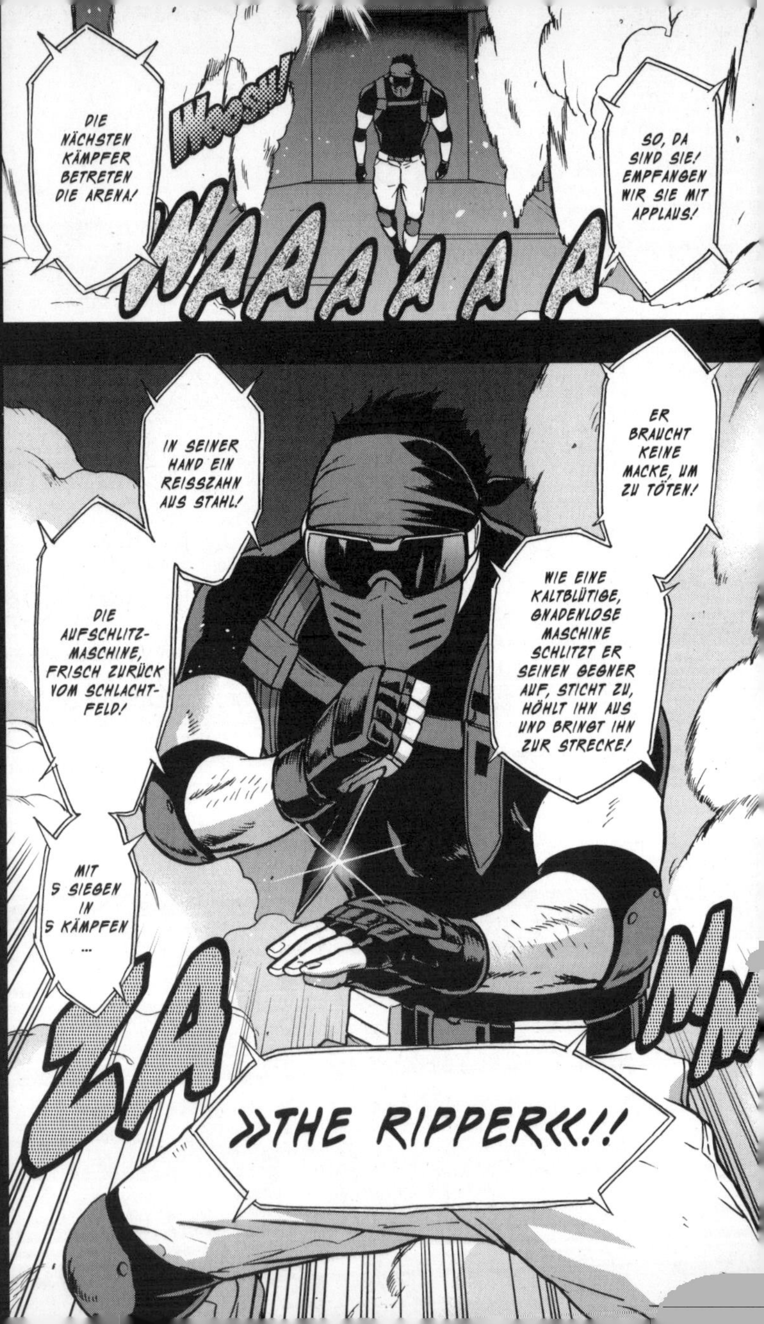
SO, DA SIND SIE! EMPFANGEN WIR SIE MIT APPLAUS!
DIE NÄCHSTEN KÄMPFER BETRETEN DIE ARENA!
WOOSH!
WAAAAAA
ER BRAUCHT KEINE MACKE, UM ZU TÖTEN!
IN SEINER HAND EIN REISSZAHN AUS STAHL!
WIE EINE KALTBLÜTIGE, GNADENLOSE MASCHINE SCHLITZT ER SEINEN GEGNER AUF, STICHT ZU, HÖHLT IHN AUS UND BRINGT IHN ZUR STRECKE!
DIE AUFSCHLITZ-MASCHINE, FRISCH ZURÜCK VOM SCHLACHT-FELD!
MIT 5 SIEGEN IN 5 KÄMPFEN ...
ZA
MM
»THE RIPPER«!!

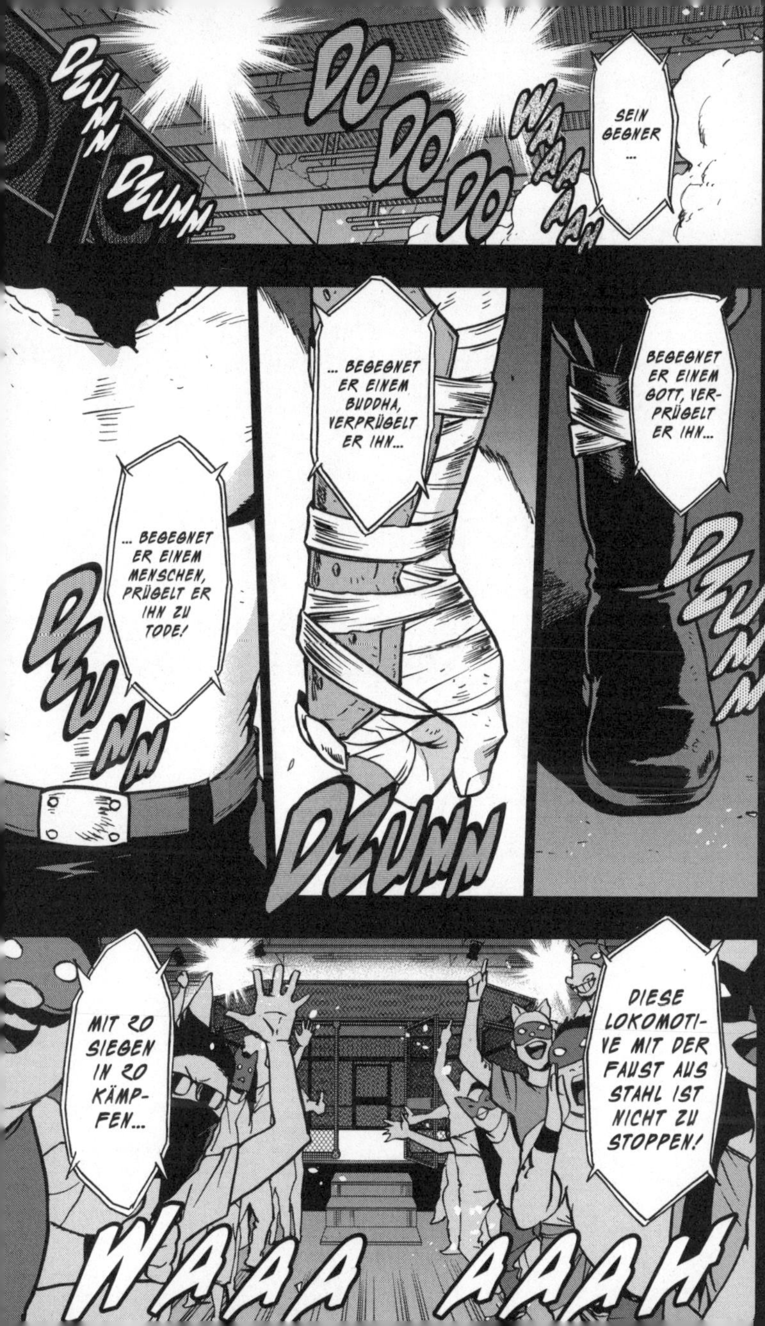
SEIN GEGNER ...
WAAAAAH
DO DO DO DO
DZUMM DZUMM
BEGEGNET ER EINEM GOTT, VERPRÜGELT ER IHN...
DZUMM
... BEGEGNET ER EINEM BUDDHA, VERPRÜGELT ER IHN...
DZUMM
... BEGEGNET ER EINEM MENSCHEN, PRÜGELT ER IHN ZU TODE!
DZUMM
DIESE LOKOMOTIVE MIT DER FAUST AUS STAHL IST NICHT ZU STOPPEN!
MIT 20 SIEGEN IN 20 KÄMPFEN...
WAAAA AAAH

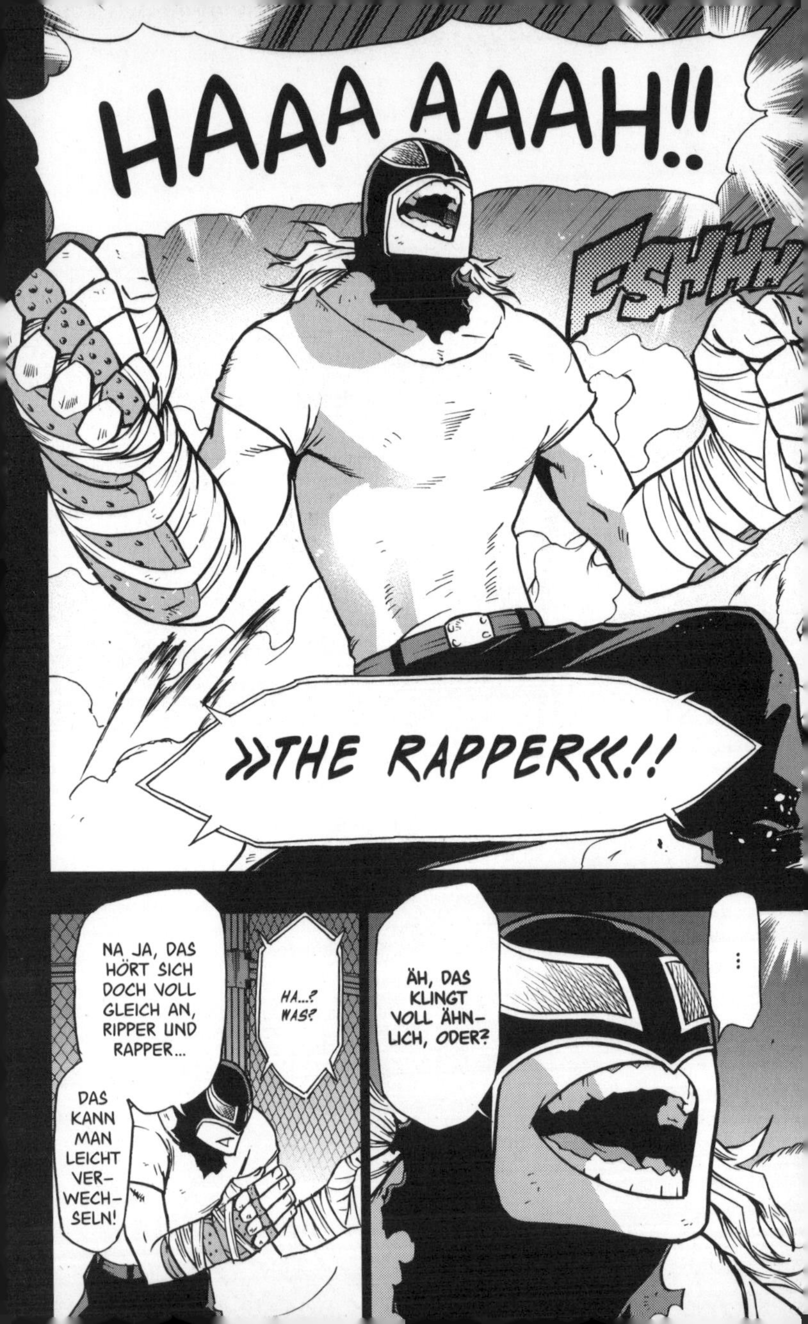
HAAA AAAH!!
FSHHH
»THE RAPPER«!!
...
ÄH, DAS KLINGT VOLL ÄHN-LICH, ODER?
HA...? WAS?
NA JA, DAS HÖRT SICH DOCH VOLL GLEICH AN, RIPPER UND RAPPER...
DAS KANN MAN LEICHT VER-WECH-SELN!

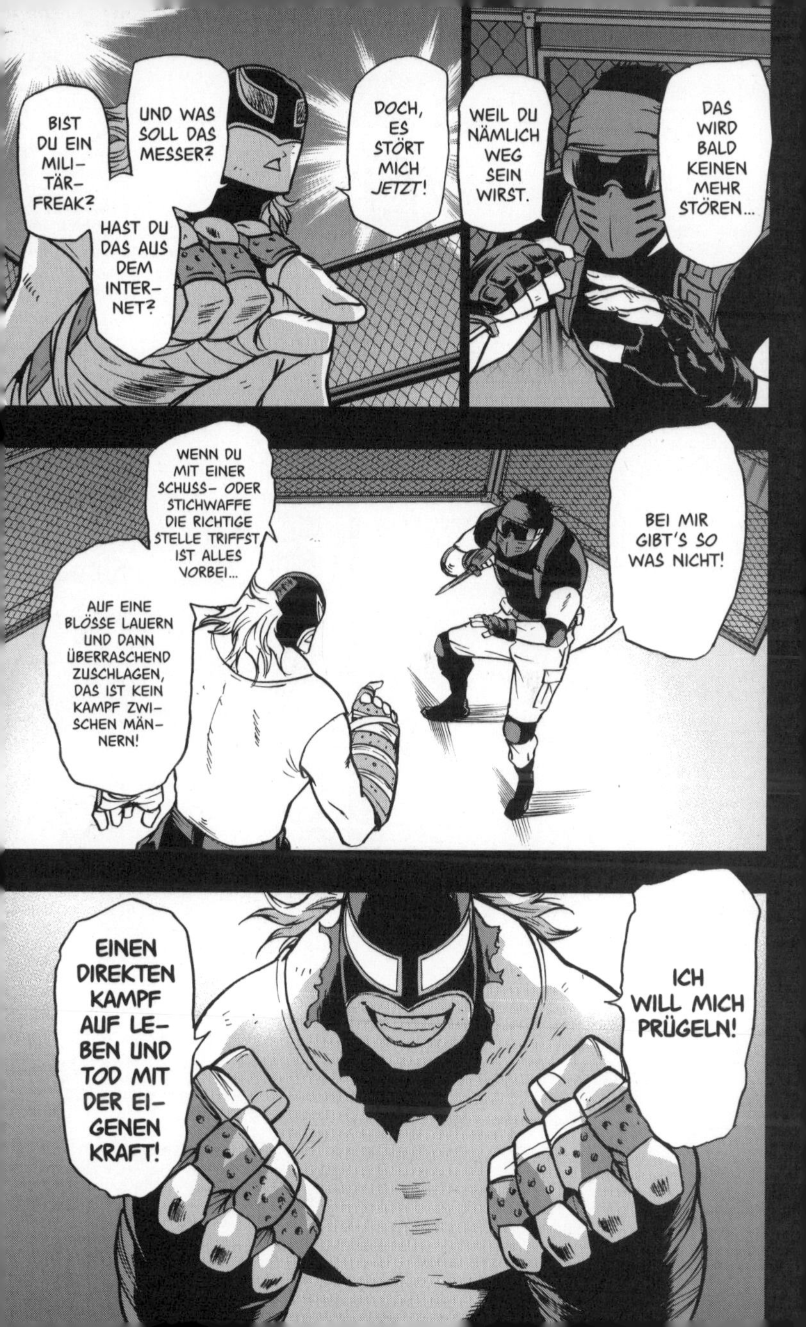
DAS WIRD BALD KEINEN MEHR STÖREN…
WEIL DU NÄMLICH WEG SEIN WIRST.
DOCH, ES STÖRT MICH JETZT!
UND WAS SOLL DAS MESSER?
BIST DU EIN MILITÄR-FREAK?
HAST DU DAS AUS DEM INTERNET?
BEI MIR GIBT'S SO WAS NICHT!
WENN DU MIT EINER SCHUSS- ODER STICHWAFFE DIE RICHTIGE STELLE TRIFFST IST ALLES VORBEI…
AUF EINE BLÖSSE LAUERN UND DANN ÜBERRASCHEND ZUSCHLAGEN, DAS IST KEIN KAMPF ZWISCHEN MÄNNERN!
ICH WILL MICH PRÜGELN!
EINEN DIREKTEN KAMPF AUF LEBEN UND TOD MIT DER EIGENEN KRAFT!

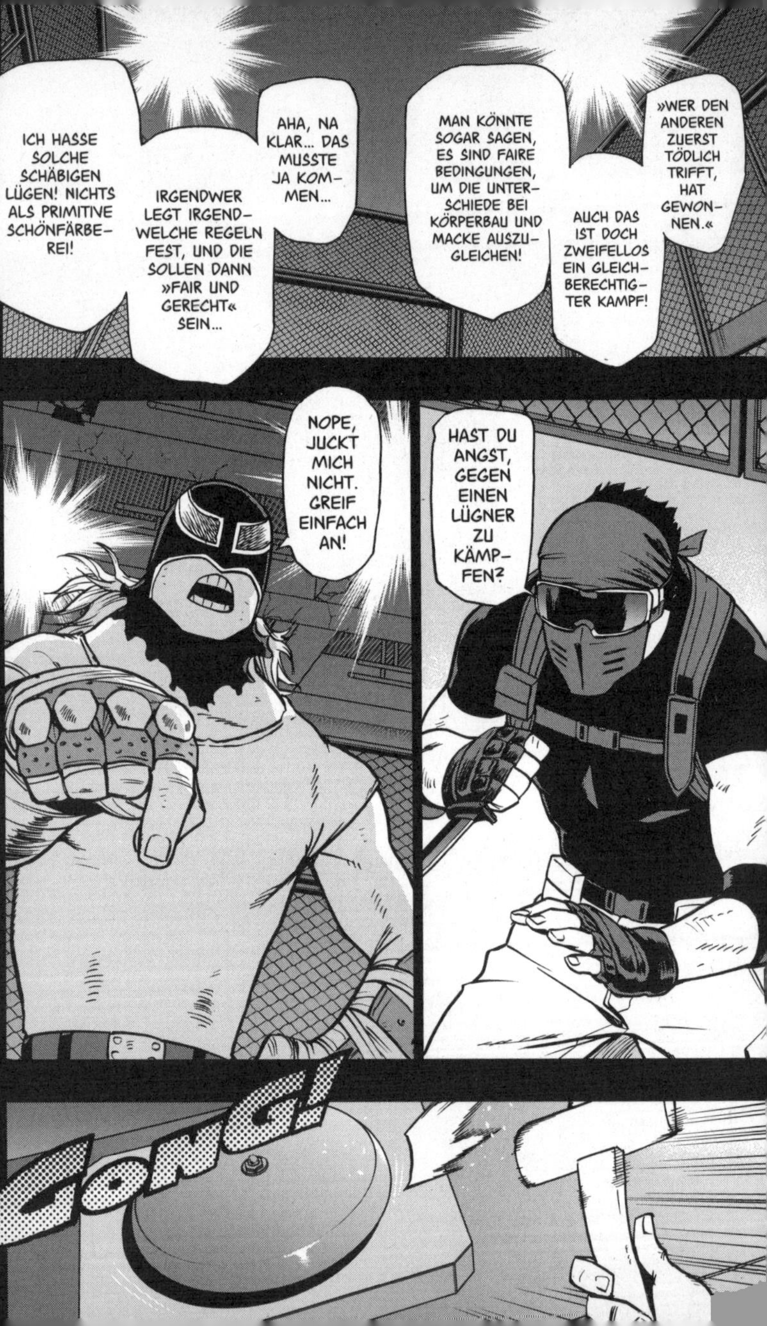

»WER DEN ANDEREN ZUERST TÖDLICH TRIFFT, HAT GEWONNEN.«
AUCH DAS IST DOCH ZWEIFELLOS EIN GLEICHBERECHTIGTER KAMPF!
MAN KÖNNTE SOGAR SAGEN, ES SIND FAIRE BEDINGUNGEN, UM DIE UNTERSCHIEDE BEI KÖRPERBAU UND MACKE AUSZUGLEICHEN!
AHA, NA KLAR… DAS MUSSTE JA KOMMEN…
IRGENDWER LEGT IRGENDWELCHE REGELN FEST, UND DIE SOLLEN DANN »FAIR UND GERECHT« SEIN…
ICH HASSE SOLCHE SCHÄBIGEN LÜGEN! NICHTS ALS PRIMITIVE SCHÖNFÄRBEREI!
HAST DU ANGST, GEGEN EINEN LÜGNER ZU KÄMPFEN?
NOPE, JUCKT MICH NICHT. GREIF EINFACH AN!
GONG!

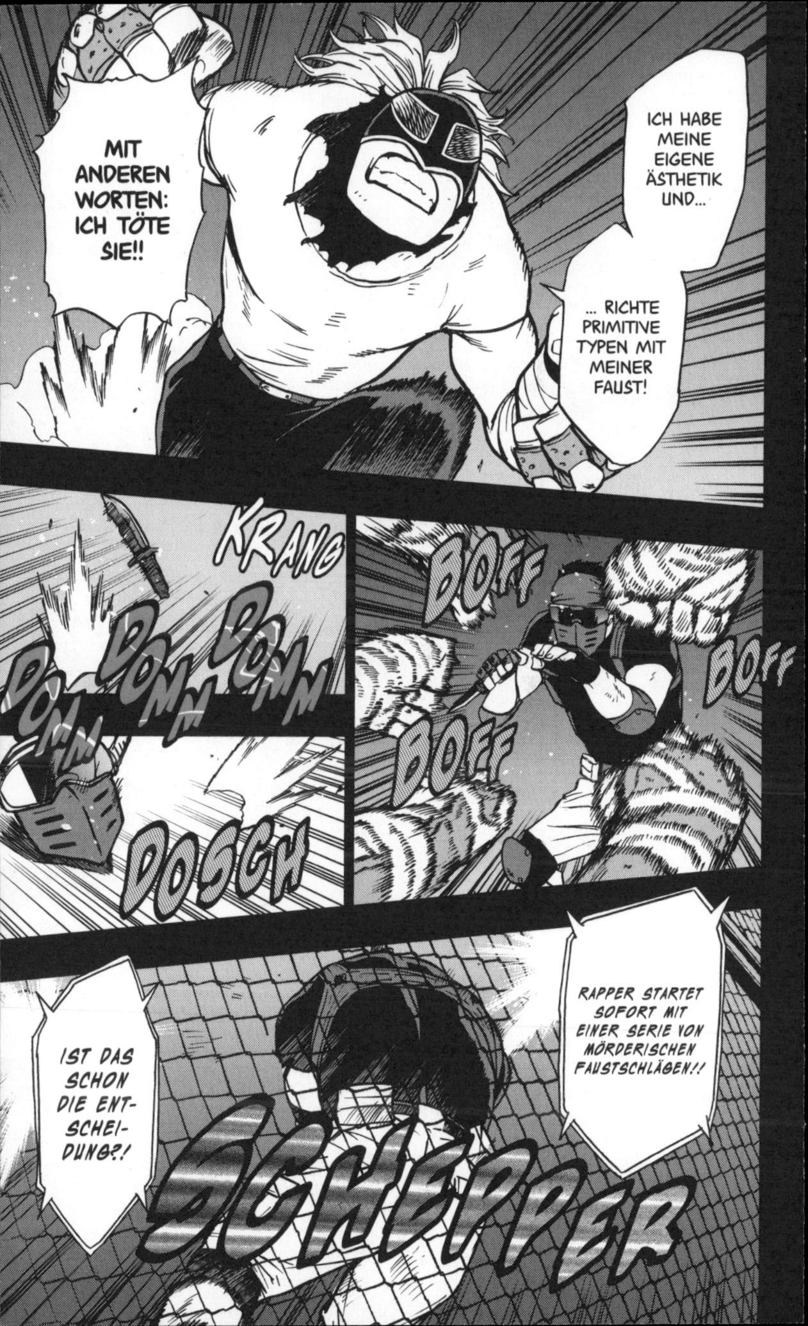
ICH HABE MEINE EIGENE ÄSTHETIK UND...
... RICHTE PRIMITIVE TYPEN MIT MEINER FAUST!
MIT ANDEREN WORTEN: ICH TÖTE SIE!!
BOFF
BOFF
BOFF
KRANG
DOMM DOMM DOMM
DOSCH
RAPPER STARTET SOFORT MIT EINER SERIE VON MÖRDERISCHEN FAUSTSCHLÄGEN!!
IST DAS SCHON DIE ENT-SCHEI-DUNG?!
SCHEPPER

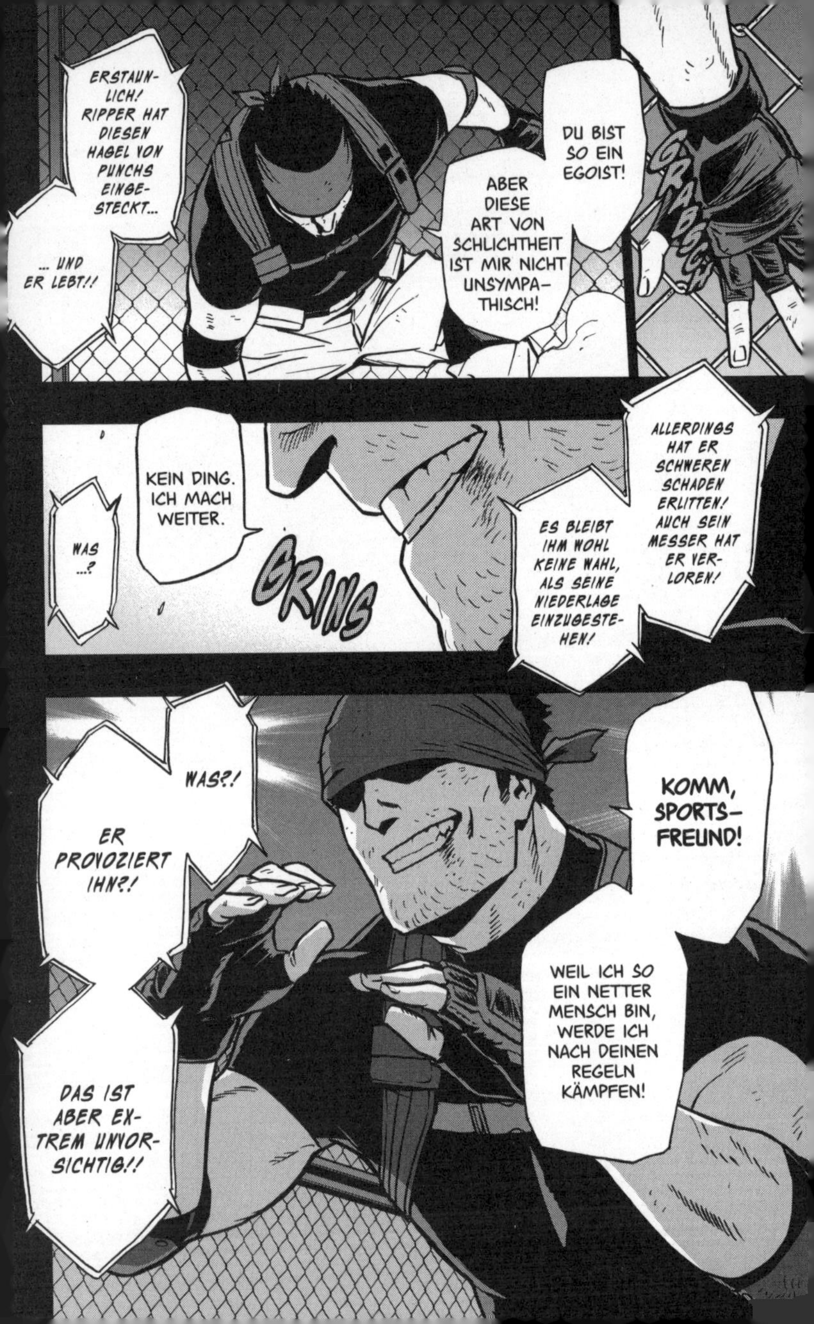
DU BIST SO EIN EGOIST!
ABER DIESE ART VON SCHLICHTHEIT IST MIR NICHT UNSYMPATHISCH!
ERSTAUNLICH! RIPPER HAT DIESEN HAGEL VON PUNCHS EINGESTECKT...
... UND ER LEBT!!
ALLERDINGS HAT ER SCHWEREN SCHADEN ERLITTEN! AUCH SEIN MESSER HAT ER VERLOREN!
ES BLEIBT IHM WOHL KEINE WAHL, ALS SEINE NIEDERLAGE EINZUGESTEHEN!
GRINS
KEIN DING. ICH MACH WEITER.
WAS ...?
KOMM, SPORTSFREUND!
WEIL ICH SO EIN NETTER MENSCH BIN, WERDE ICH NACH DEINEN REGELN KÄMPFEN!
WAS?!
ER PROVOZIERT IHN?!
DAS IST ABER EXTREM UNVORSICHTIG!!

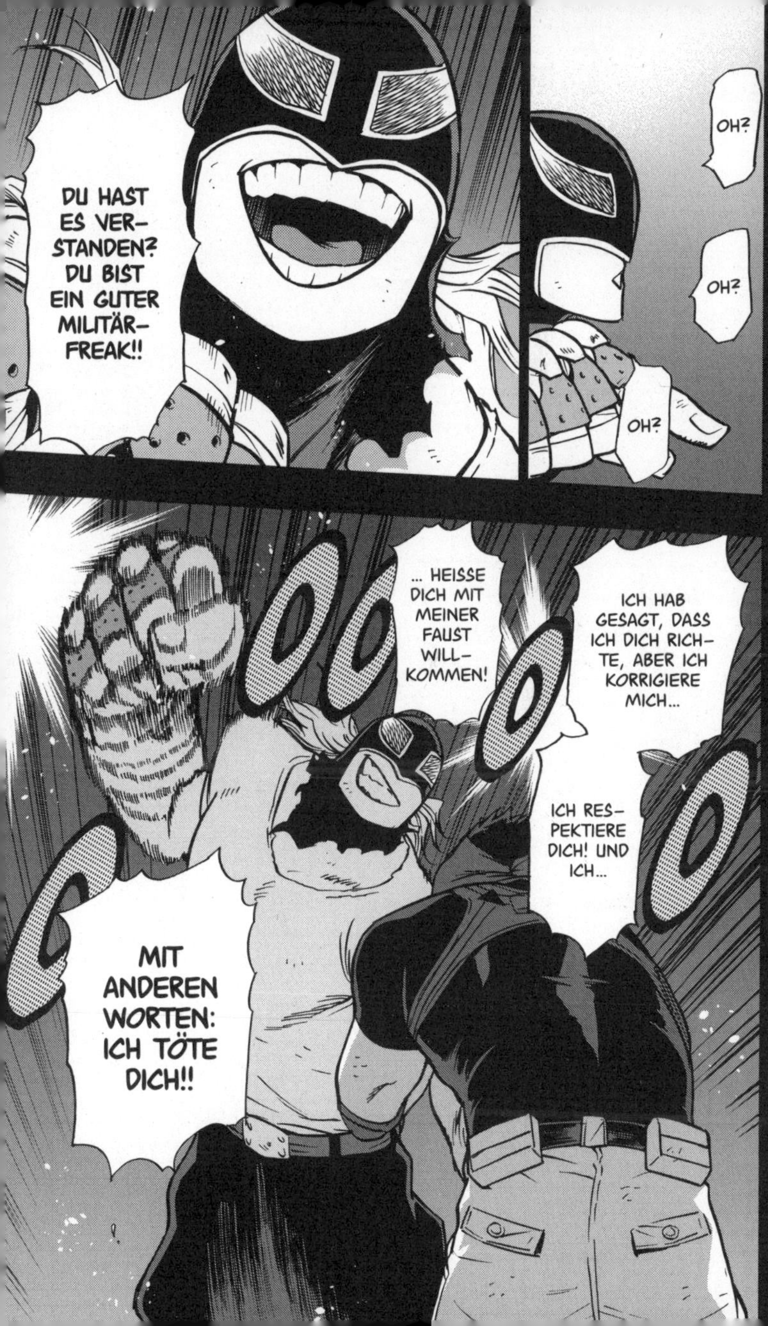
OH?
OH?
OH?
DU HAST ES VERSTANDEN? DU BIST EIN GUTER MILITÄR-FREAK!!
ICH HAB GESAGT, DASS ICH DICH RICHTE, ABER ICH KORRIGIERE MICH...
... HEISSE DICH MIT MEINER FAUST WILLKOMMEN!
ICH RESPEKTIERE DICH! UND ICH...
MIT ANDEREN WORTEN: ICH TÖTE DICH!!

THE RAPPER

THE GROBDESIGN

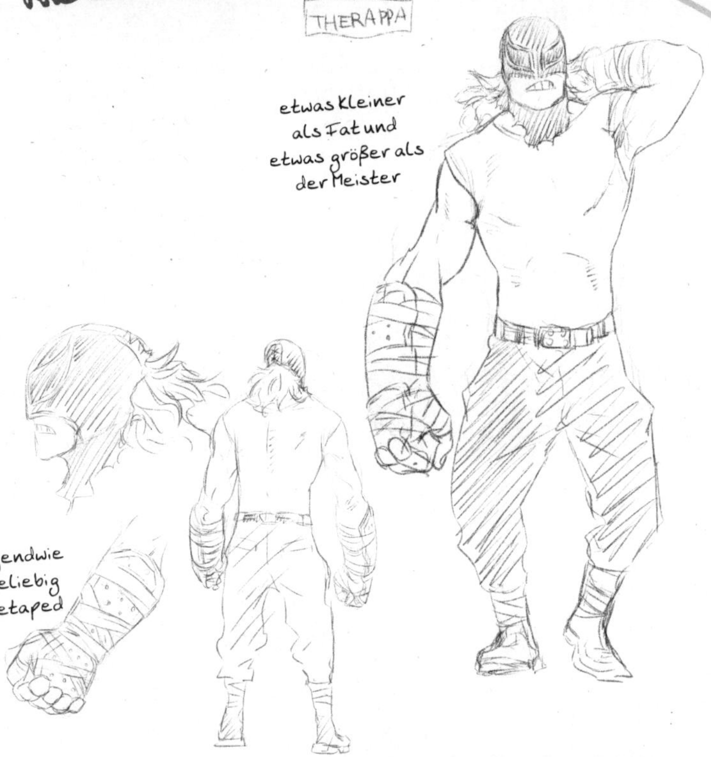

THE HINTERGRUNDGESCHICHTEN

Für mich stand ziemlich schnell fest, dass bei einer »Episode mit einem Undercovereinsatz bei Undergroundkämpfen« dieser Typ zu Gast sein würde... Doch da in My Hero Academia sein Gesicht nie zu sehen war, habe ich überlegt, wie ich das Problem löse. Schließlich fiel mir ein: »Na klar, das wird ein Maskenmann wie beim Profiwrestling!« Seine Maske ist ein bisschen anders als die seltsam geformte in der Originalstory, aber zum Glück wurde er von den Lesern als »Rappa, wie er leibt und lebt« akzeptiert. (Furuhashi)

Ich habe ihn in dem Bewusstsein gezeichnet, dass die Silhouette insgesamt so sein sollte wie in der Originalstory, auch wenn ich beim Design ein paar Details verändert habe. Es ist aber tatsächlich schwer, eine ähnlich intensive Wirkung zu erzielen wie im Original. (Betten)

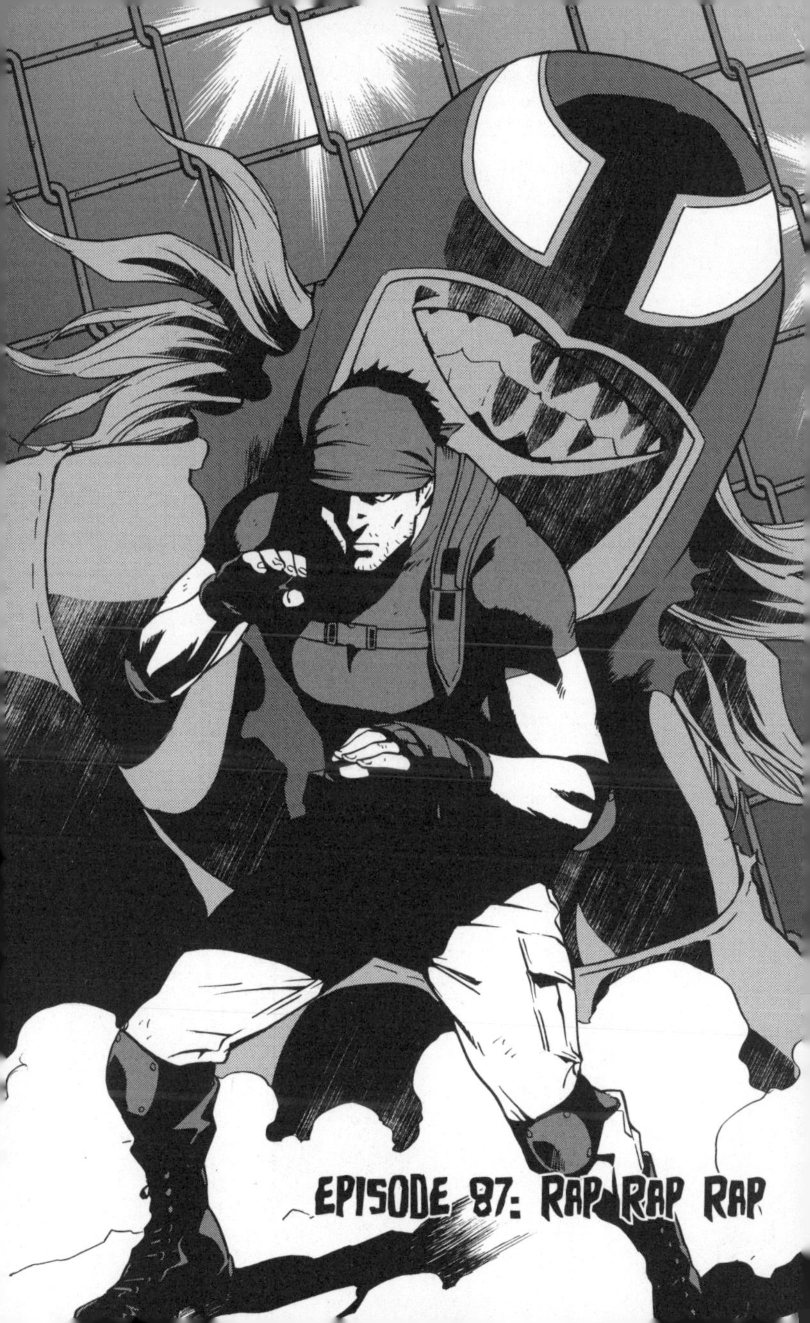
EPISODE 87: RAP RAP RAP

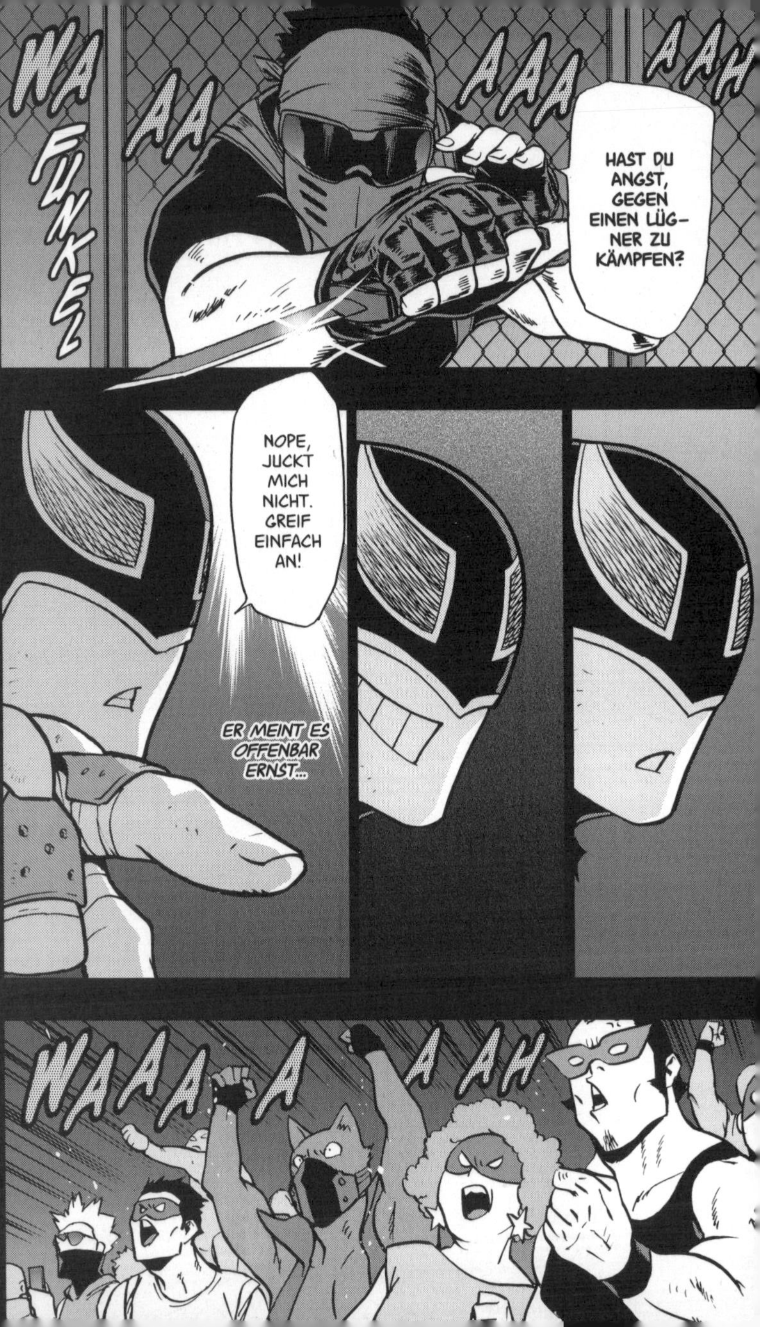
WA AA AAA AAH
FUNKEL
HAST DU ANGST, GEGEN EINEN LÜG-NER ZU KÄMPFEN?
NOPE, JUCKT MICH NICHT. GREIF EINFACH AN!
ER MEINT ES OFFENBAR ERNST...
WA A A A A A AH

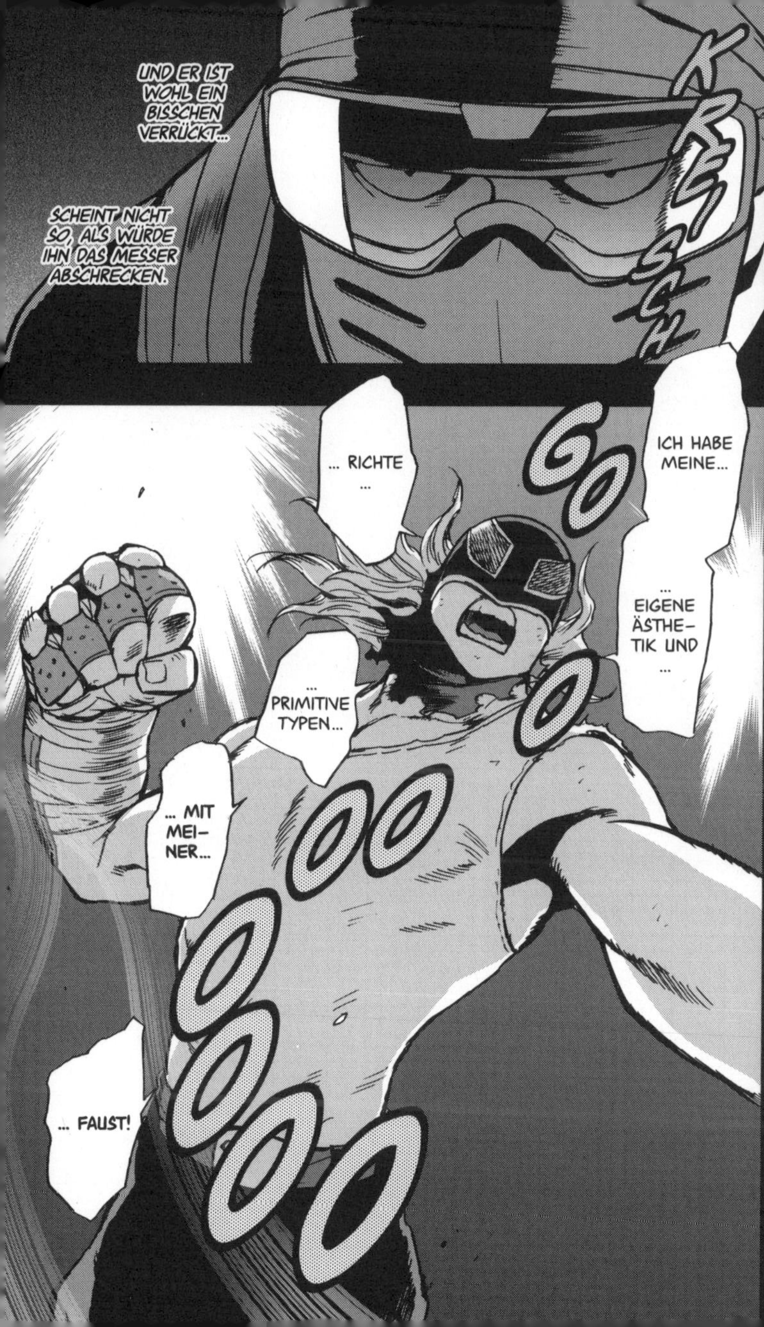
UND ER IST WOHL EIN BISSCHEN VERRÜCKT...
SCHEINT NICHT SO, ALS WÜRDE IHN DAS MESSER ABSCHRECKEN.
ICH HABE MEINE...
... RICHTE ...
... EIGENE ÄSTHE- TIK UND ...
... PRIMITIVE TYPEN...
... MIT MEI- NER...
... FAUST!

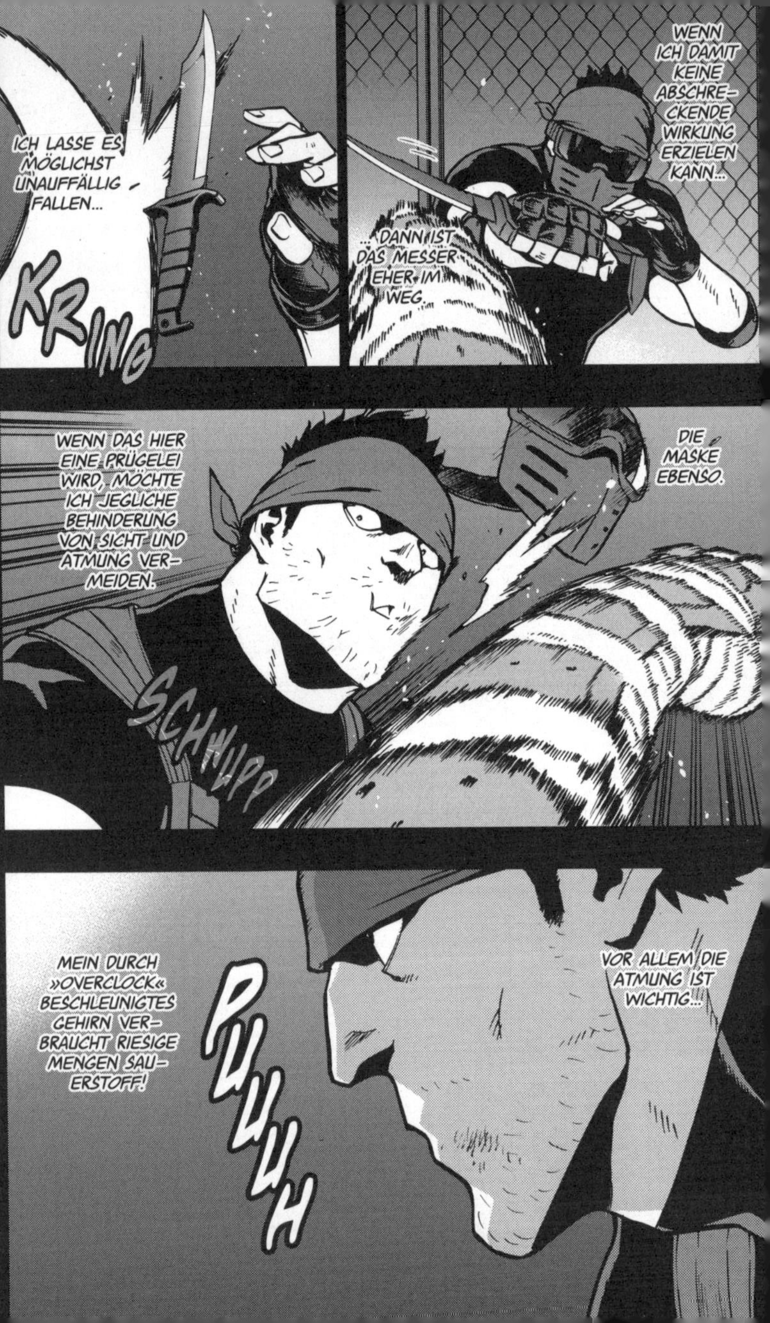
ICH LASSE ES MÖGLICHST UNAUFFÄLLIG FALLEN...
KRING
WENN ICH DAMIT KEINE ABSCHRE-CKENDE WIRKUNG ERZIELEN KANN...
... DANN IST DAS MESSER EHER IM WEG.
DIE MASKE EBENSO.
WENN DAS HIER EINE PRÜGELEI WIRD, MÖCHTE ICH JEGLICHE BEHINDERUNG VON SICHT UND ATMUNG VER-MEIDEN.
SCHWUPP
VOR ALLEM DIE ATMUNG IST WICHTIG...
MEIN DURCH »OVERCLOCK« BESCHLEUNIGTES GEHIRN VER-BRAUCHT RIESIGE MENGEN SAU-ERSTOFF!
PUUUH

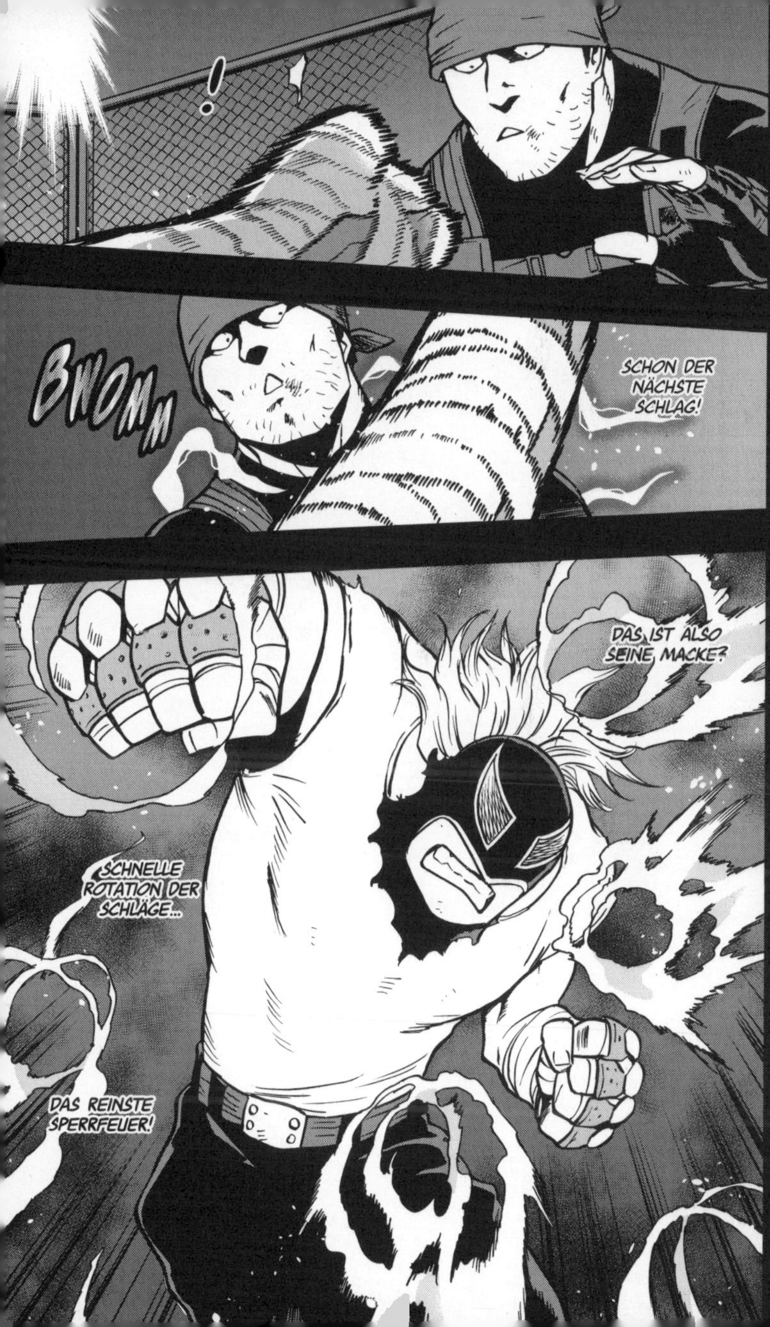
!
BWOMM
SCHON DER NÄCHSTE SCHLAG!
DAS IST ALSO SEINE MACKE?
SCHNELLE ROTATION DER SCHLÄGE...
DAS REINSTE SPERRFEUER!

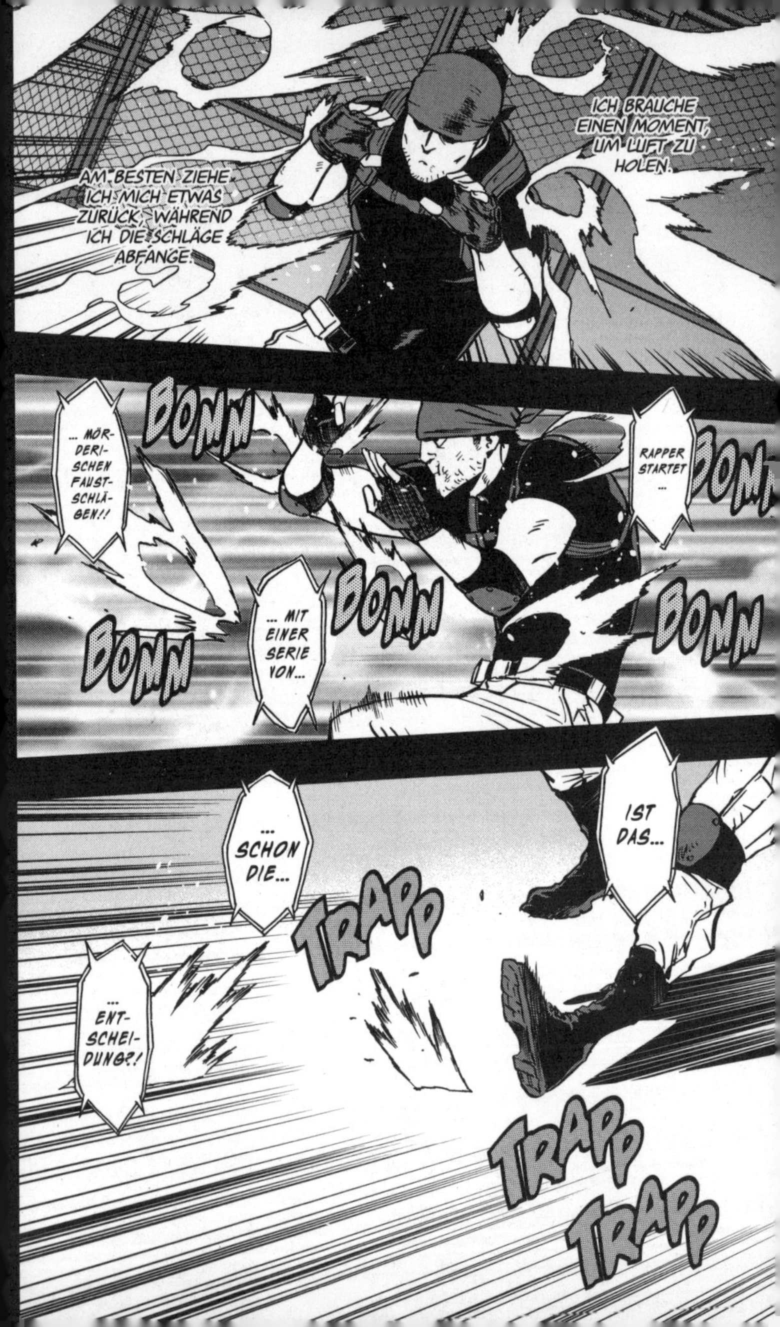
ICH BRAUCHE EINEN MOMENT, UM LUFT ZU HOLEN.
AM BESTEN ZIEHE ICH MICH ETWAS ZURÜCK, WÄHREND ICH DIE SCHLÄGE ABFANGE.
RAPPER STARTET ...
BOMM
BOMM
... MIT EINER SERIE VON...
BOMM
... MÖR-DERI-SCHEN FAUST-SCHLÄ-GEN!!
BOMM
BOMM
IST DAS...
... SCHON DIE...
TRAPP
... ENT-SCHEI-DUNG?!
TRAPP
TRAPP

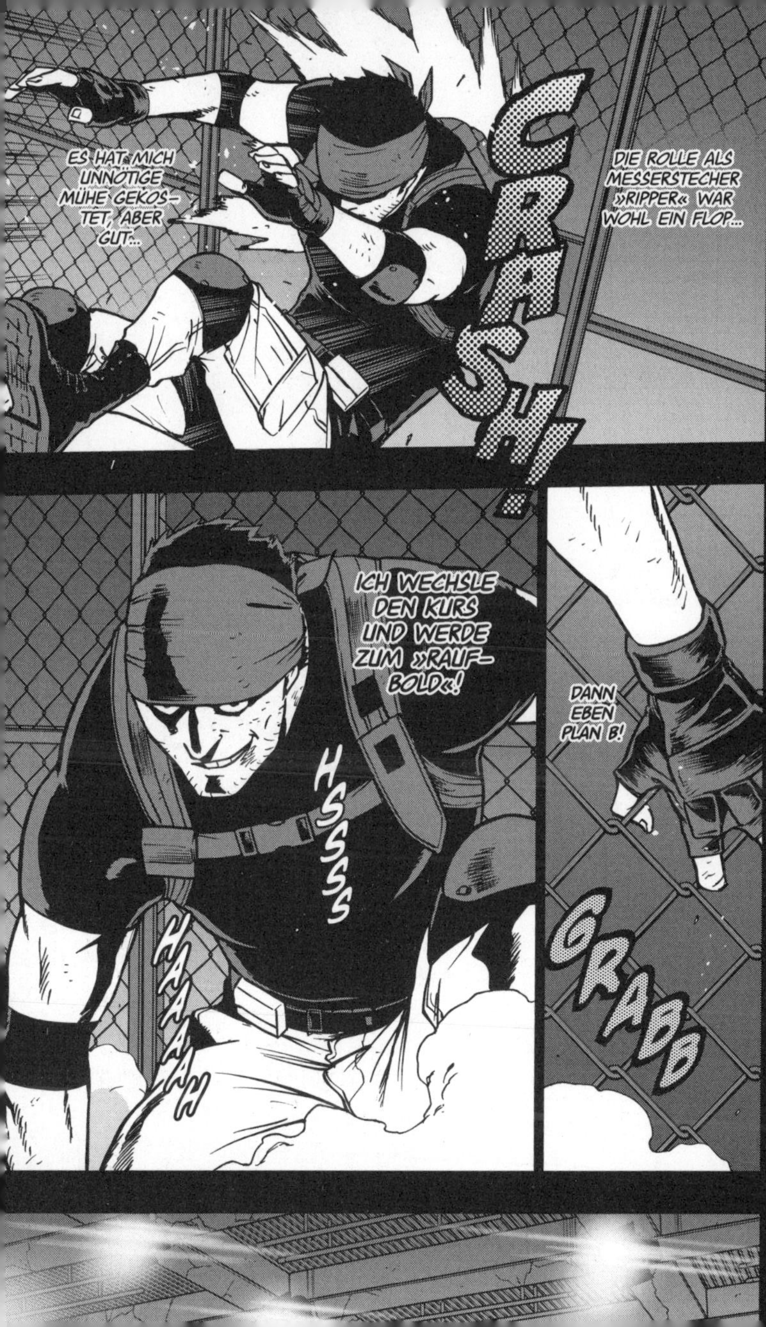

DIE ROLLE ALS MESSERSTECHER »RIPPER« WAR WOHL EIN FLOP...
ES HAT MICH UNNÖTIGE MÜHE GEKOS-TET, ABER GUT...
CRASH!
DANN EBEN PLAN B!
GRABB
ICH WECHSLE DEN KURS UND WERDE ZUM »RAUF-BOLD«!
HSSSS
HAAAAAH

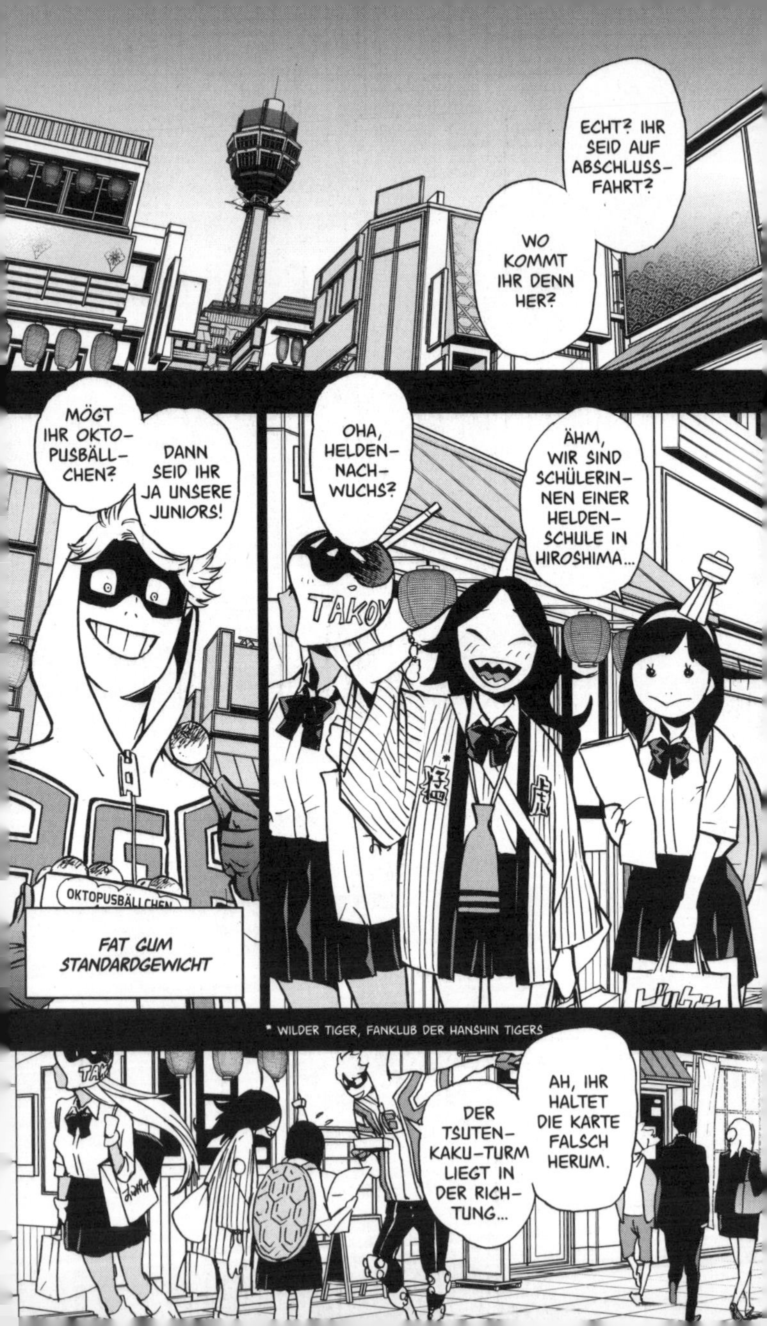
ECHT? IHR SEID AUF ABSCHLUSSFAHRT?
WO KOMMT IHR DENN HER?
ÄHM, WIR SIND SCHÜLERINNEN EINER HELDENSCHULE IN HIROSHIMA...
OHA, HELDENNACHWUCHS?
TAKOY
DANN SEID IHR JA UNSERE JUNIORS!
MÖGT IHR OKTOPUSBÄLLCHEN?
OKTOPUSBÄLLCHEN
FAT GUM STANDARDGEWICHT
* WILDER TIGER, FANKLUB DER HANSHIN TIGERS
AH, IHR HALTET DIE KARTE FALSCH HERUM.
DER TSUTENKAKU-TURM LIEGT IN DER RICHTUNG...

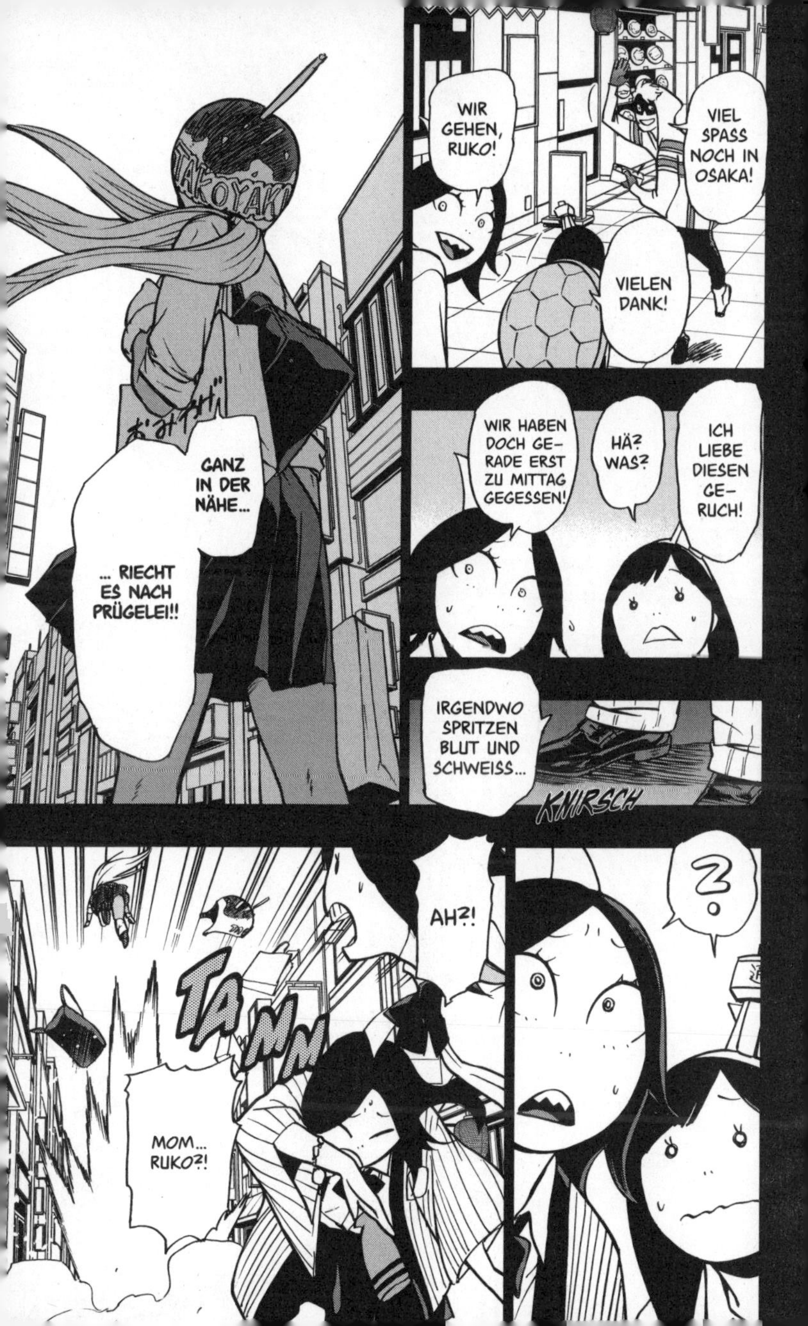
VIEL SPASS NOCH IN OSAKA!
WIR GEHEN, RUKO!
VIELEN DANK!
ICH LIEBE DIESEN GERUCH!
HÄ? WAS?
WIR HABEN DOCH GERADE ERST ZU MITTAG GEGESSEN!
IRGENDWO SPRITZEN BLUT UND SCHWEISS...
KNIRSCH
TAKOYAKI
GANZ IN DER NÄHE...
... RIECHT ES NACH PRÜGELEI!!
?
AH?!
TAMM
MOM... RUKO?!

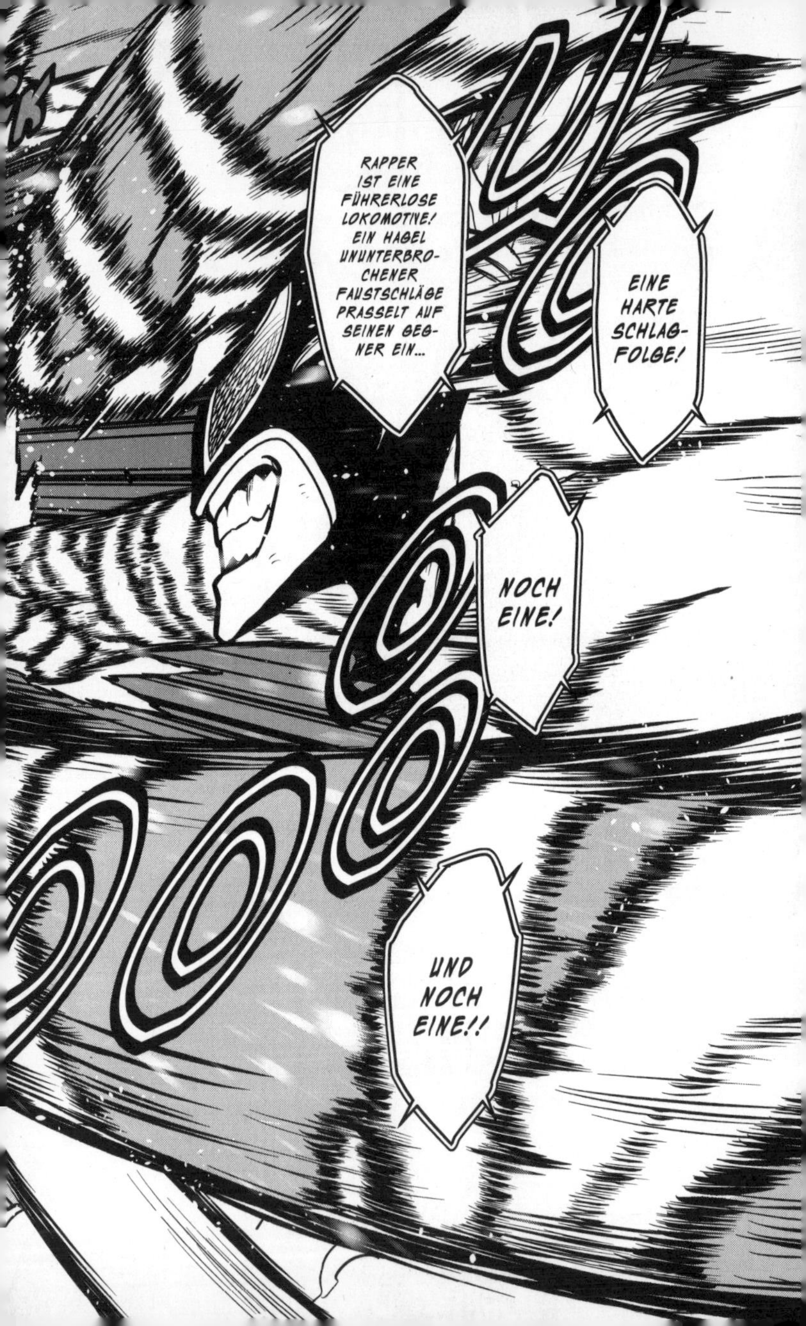
RAPPER IST EINE FÜHRERLOSE LOKOMOTIVE! EIN HAGEL UNUNTERBRO-CHENER FAUSTSCHLÄGE PRASSELT AUF SEINEN GEG-NER EIN...
EINE HARTE SCHLAG-FOLGE!
NOCH EINE!
UND NOCH EINE!!

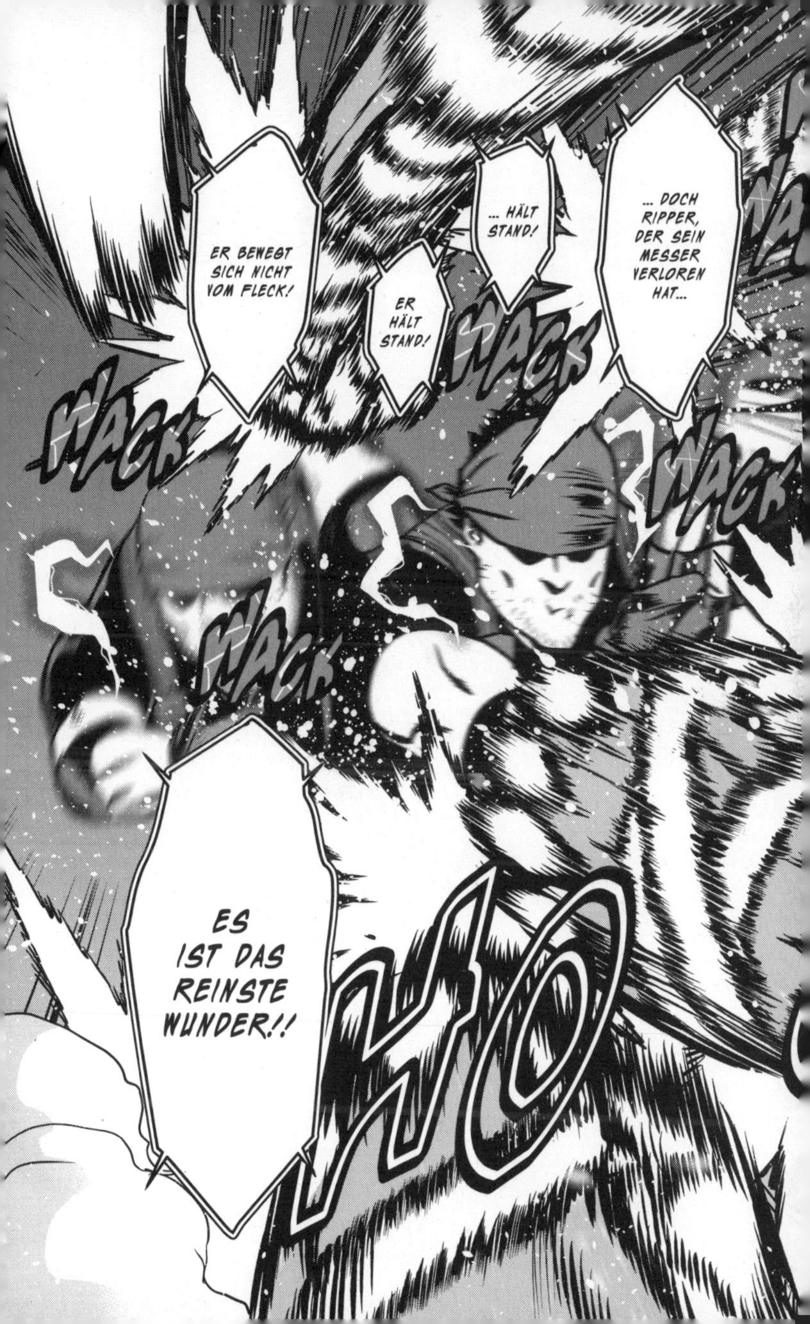
... DOCH RIPPER, DER SEIN MESSER VERLOREN HAT...
... HÄLT STAND!
ER HÄLT STAND!
ER BEWEGT SICH NICHT VOM FLECK!
WACK
WACK
WACK
WACK
ES IST DAS REINSTE WUNDER!!

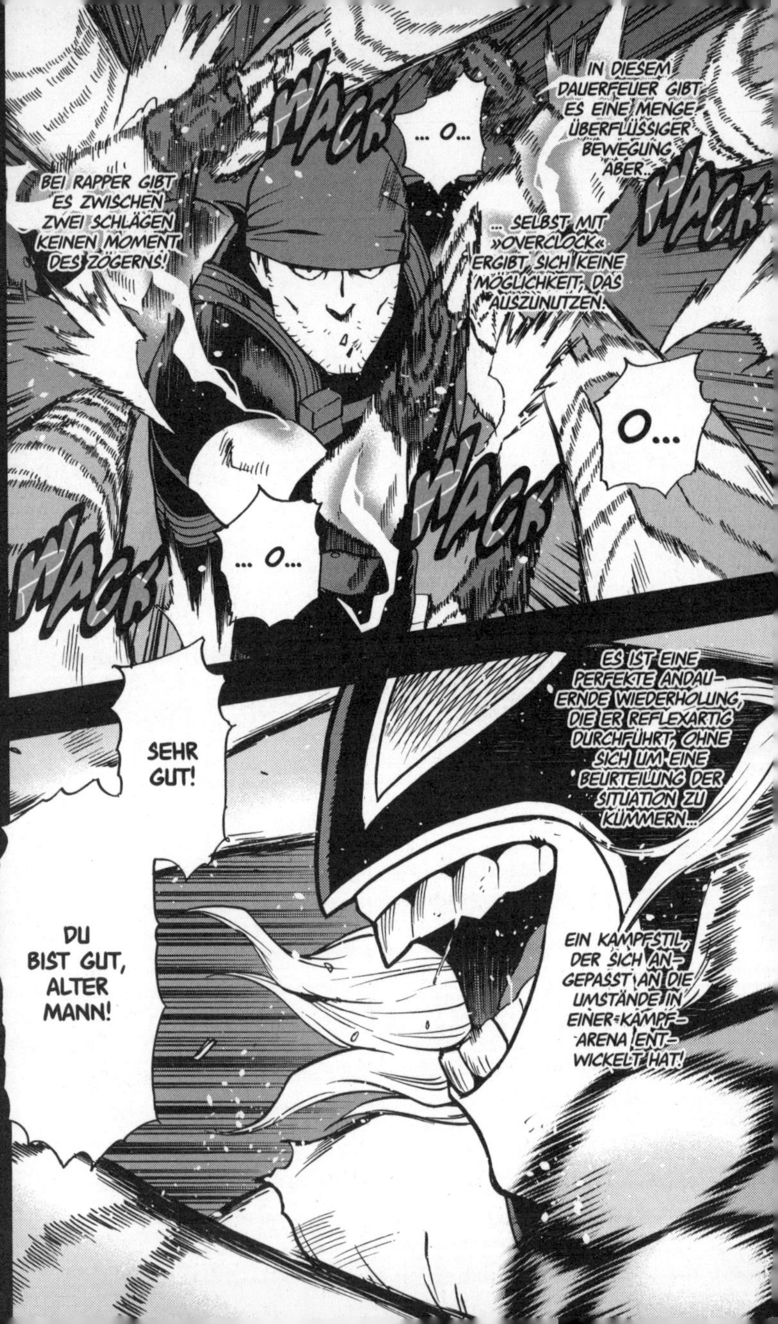

IN DIESEM DAUERFEUER GIBT ES EINE MENGE ÜBERFLÜSSIGER BEWEGUNG, ABER...
... O...
BEI RAPPER GIBT ES ZWISCHEN ZWEI SCHLÄGEN KEINEN MOMENT DES ZÖGERNS!
WACK
WACK
... SELBST MIT »OVERCLOCK« ERGIBT SICH KEINE MÖGLICHKEIT, DAS AUSZUNUTZEN.
O...
WACK
... O...
WACK
ES IST EINE PERFEKTE ANDAU-ERNDE WIEDERHOLUNG, DIE ER REFLEXARTIG DURCHFÜHRT, OHNE SICH UM EINE BEURTEILUNG DER SITUATION ZU KÜMMERN...
SEHR GUT!
EIN KAMPFSTIL, DER SICH AN-GEPASST AN DIE UMSTÄNDE IN EINER KAMPF-ARENA ENT-WICKELT HAT!
DU BIST GUT, ALTER MANN!

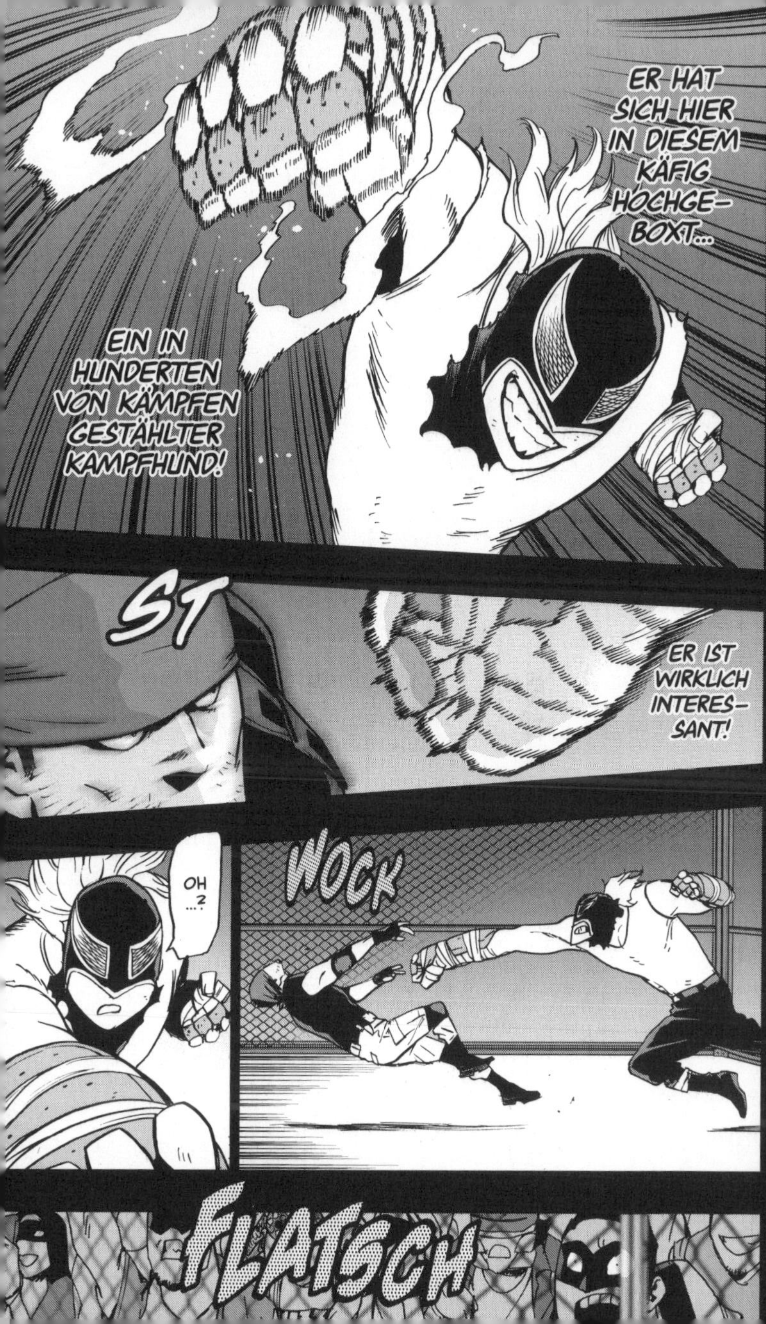
ER HAT SICH HIER IN DIESEM KÄFIG HOCHGEBOXT...
EIN IN HUNDERTEN VON KÄMPFEN GESTÄHLTER KAMPFHUND!
ST
ER IST WIRKLICH INTERESSANT!
WOCK
OH ...?
FLATSCH

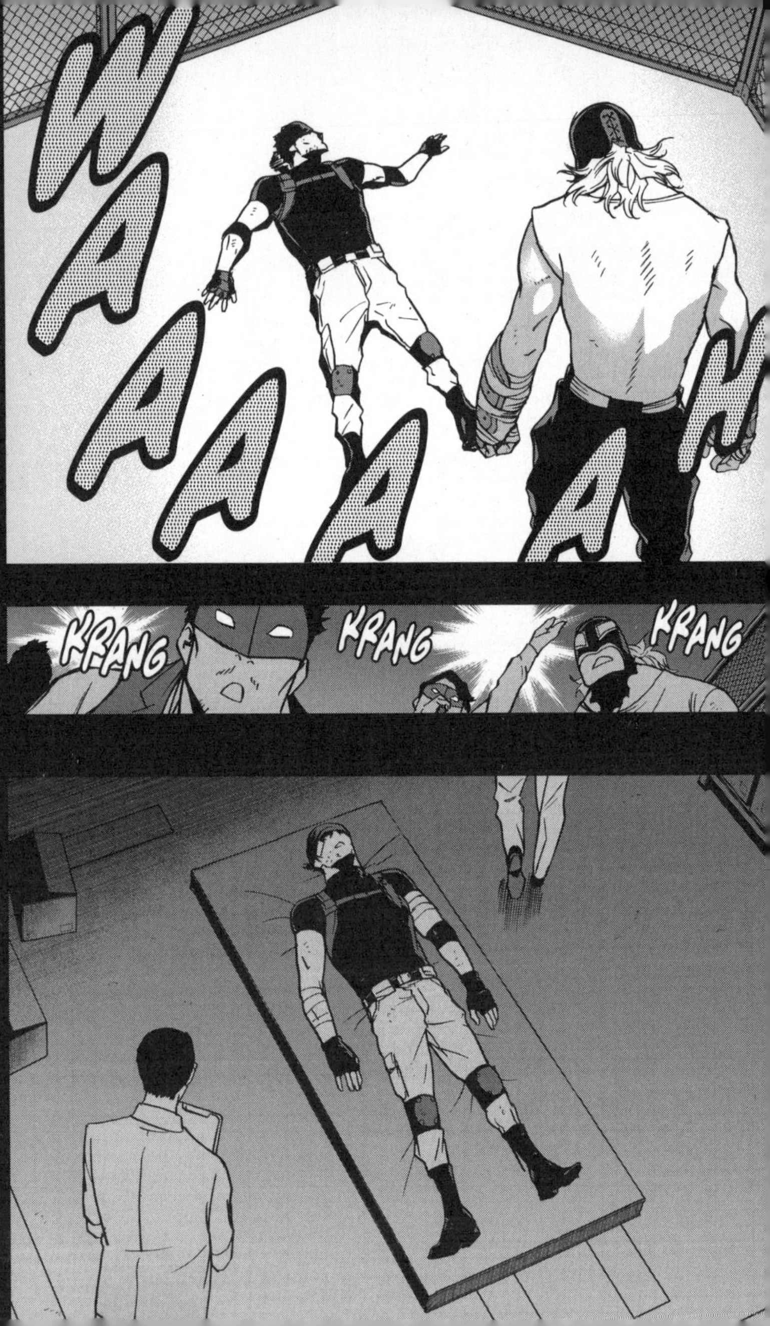
WAAAAAH
KRANG
KRANG
KRANG

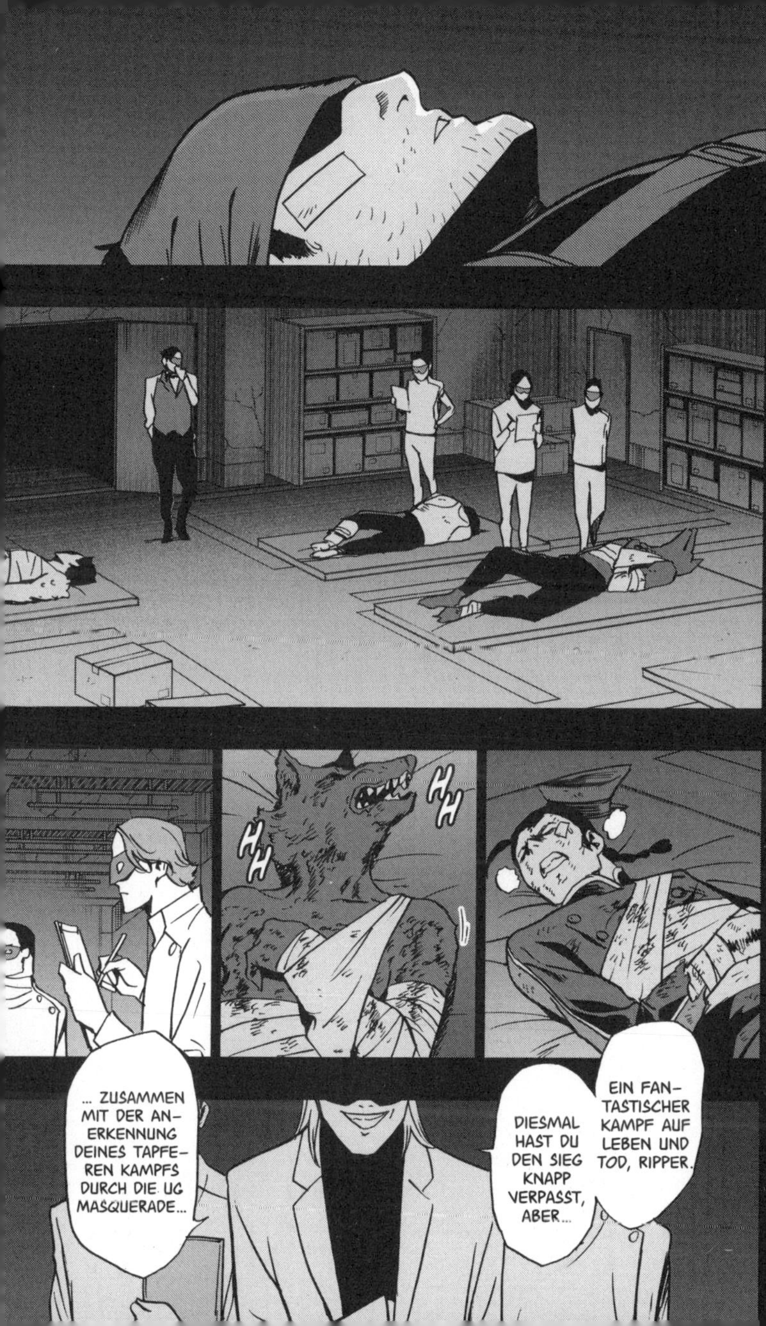
EIN FANTASTISCHER KAMPF AUF LEBEN UND TOD, RIPPER.
DIESMAL HAST DU DEN SIEG KNAPP VERPASST, ABER...
... ZUSAMMEN MIT DER ANERKENNUNG DEINES TAPFEREN KAMPFS DURCH DIE UG MASQUERADE...

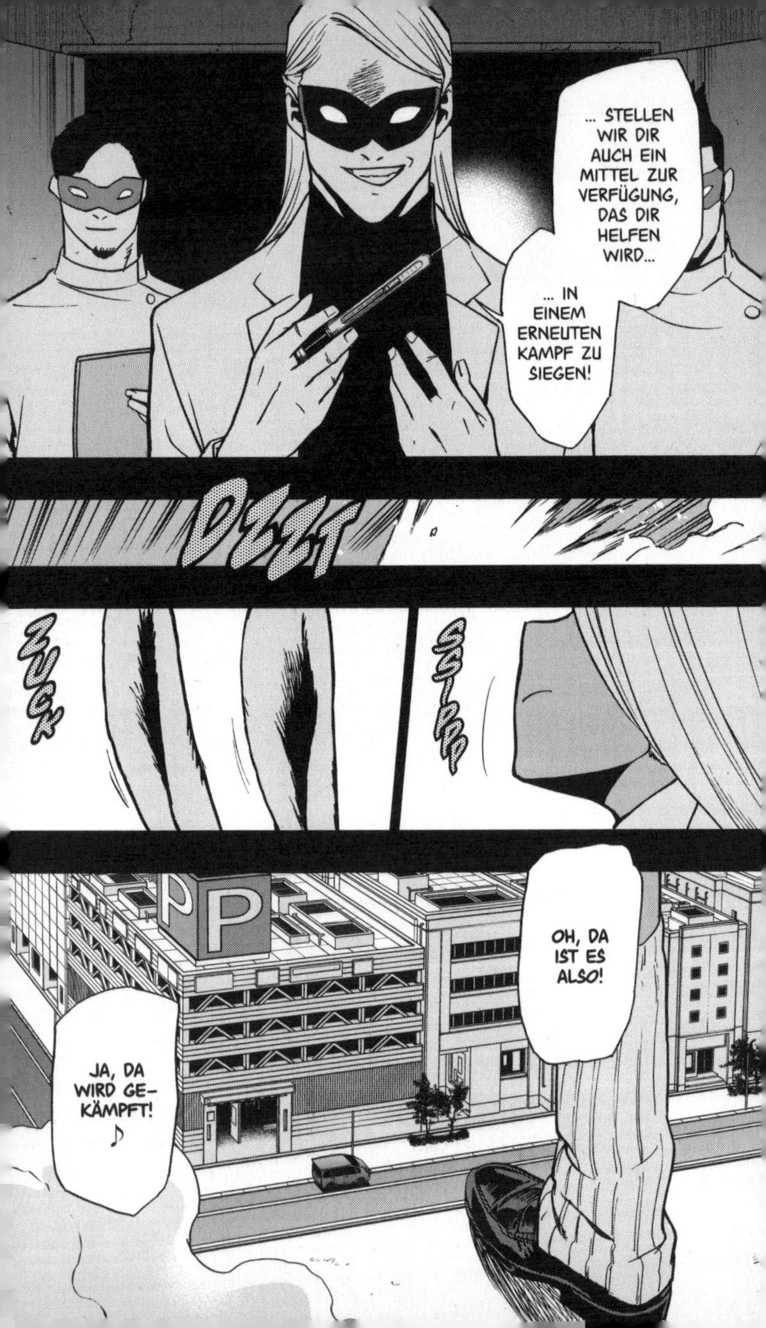
... STELLEN WIR DIR AUCH EIN MITTEL ZUR VERFÜGUNG, DAS DIR HELFEN WIRD...
... IN EINEM ERNEUTEN KAMPF ZU SIEGEN!
DZZT
SSHPP
ZUCK
OH, DA IST ES ALSO!
JA, DA WIRD GE-KÄMPFT! ♪

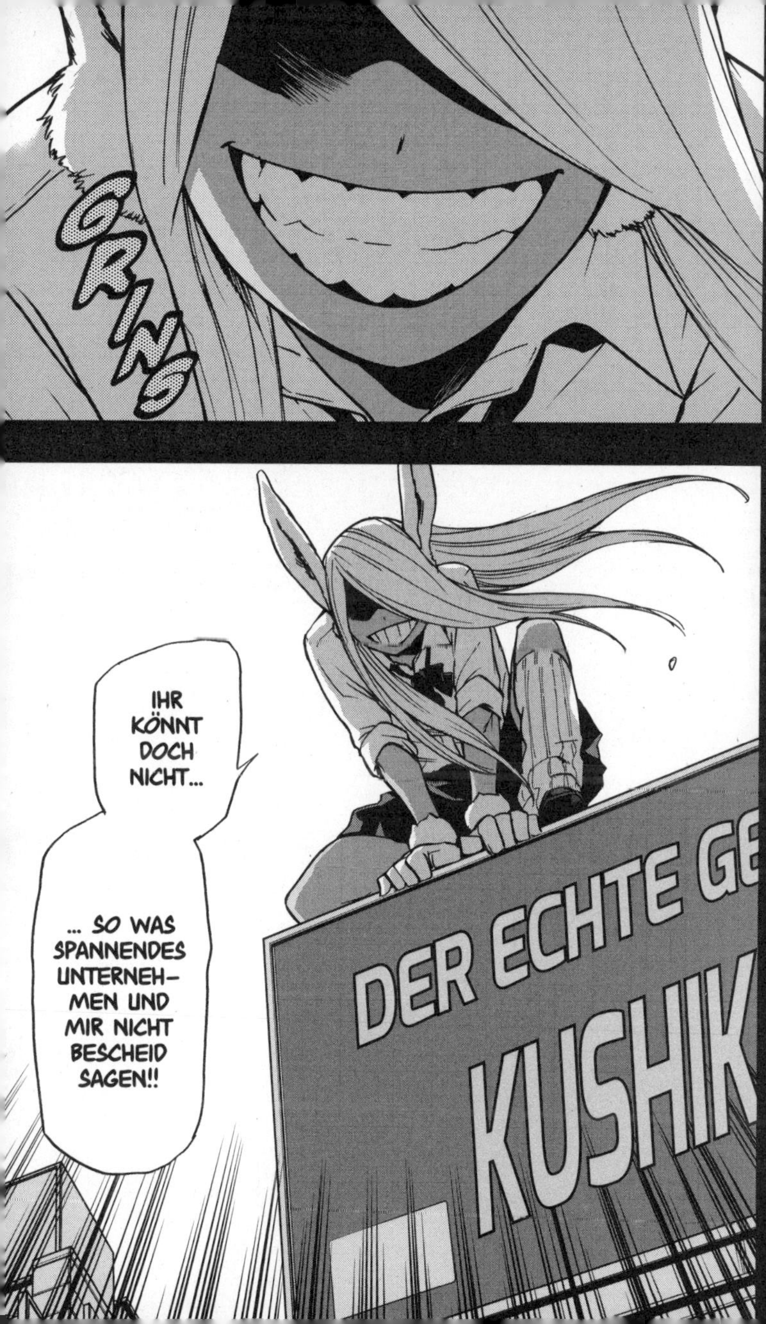
GRINS
IHR KÖNNT DOCH NICHT...
... SO WAS SPANNENDES UNTERNEHMEN UND MIR NICHT BESCHEID SAGEN!!
DER ECHTE GE
KUSHIK

SAMEKO UND KAMEKO, FAT GUM ALS NEWCOMER

THE GROBDESIGN

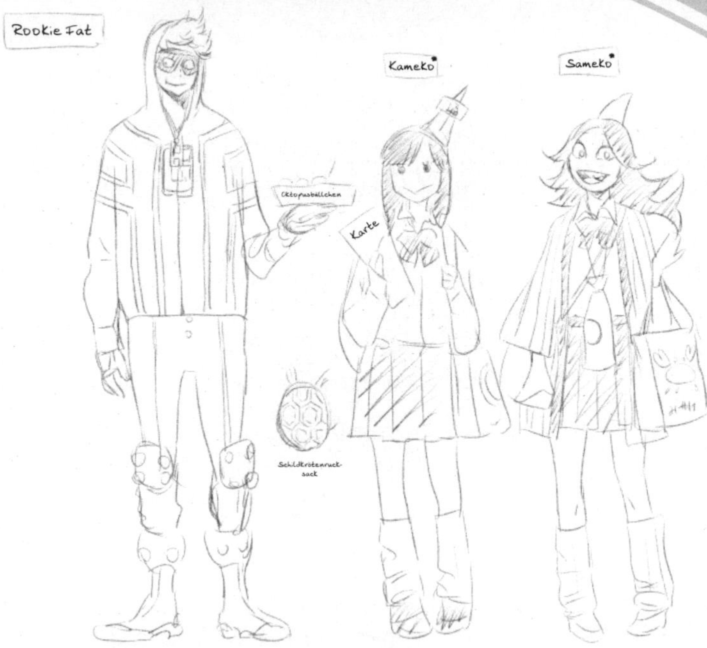

* KAME = SCHILDKRÖTE * SAME = HAI

THE HINTERGRUNDGESCHICHTEN

Rukos Freundinnen sind mit ihren glatten Gesichtern echt niedliche Mob-Charaktere. Same (wegen der Legende vom Inaba-Hasen und dem Hai) und Kame (wegen der Fabel vom Hasen und der Schildkröte), da Ruko ja ein Hase ist. Eine Märchen-Serie. Es gibt bestimmt auch noch ein Tanuki-Mädchen (wegen des Märchens vom Tanuki auf dem Kachi Kachi Berg)...
Beim jungen Fat ist das Konzept »Er ist weder fett noch mager«. Die Oktopusbällchen-Box ist auch noch recht klein. (Furuhashi)

Beim Design des Haimädchens und des Schildkrötenmädchens ist darauf zu achten, dass man das zugrunde liegende Motiv erkennt, sie aber trotzdem Niedlichkeit bewahren und man sie so zeichnet, dass man merkt, sie genießen ihren Osaka-Trip... Ganz schön hohe Hürden, oder? (Haha) Bei Fat wollte ich zum Ausdruck bringen – da er ja noch jung ist –, dass er sich wegen seiner Frisur etc. durchaus Gedanken macht. (Betten)

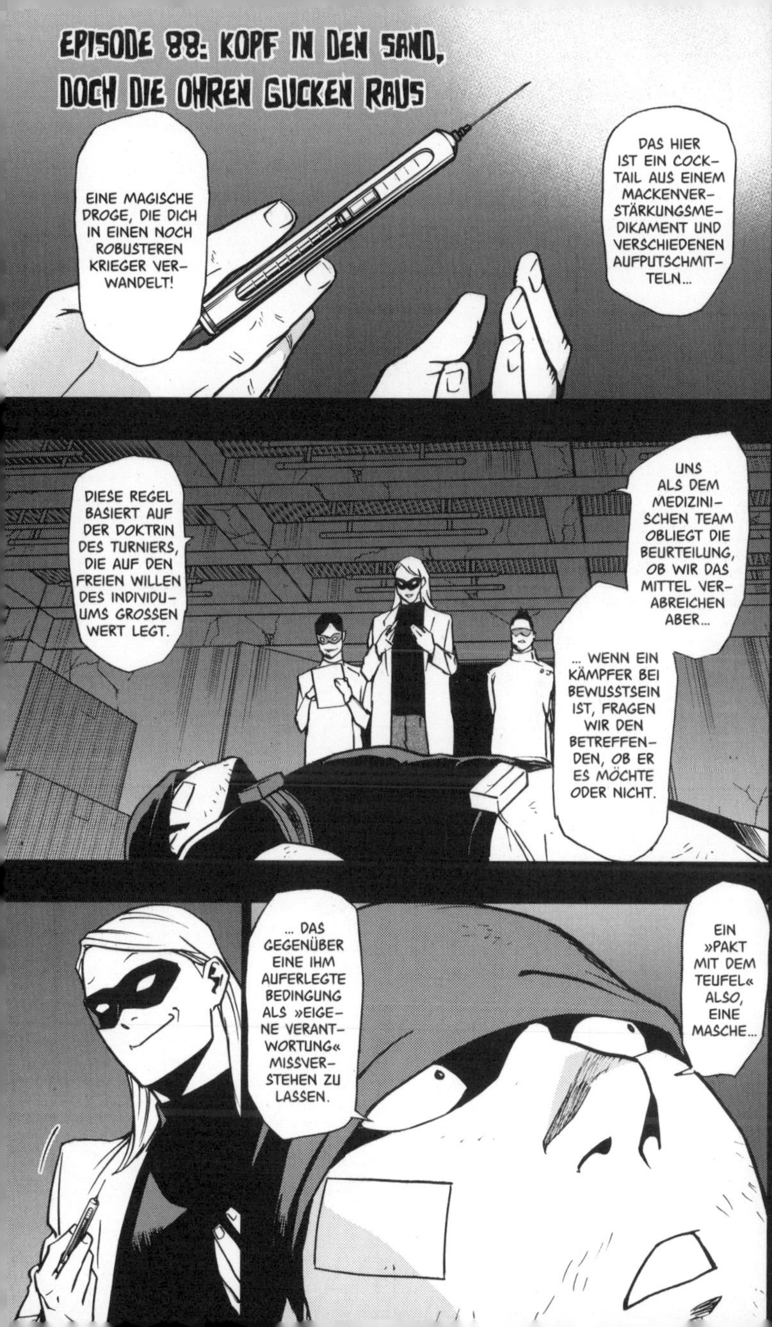
EPISODE 88: KOPF IN DEN SAND, DOCH DIE OHREN GUCKEN RAUS
DAS HIER IST EIN COCKTAIL AUS EINEM MACKENVERSTÄRKUNGSMEDIKAMENT UND VERSCHIEDENEN AUFPUTSCHMITTELN...
EINE MAGISCHE DROGE, DIE DICH IN EINEN NOCH ROBUSTEREN KRIEGER VERWANDELT!
UNS ALS DEM MEDIZINISCHEN TEAM OBLIEGT DIE BEURTEILUNG, OB WIR DAS MITTEL VERABREICHEN ABER...
... WENN EIN KÄMPFER BEI BEWUSSTSEIN IST, FRAGEN WIR DEN BETREFFENDEN, OB ER ES MÖCHTE ODER NICHT.
DIESE REGEL BASIERT AUF DER DOKTRIN DES TURNIERS, DIE AUF DEN FREIEN WILLEN DES INDIVIDUUMS GROSSEN WERT LEGT.
EIN »PAKT MIT DEM TEUFEL« ALSO, EINE MASCHE...
... DAS GEGENÜBER EINE IHM AUFERLEGTE BEDINGUNG ALS »EIGENE VERANTWORTUNG« MISSVERSTEHEN ZU LASSEN.

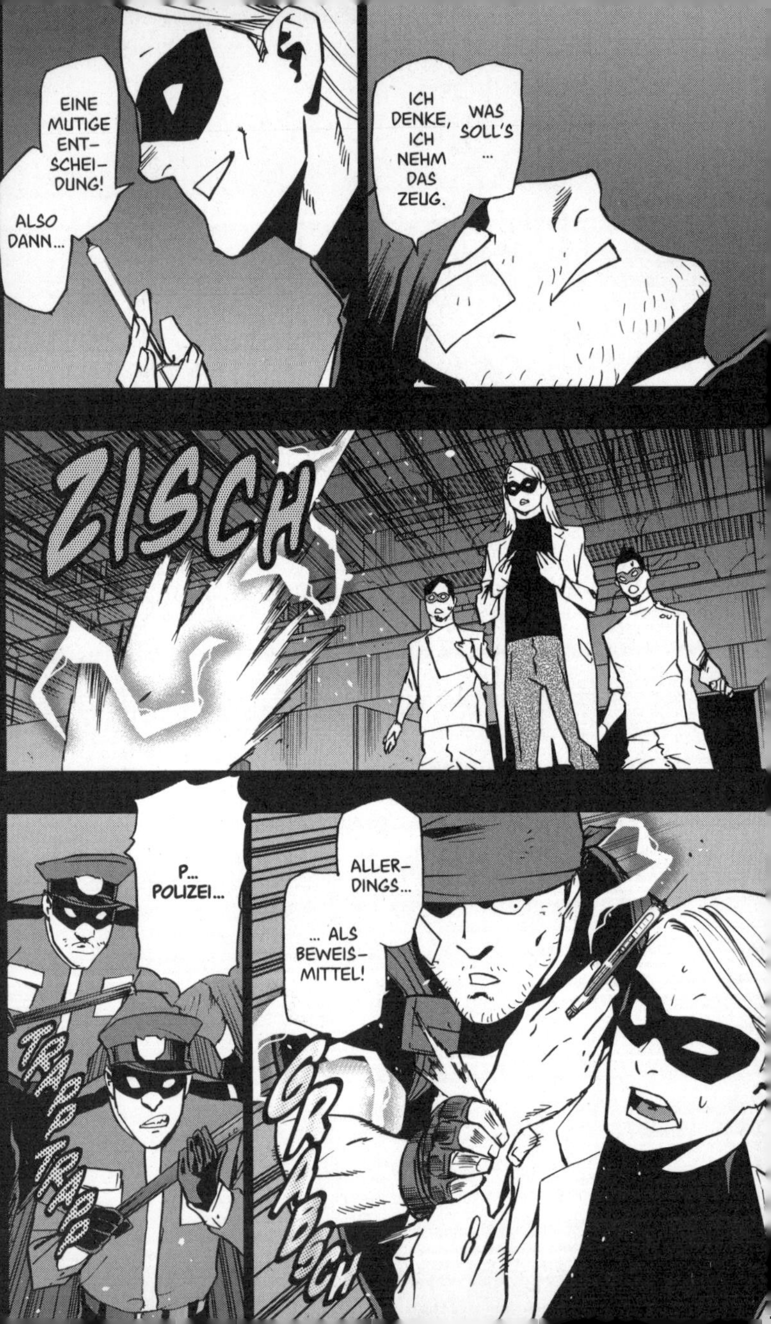
WAS SOLL'S ...
ICH DENKE, ICH NEHM DAS ZEUG.
EINE MUTIGE ENT-SCHEI-DUNG!
ALSO DANN...
ZISCH
ALLER-DINGS...
... ALS BEWEIS-MITTEL!
GRABSCH
P... POLIZEI...

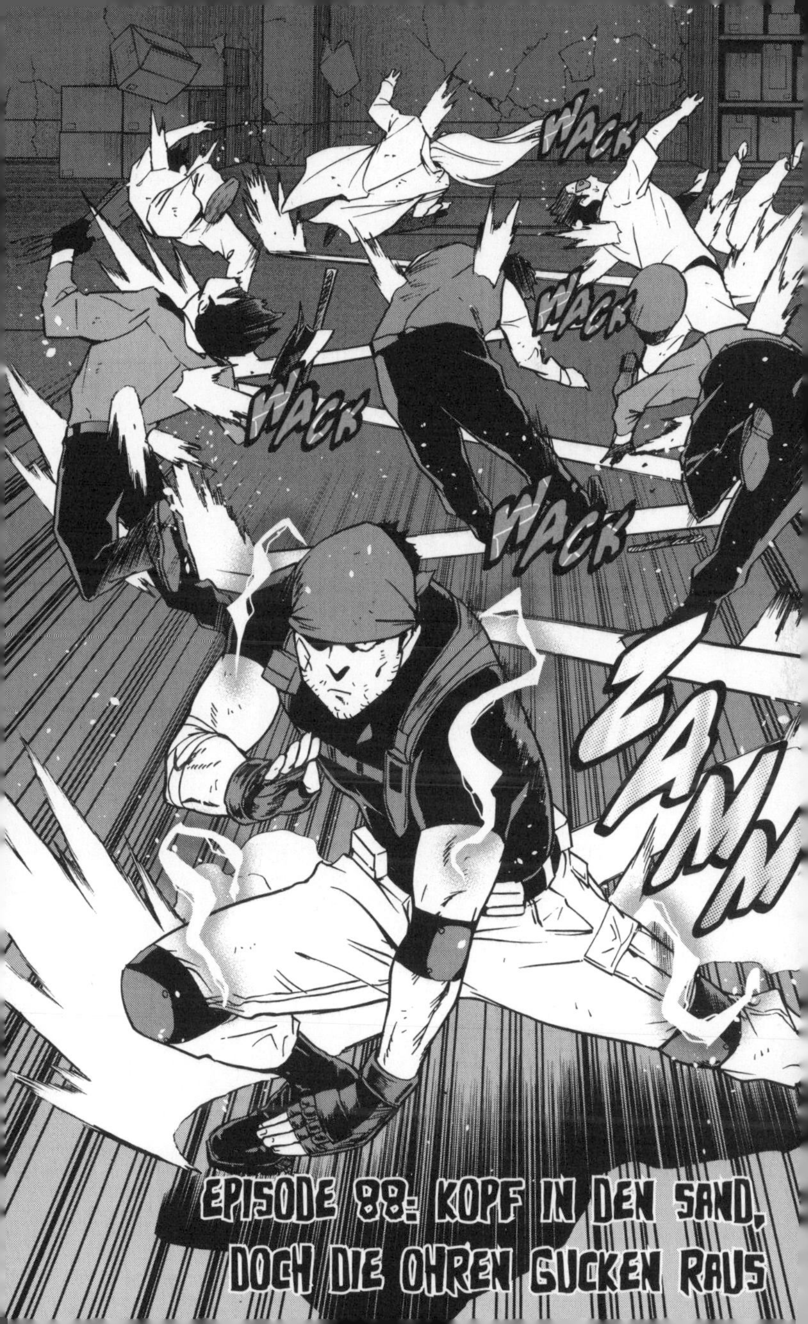

EPISODE 88: KOPF IN DEN SAND, DOCH DIE OHREN GUCKEN RAUS

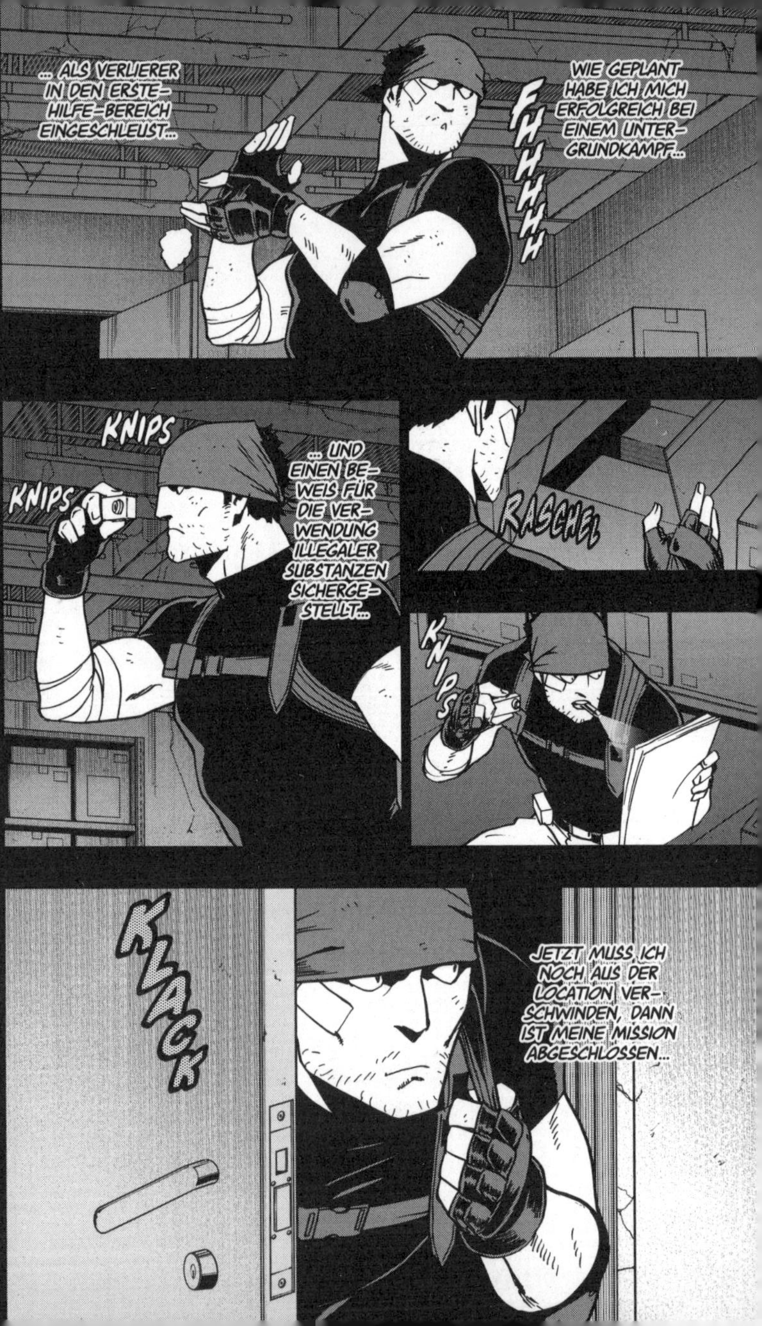

WIE GEPLANT HABE ICH MICH ERFOLGREICH BEI EINEM UNTER-GRUNDKAMPF...
FHHHHHH
... ALS VERLIERER IN DEN ERSTE-HILFE-BEREICH EINGESCHLEUST...
RASCHEL
... UND EINEN BE-WEIS FÜR DIE VER-WENDUNG ILLEGALER SUBSTANZEN SICHERGE-STELLT...
KNIPS
KNIPS
KNIPS
JETZT MUSS ICH NOCH AUS DER LOCATION VER-SCHWINDEN, DANN IST MEINE MISSION ABGESCHLOSSEN...
KNACK

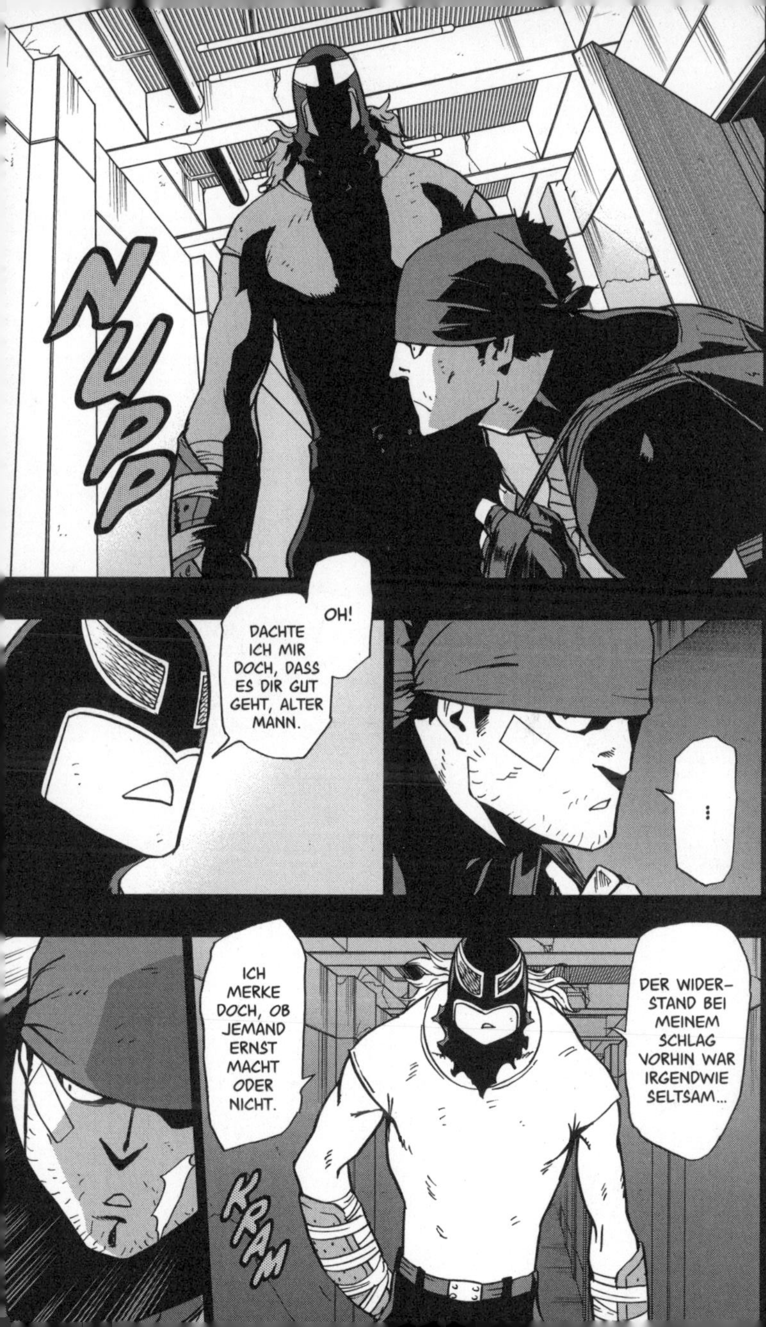
NUPP
OH!
DACHTE ICH MIR DOCH, DASS ES DIR GUT GEHT, ALTER MANN.
...
DER WIDER-STAND BEI MEINEM SCHLAG VORHIN WAR IRGENDWIE SELTSAM...
ICH MERKE DOCH, OB JEMAND ERNST MACHT ODER NICHT.
KRAM

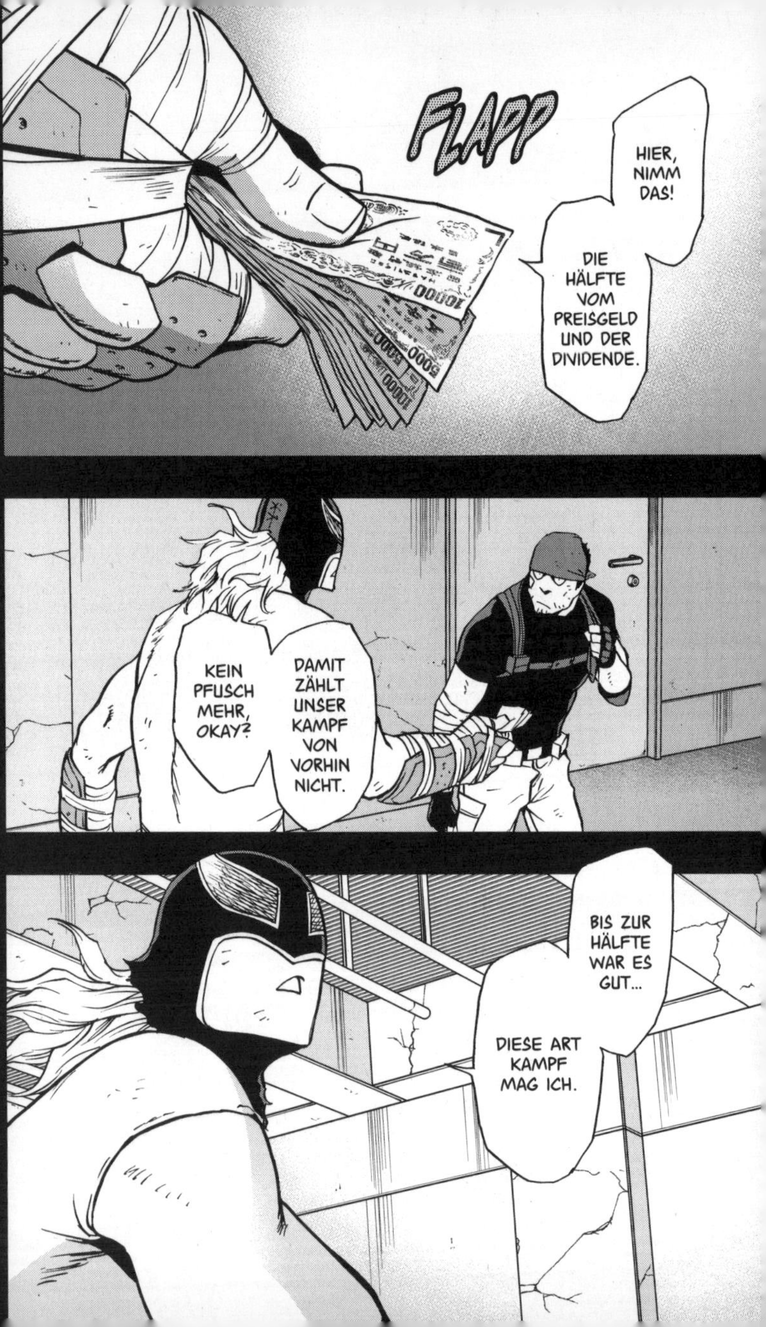
FLAPP
HIER, NIMM DAS!
DIE HÄLFTE VOM PREISGELD UND DER DIVIDENDE.
DAMIT ZÄHLT UNSER KAMPF VON VORHIN NICHT.
KEIN PFUSCH MEHR, OKAY?
BIS ZUR HÄLFTE WAR ES GUT...
DIESE ART KAMPF MAG ICH.

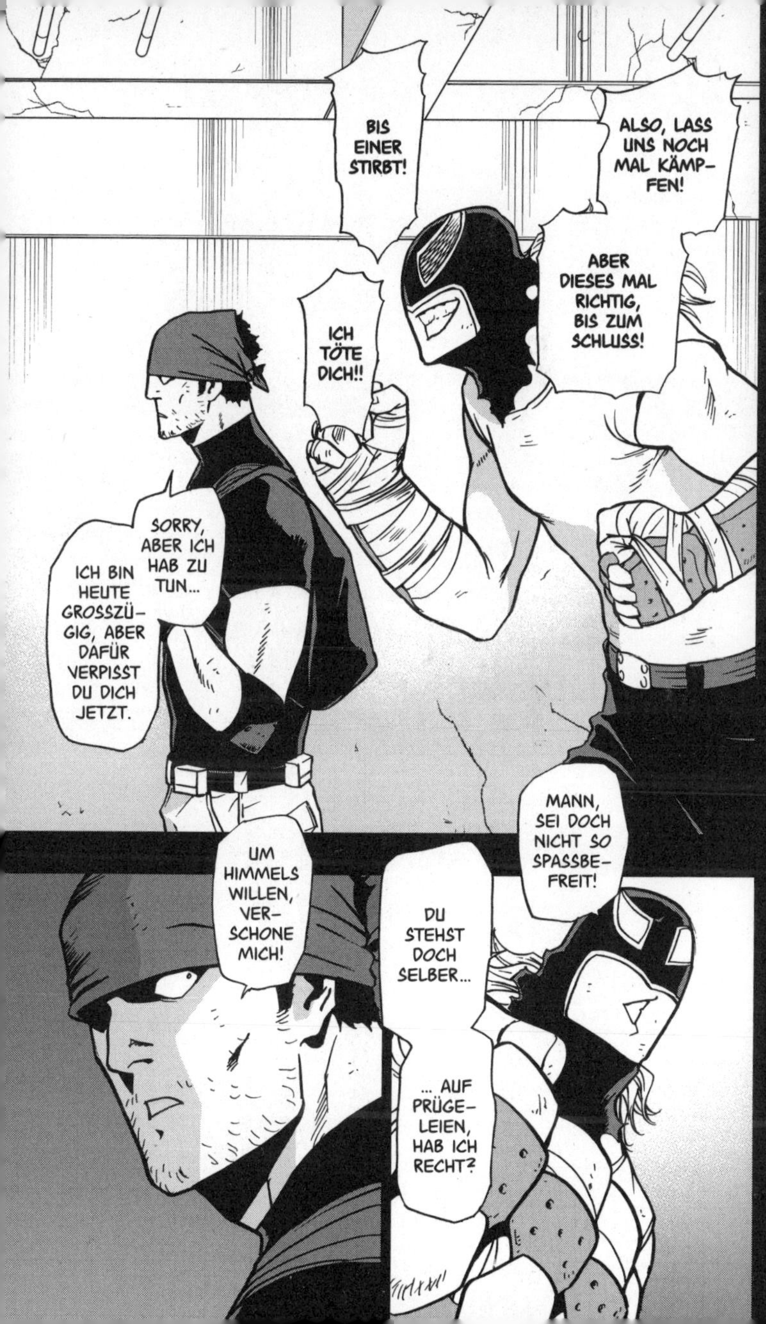
ALSO, LASS UNS NOCH MAL KÄMPFEN!
BIS EINER STIRBT!
ABER DIESES MAL RICHTIG, BIS ZUM SCHLUSS!
ICH TÖTE DICH!!
SORRY, ABER ICH HAB ZU TUN...
ICH BIN HEUTE GROSSZÜGIG, ABER DAFÜR VERPISST DU DICH JETZT.
MANN, SEI DOCH NICHT SO SPASSBEFREIT!
DU STEHST DOCH SELBER...
UM HIMMELS WILLEN, VERSCHONE MICH!
... AUF PRÜGELEIEN, HAB ICH RECHT?

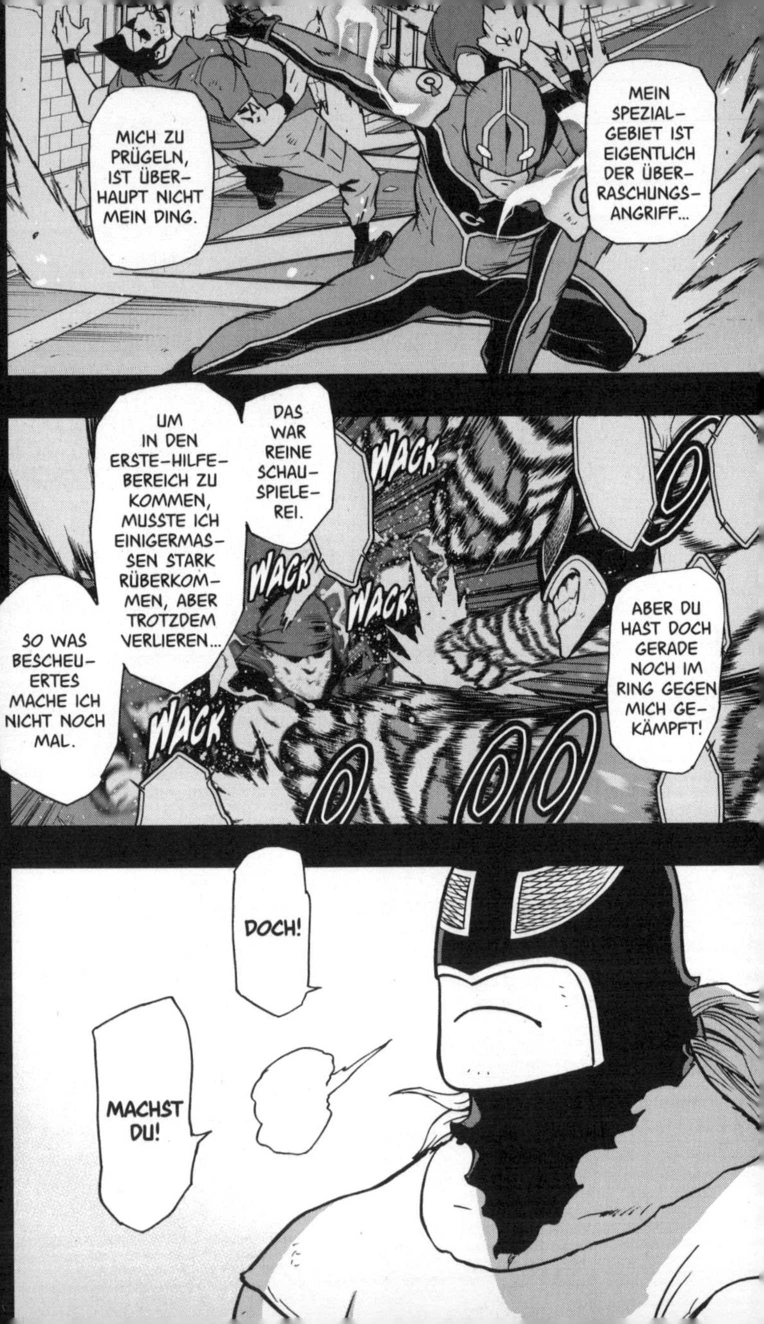
MEIN SPEZIAL- GEBIET IST EIGENTLICH DER ÜBER- RASCHUNGS- ANGRIFF...
MICH ZU PRÜGELN, IST ÜBER- HAUPT NICHT MEIN DING.
ABER DU HAST DOCH GERADE NOCH IM RING GEGEN MICH GE- KÄMPFT!
WACK
DAS WAR REINE SCHAU- SPIELE- REI.
WACK
UM IN DEN ERSTE-HILFE- BEREICH ZU KOMMEN, MUSSTE ICH EINIGERMAS- SEN STARK RÜBERKOM- MEN, ABER TROTZDEM VERLIEREN...
WACK
WACK
SO WAS BESCHEU- ERTES MACHE ICH NICHT NOCH MAL.
DOCH!
MACHST DU!

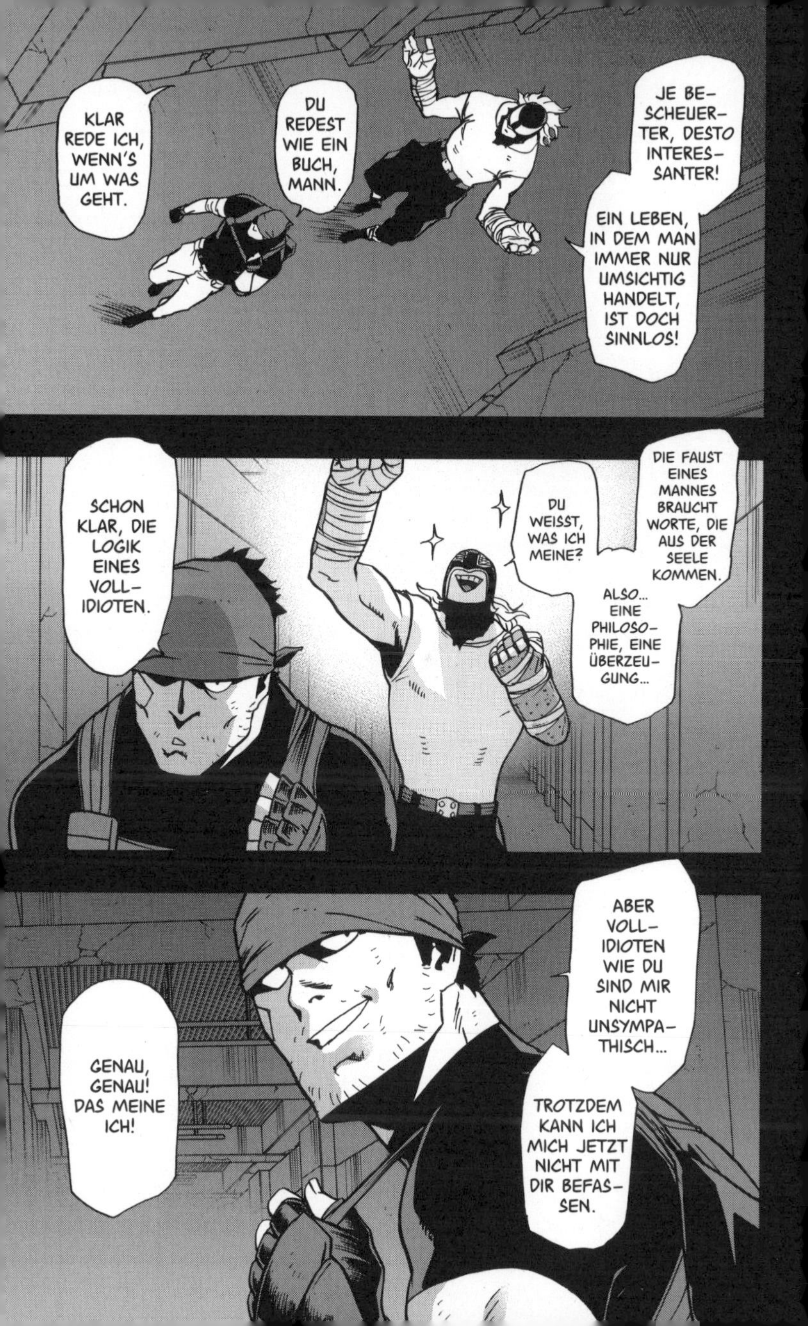
JE BESCHEUERTER, DESTO INTERESSANTER!
EIN LEBEN, IN DEM MAN IMMER NUR UMSICHTIG HANDELT, IST DOCH SINNLOS!
DU REDEST WIE EIN BUCH, MANN.
KLAR REDE ICH, WENN'S UM WAS GEHT.
DIE FAUST EINES MANNES BRAUCHT WORTE, DIE AUS DER SEELE KOMMEN.
ALSO... EINE PHILOSOPHIE, EINE ÜBERZEUGUNG...
DU WEISST, WAS ICH MEINE?
SCHON KLAR, DIE LOGIK EINES VOLLIDIOTEN.
ABER VOLLIDIOTEN WIE DU SIND MIR NICHT UNSYMPATHISCH...
TROTZDEM KANN ICH MICH JETZT NICHT MIT DIR BEFASSEN.
GENAU, GENAU! DAS MEINE ICH!

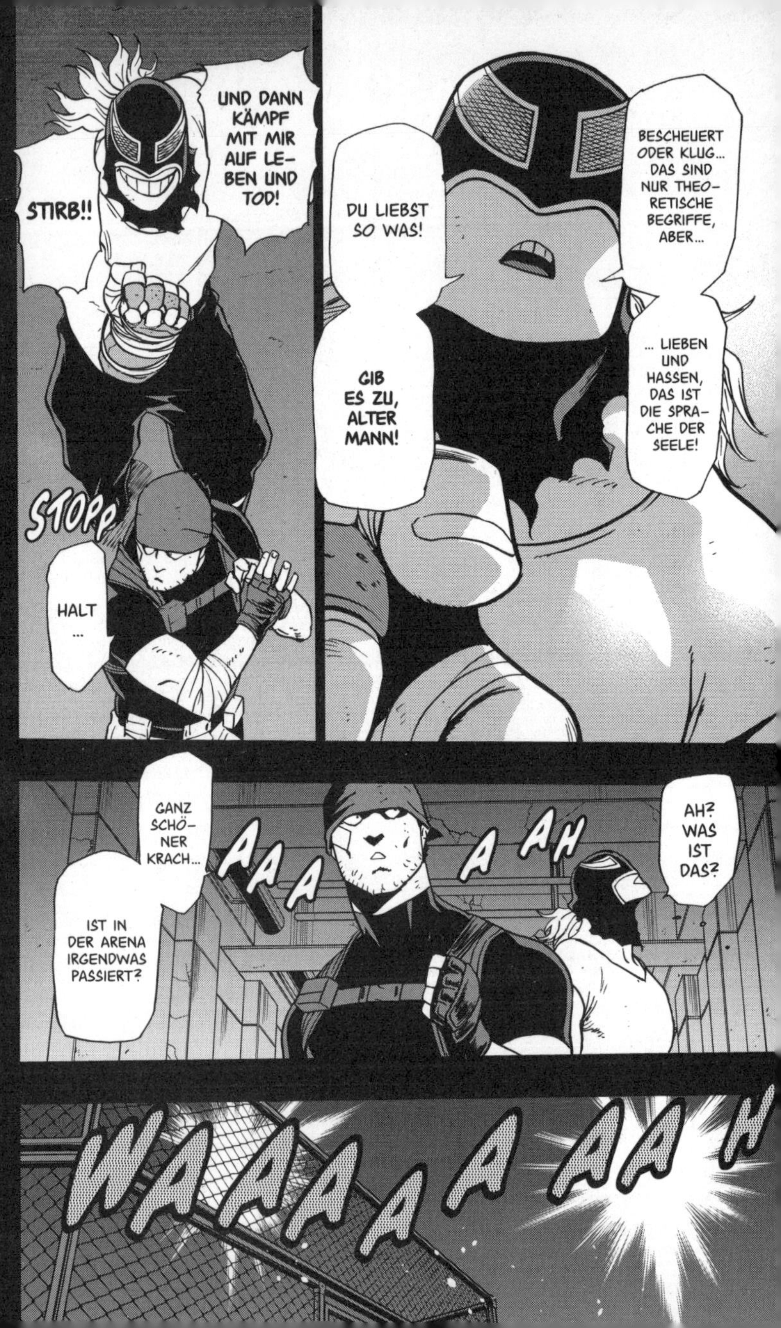
BESCHEUERT ODER KLUG... DAS SIND NUR THEORETISCHE BEGRIFFE, ABER...
... LIEBEN UND HASSEN, DAS IST DIE SPRACHE DER SEELE!
DU LIEBST SO WAS!
GIB ES ZU, ALTER MANN!
UND DANN KÄMPF MIT MIR AUF LEBEN UND TOD!
STIRB!!
STOPP
HALT ...
AH? WAS IST DAS?
AAAAAH
GANZ SCHÖNER KRACH...
IST IN DER ARENA IRGENDWAS PASSIERT?
WAAAAAAAAH

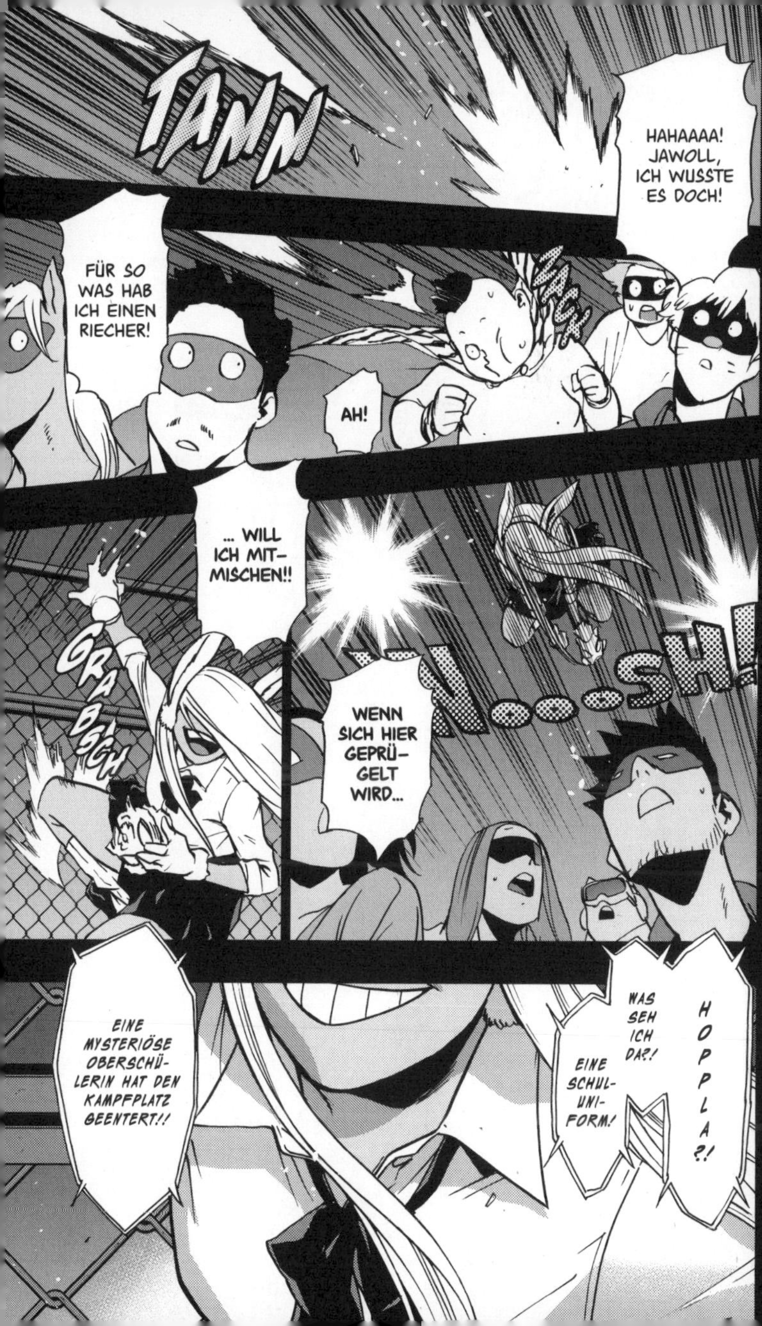
TAMM
HAHAAAA! JAWOLL, ICH WUSSTE ES DOCH!
AH!
FÜR SO WAS HAB ICH EINEN RIECHER!
WENN SICH HIER GEPRÜGELT WIRD...
... WILL ICH MIT-MISCHEN!!
GRABSCH
HOPPLA?!
WAS SEH ICH DA?!
EINE SCHUL-UNIFORM!
EINE MYSTERIÖSE OBERSCHÜLERIN HAT DEN KAMPFPLATZ GEENTERT!!

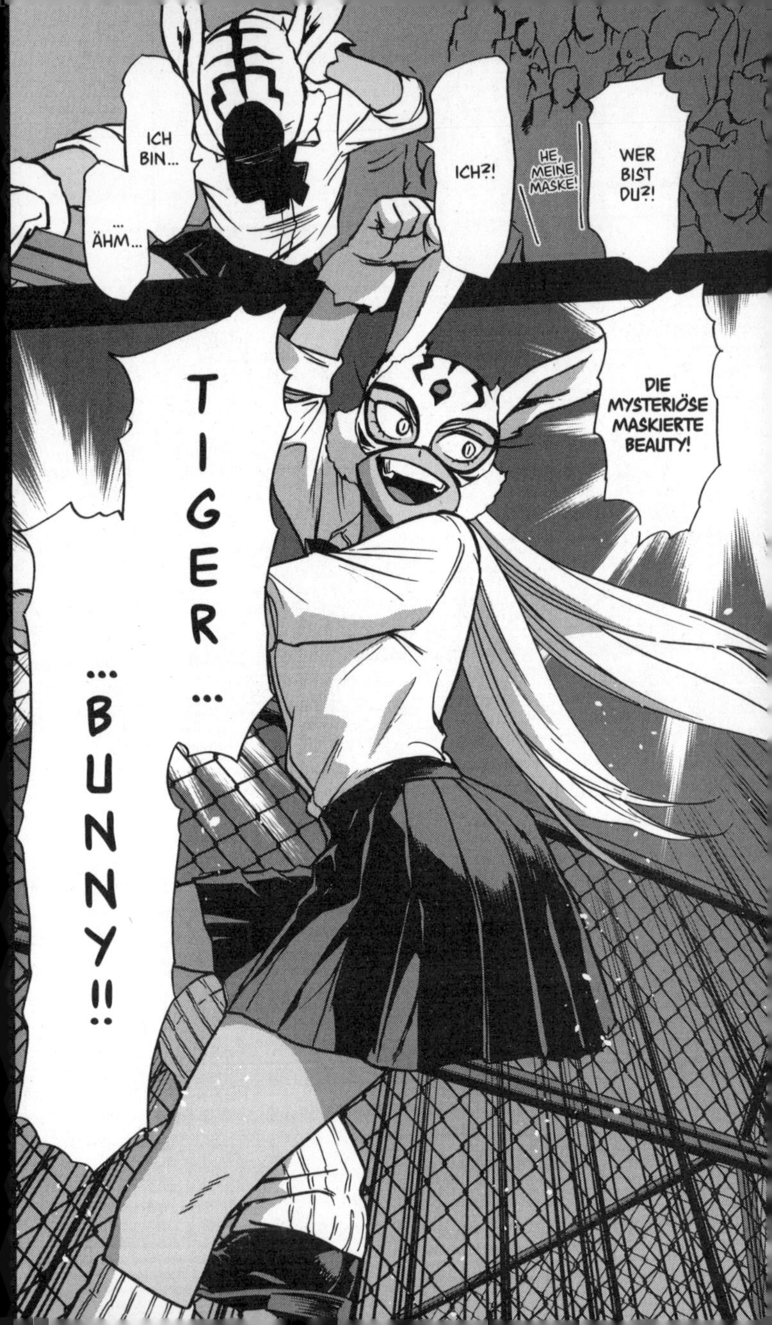
WER BIST DU?!
HE, MEINE MASKE!
ICH?!
ICH BIN...
... ÄHM...
DIE MYSTERIÖSE MASKIERTE BEAUTY!
TIGER ...
... BUNNY!!

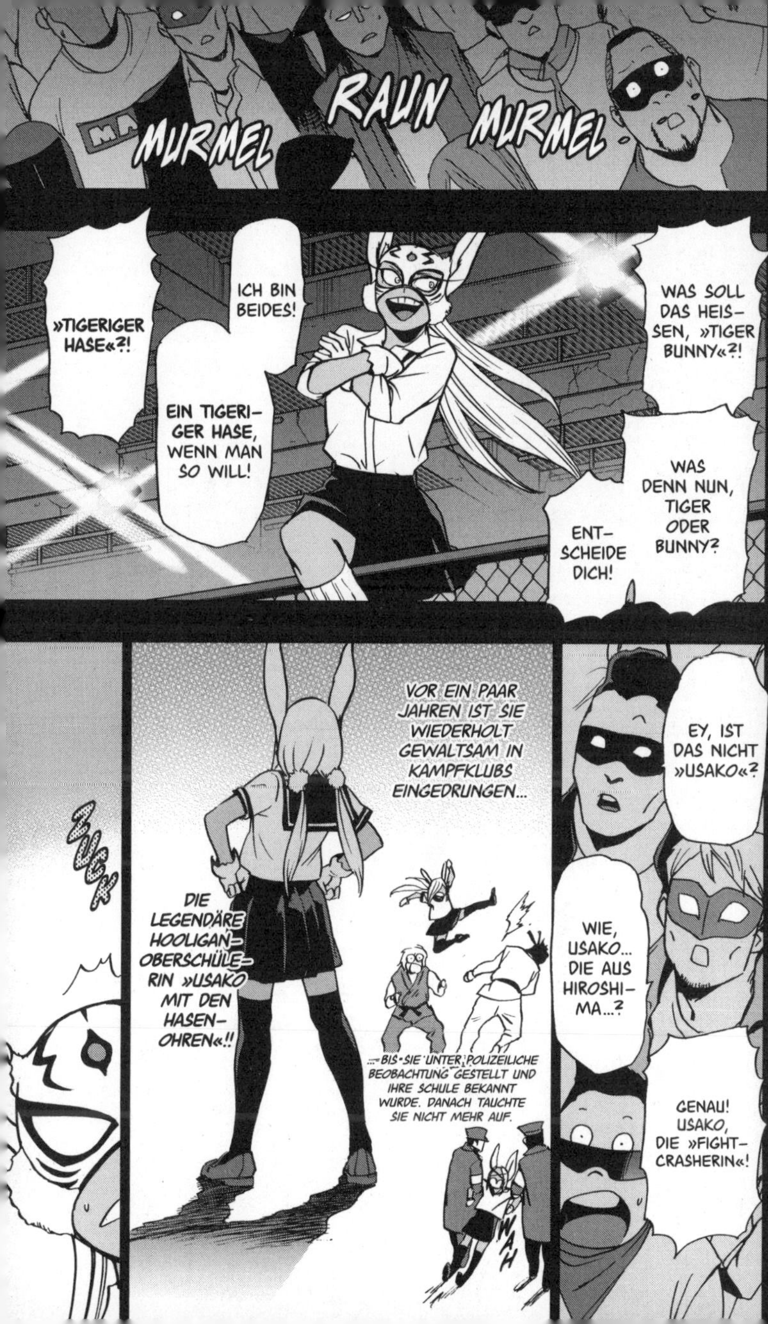
MURMEL
RAUN
MURMEL
WAS SOLL DAS HEISSEN, »TIGER BUNNY«?!
WAS DENN NUN, TIGER ODER BUNNY?
ENTSCHEIDE DICH!
ICH BIN BEIDES!
EIN TIGERIGER HASE, WENN MAN SO WILL!
»TIGERIGER HASE«?!
EY, IST DAS NICHT »USAKO«?
WIE, USAKO... DIE AUS HIROSHIMA...?
GENAU! USAKO, DIE »FIGHT-CRASHERIN«!
VOR EIN PAAR JAHREN IST SIE WIEDERHOLT GEWALTSAM IN KAMPFKLUBS EINGEDRUNGEN...
...BIS SIE UNTER POLIZEILICHE BEOBACHTUNG GESTELLT UND IHRE SCHULE BEKANNT WURDE. DANACH TAUCHTE SIE NICHT MEHR AUF.
WAH
DIE LEGENDÄRE HOOLIGAN-OBERSCHÜLERIN »USAKO MIT DEN HASENOHREN«!!
ZUCK

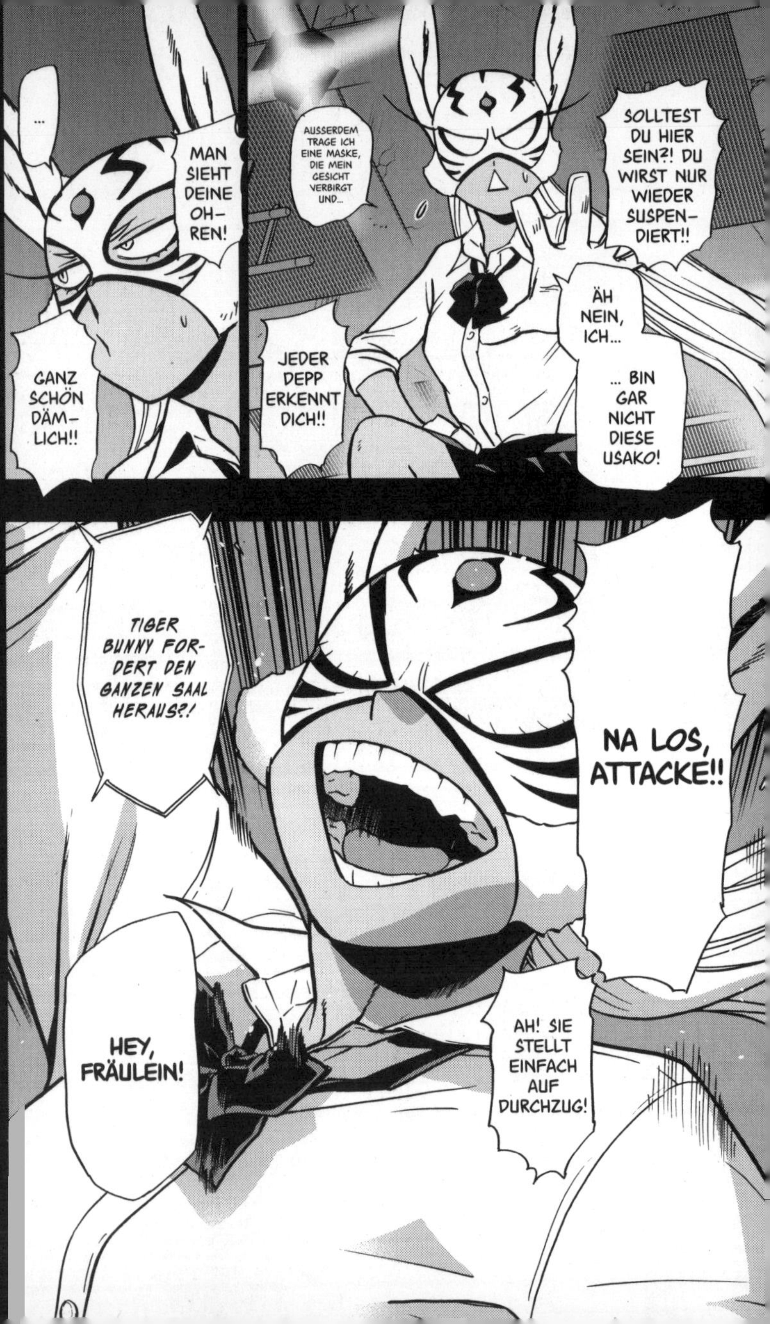
SOLLTEST DU HIER SEIN?! DU WIRST NUR WIEDER SUSPENDIERT!!
ÄH NEIN, ICH...
... BIN GAR NICHT DIESE USAKO!
AUSSERDEM TRAGE ICH EINE MASKE, DIE MEIN GESICHT VERBIRGT UND...
JEDER DEPP ERKENNT DICH!!
MAN SIEHT DEINE OHREN!
...
GANZ SCHÖN DÄMLICH!!
NA LOS, ATTACKE!!
TIGER BUNNY FORDERT DEN GANZEN SAAL HERAUS?!
AH! SIE STELLT EINFACH AUF DURCHZUG!
HEY, FRÄULEIN!

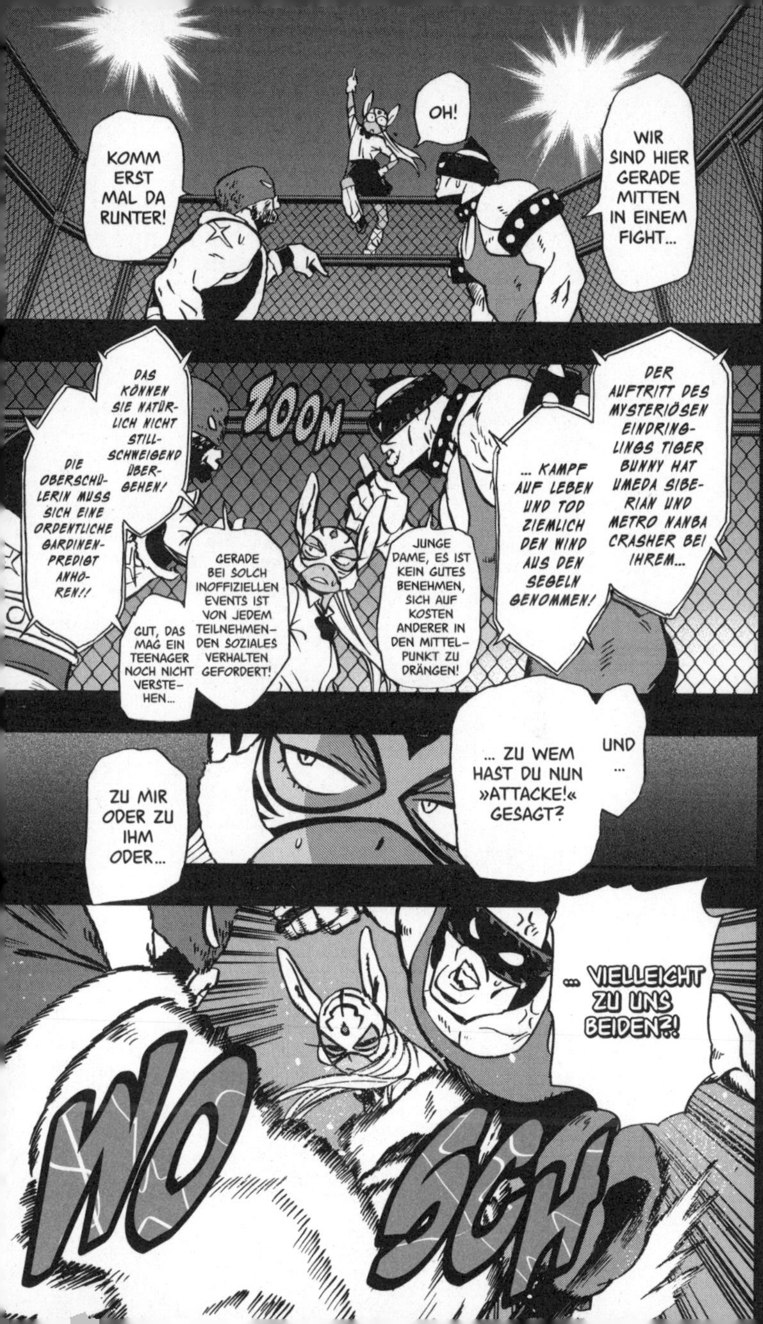
WIR SIND HIER GERADE MITTEN IN EINEM FIGHT...
OH!
KOMM ERST MAL DA RUNTER!
DER AUFTRITT DES MYSTERIÖSEN EINDRING-LINGS TIGER BUNNY HAT UMEDA SIBE-RIAN UND METRO NANBA CRASHER BEI IHREM...
... KAMPF AUF LEBEN UND TOD ZIEMLICH DEN WIND AUS DEN SEGELN GENOMMEN!
ZOOM
JUNGE DAME, ES IST KEIN GUTES BENEHMEN, SICH AUF KOSTEN ANDERER IN DEN MITTEL-PUNKT ZU DRÄNGEN!
GERADE BEI SOLCH INOFFIZIELLEN EVENTS IST VON JEDEM TEILNEHMEN-DEN SOZIALES VERHALTEN GEFORDERT!
GUT, DAS MAG EIN TEENAGER NOCH NICHT VERSTE-HEN...
DAS KÖNNEN SIE NATÜR-LICH NICHT STILL-SCHWEIGEND ÜBER-GEHEN!
DIE OBERSCHÜ-LERIN MUSS SICH EINE ORDENTLICHE GARDINEN-PREDIGT ANHÖ-REN!!
UND ...
... ZU WEM HAST DU NUN »ATTACKE!« GESAGT?
ZU MIR ODER ZU IHM ODER...
... VIELLEICHT ZU UNS BEIDEN?!
WO
SCH

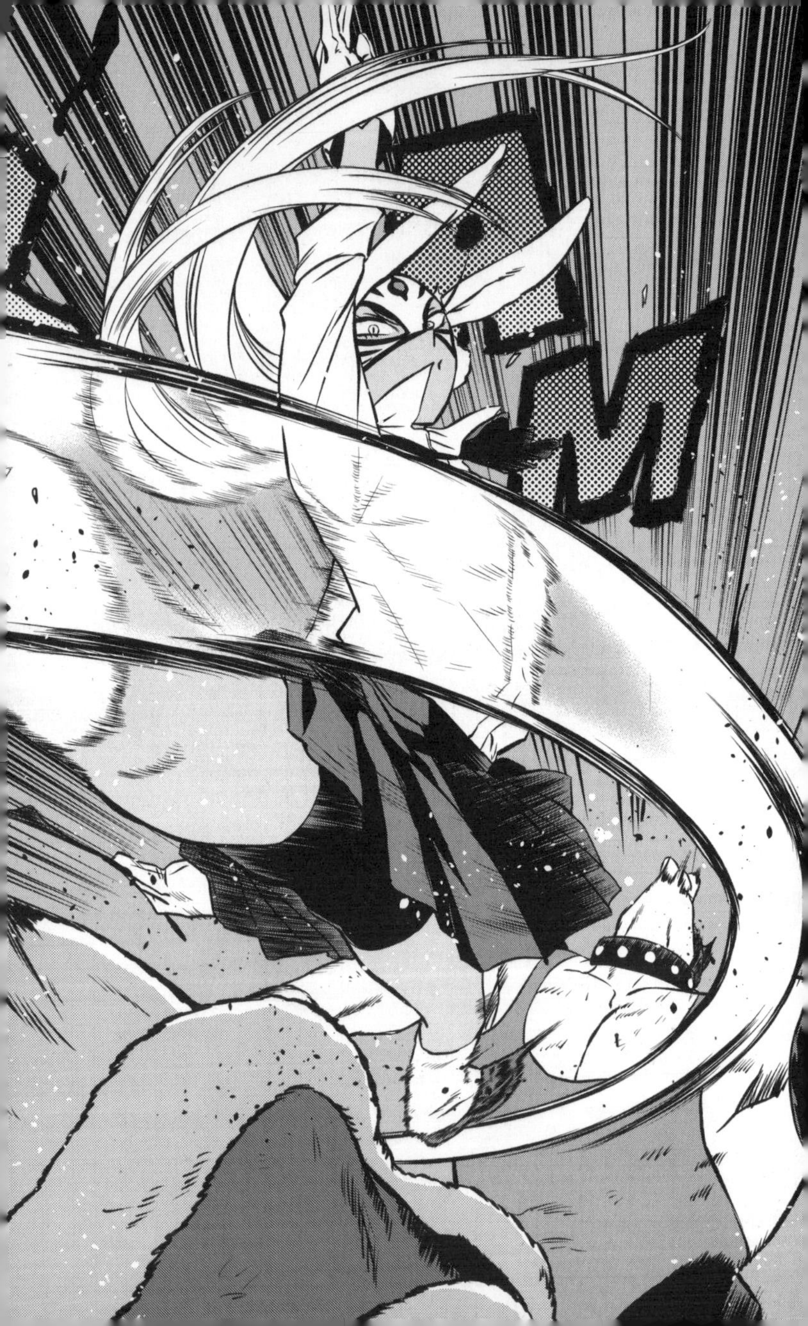

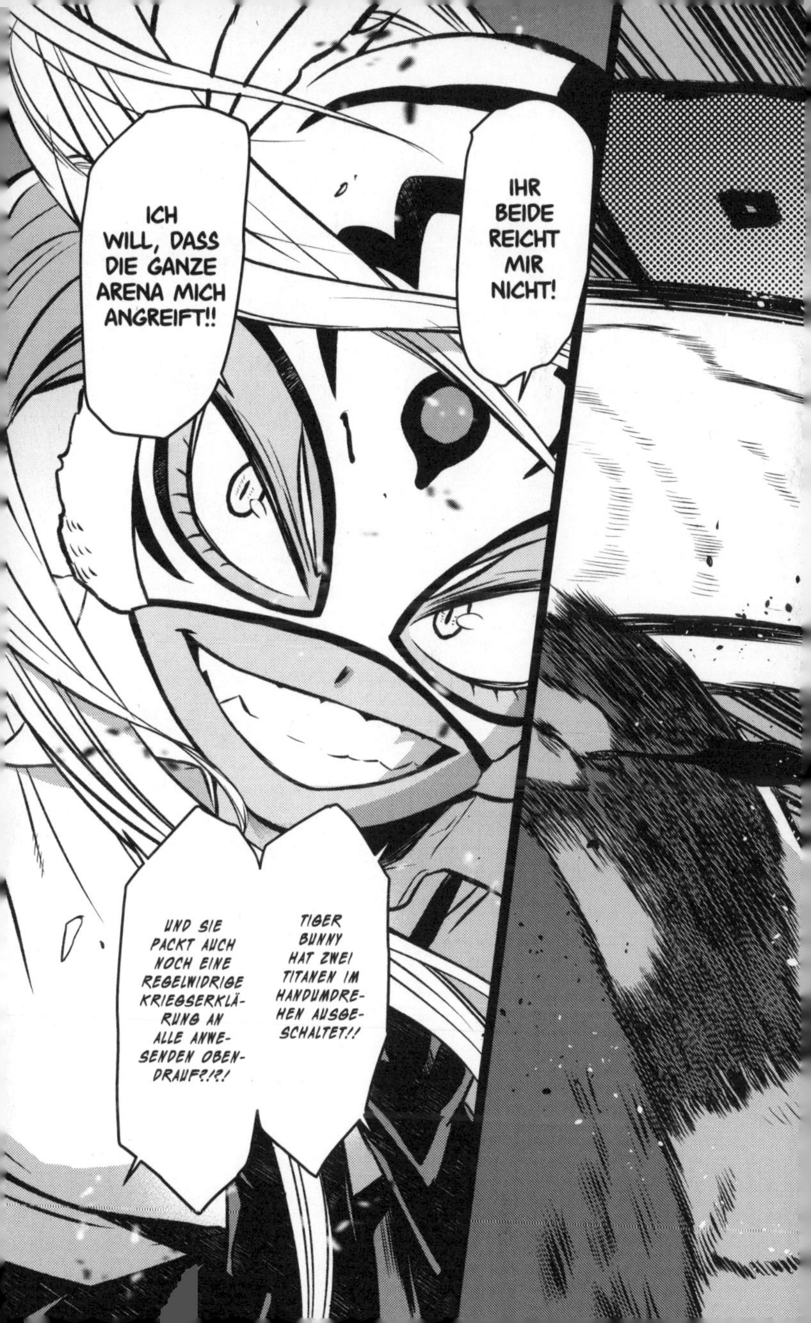
IHR BEIDE REICHT MIR NICHT!
ICH WILL, DASS DIE GANZE ARENA MICH ANGREIFT!!
TIGER BUNNY HAT ZWEI TITANEN IM HANDUMDREHEN AUSGESCHALTET!!
UND SIE PACKT AUCH NOCH EINE REGELWIDRIGE KRIEGSERKLÄRUNG AN ALLE ANWESENDEN OBENDRAUF?!?!

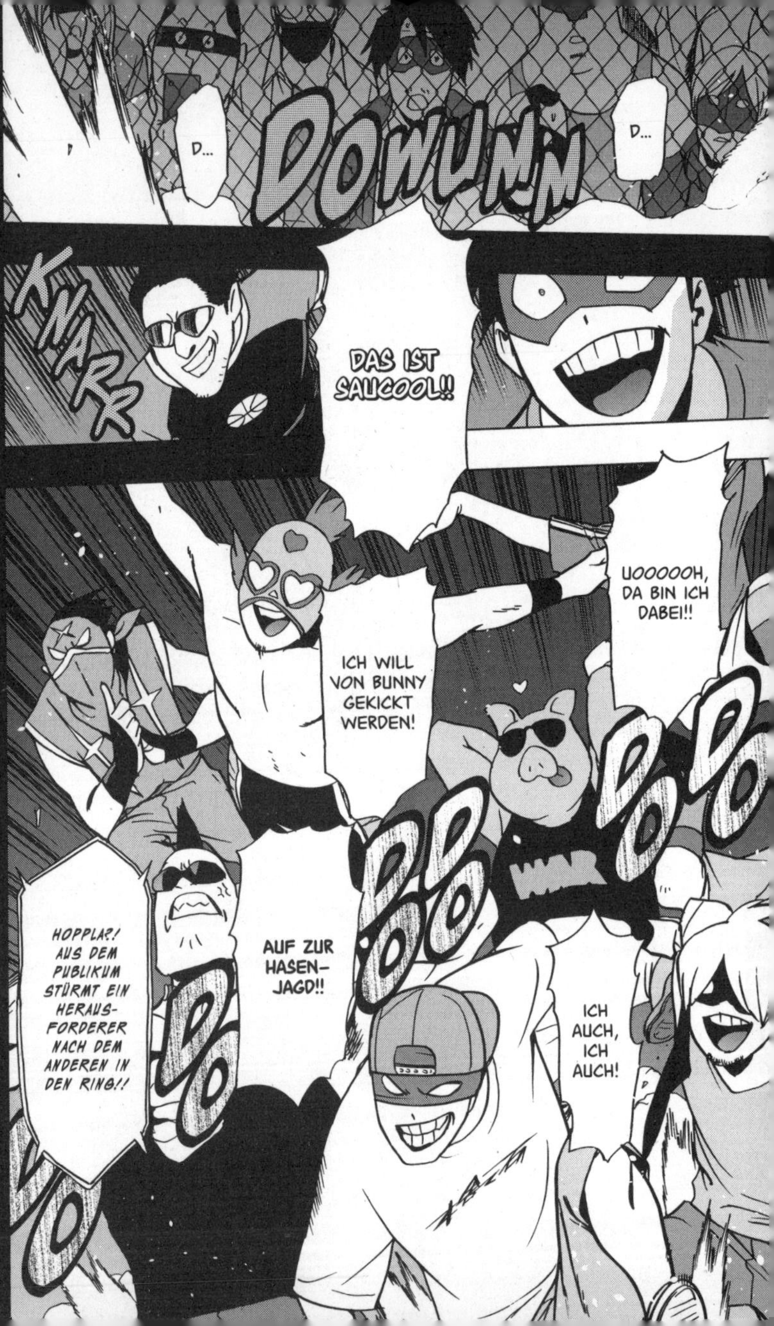
D...
DOWUMM
D...
KNARR
DAS IST SAUCOOL!!
UOOOOOH, DA BIN ICH DABEI!!
ICH WILL VON BUNNY GEKICKT WERDEN!
ICH AUCH, ICH AUCH!
AUF ZUR HASEN-JAGD!!
HOPPLA?! AUS DEM PUBLIKUM STÜRMT EIN HERAUS-FORDERER NACH DEM ANDEREN IN DEN RING!!

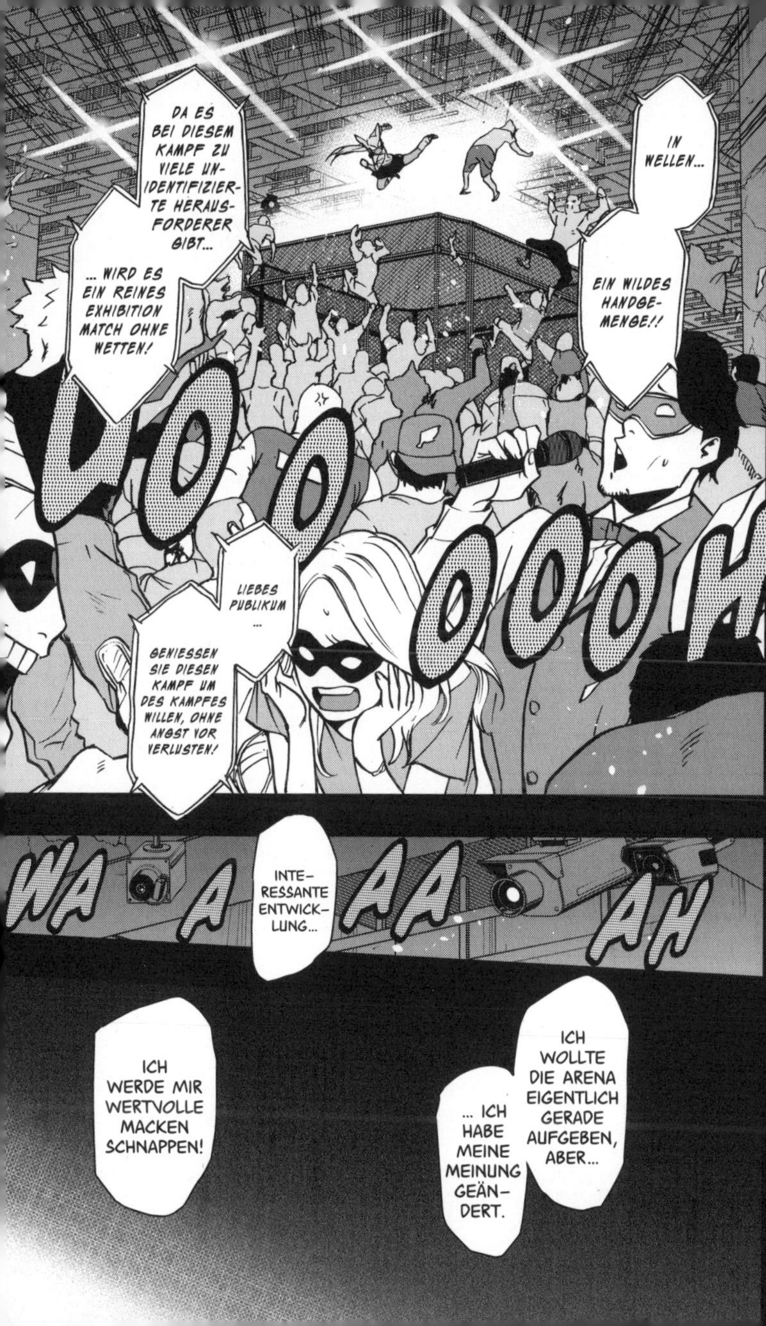
IN WELLEN...
EIN WILDES HANDGEMENGE!!
DA ES BEI DIESEM KAMPF ZU VIELE UNIDENTIFIZIERTE HERAUSFORDERER GIBT...
... WIRD ES EIN REINES EXHIBITION MATCH OHNE WETTEN!
LIEBES PUBLIKUM ...
GENIESSEN SIE DIESEN KAMPF UM DES KAMPFES WILLEN, OHNE ANGST VOR VERLUSTEN!
WOOOOOH
WAAAAAH
INTERESSANTE ENTWICKLUNG...
ICH WOLLTE DIE ARENA EIGENTLICH GERADE AUFGEBEN, ABER...
... ICH HABE MEINE MEINUNG GEÄNDERT.
ICH WERDE MIR WERTVOLLE MACKEN SCHNAPPEN!

TIGER BUNNY

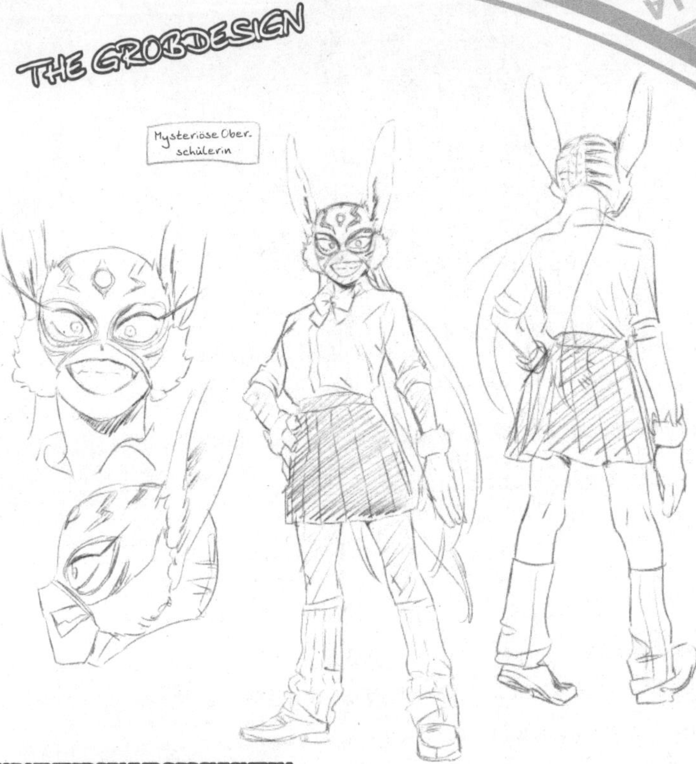

THE HINTERGRUNDGESCHICHTEN

Neben Rapper habe ich als »Charakter, zu dem ein gewaltsames Eindringen in eine Untergrundkampfarena passt« diese Person (in ihrer Schulzeit) herbeigerufen.
Ich hatte befürchtet, dass ich mir wegen der Tigermaske vielleicht den Zorn der Profi-Wrestling-Szene zuziehen würde und es zu große Parallelen zu »Air Master«* gibt, aber als es so weit war, wurde in den Kommentaren extrem oft »Tiger & Bunny« angesprochen und ich dachte: »Was, daran denkt ihr?! Generation Gap?« (Furuhashi)

Sie ist zwar eine nicht identifizierte Oberschülerin, aber da ich das Gefühl habe, dass sie in der Originalstory bereits in einem fantastischen Kampf gezeigt wurde, habe ich beim Zeichnen darauf geachtet, dass sie hier einen etwas anderen Eindruck (unbeschwert oder, wie soll ich sagen, feurig) vermittelt. (Betten)

* »AIR MASTER«, 1996–2006, HANDELT VON EINER 16-JÄHRIGEN STREETFIGHTERIN.
»TIGER & BUNNY«, 2011, HANDELT VON SUPERHELDEN.

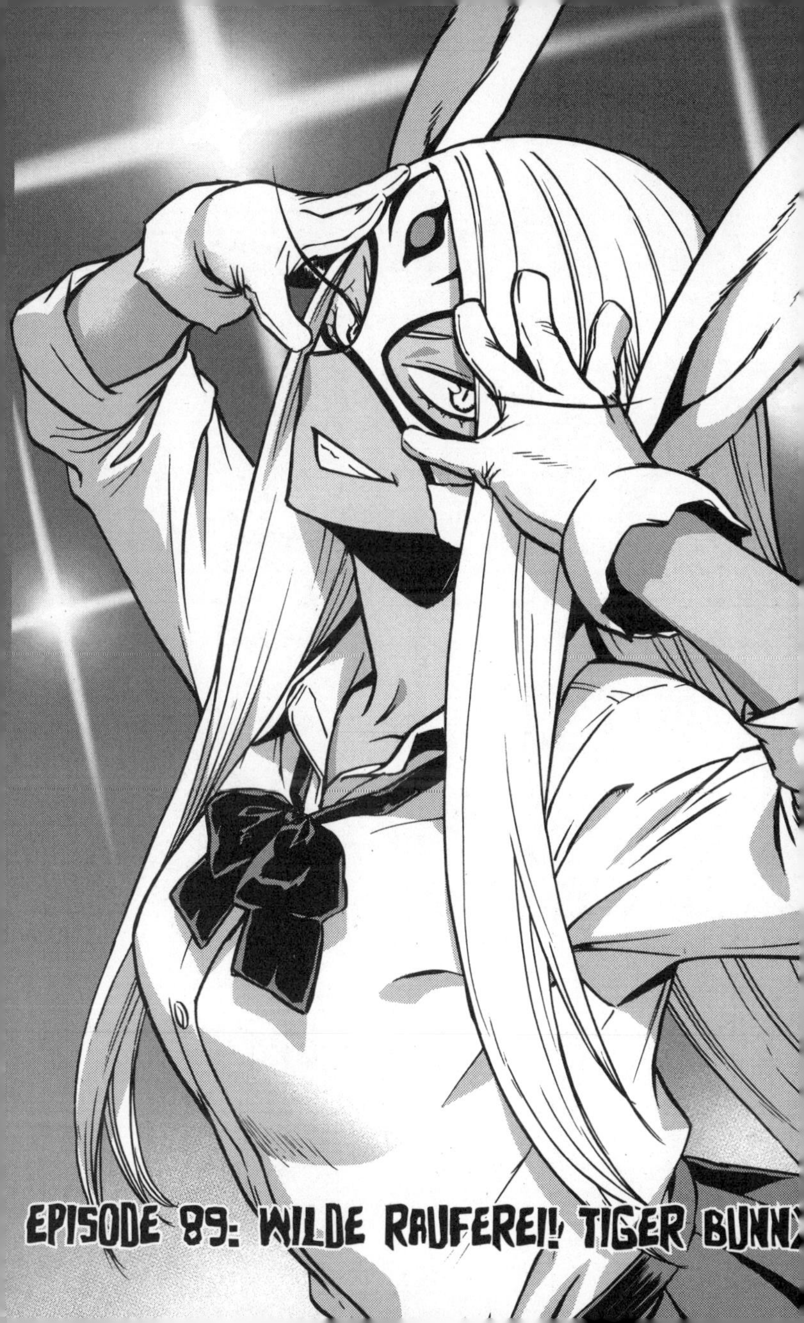

EPISODE 89: WILDE RAUFEREI! TIGER BUNN

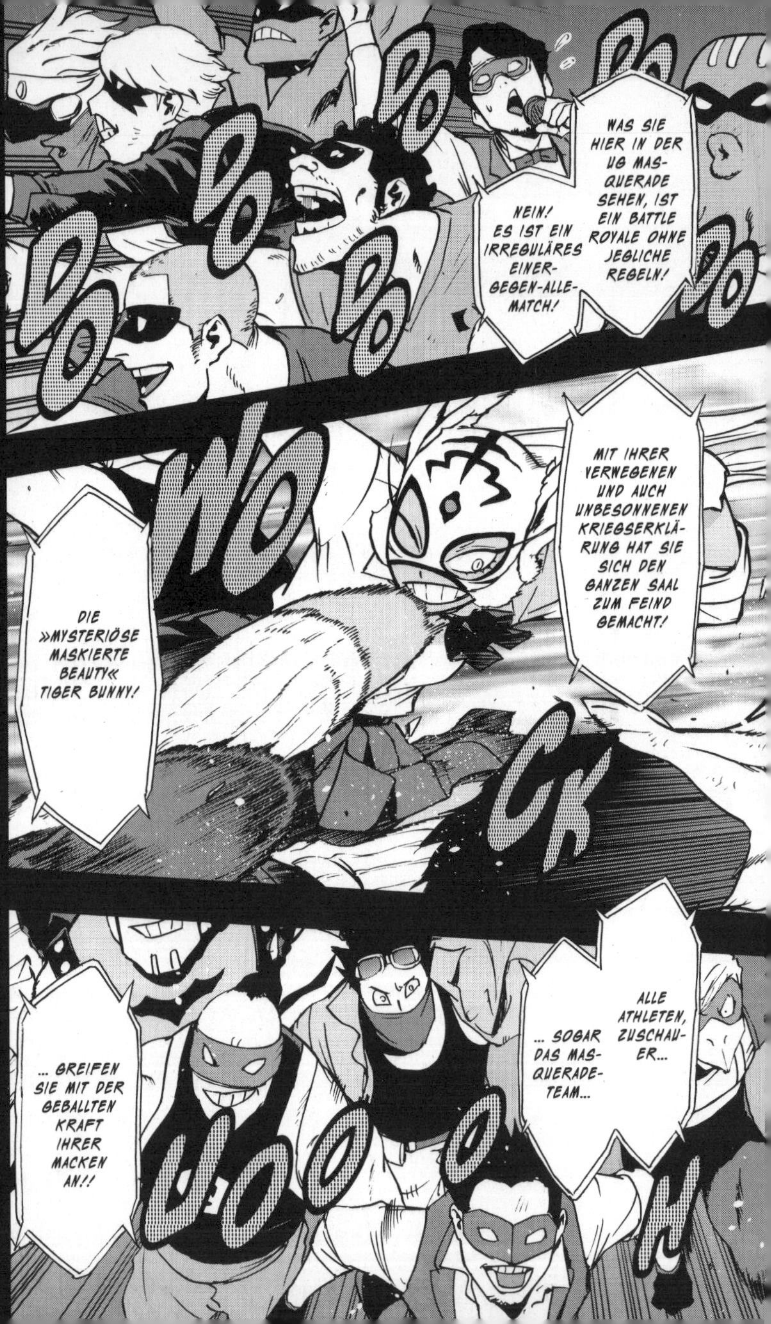
WAS SIE HIER IN DER UG MASQUERADE SEHEN, IST EIN BATTLE ROYALE OHNE JEGLICHE REGELN!
NEIN! ES IST EIN IRREGULÄRES EINER-GEGEN-ALLE-MATCH!
MIT IHRER VERWEGENEN UND AUCH UNBESONNENEN KRIEGSERKLÄRUNG HAT SIE SICH DEN GANZEN SAAL ZUM FEIND GEMACHT!
DIE »MYSTERIÖSE MASKIERTE BEAUTY« TIGER BUNNY!
ALLE ATHLETEN, ZUSCHAUER...
... SOGAR DAS MASQUERADE-TEAM...
... GREIFEN SIE MIT DER GEBALLTEN KRAFT IHRER MACKEN AN!!

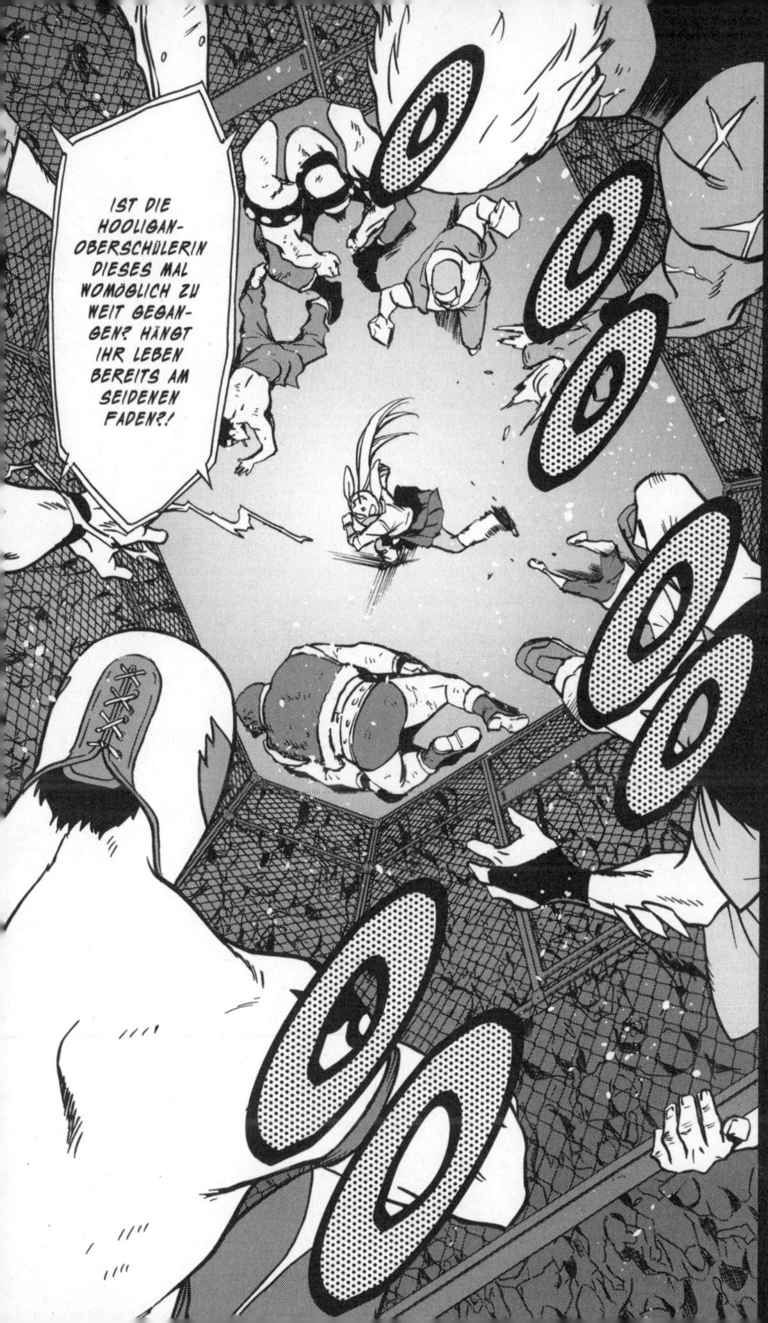
IST DIE HOOLIGAN-OBERSCHÜLERIN DIESES MAL WOMÖGLICH ZU WEIT GEGANGEN? HÄNGT IHR LEBEN BEREITS AM SEIDENEN FADEN?!

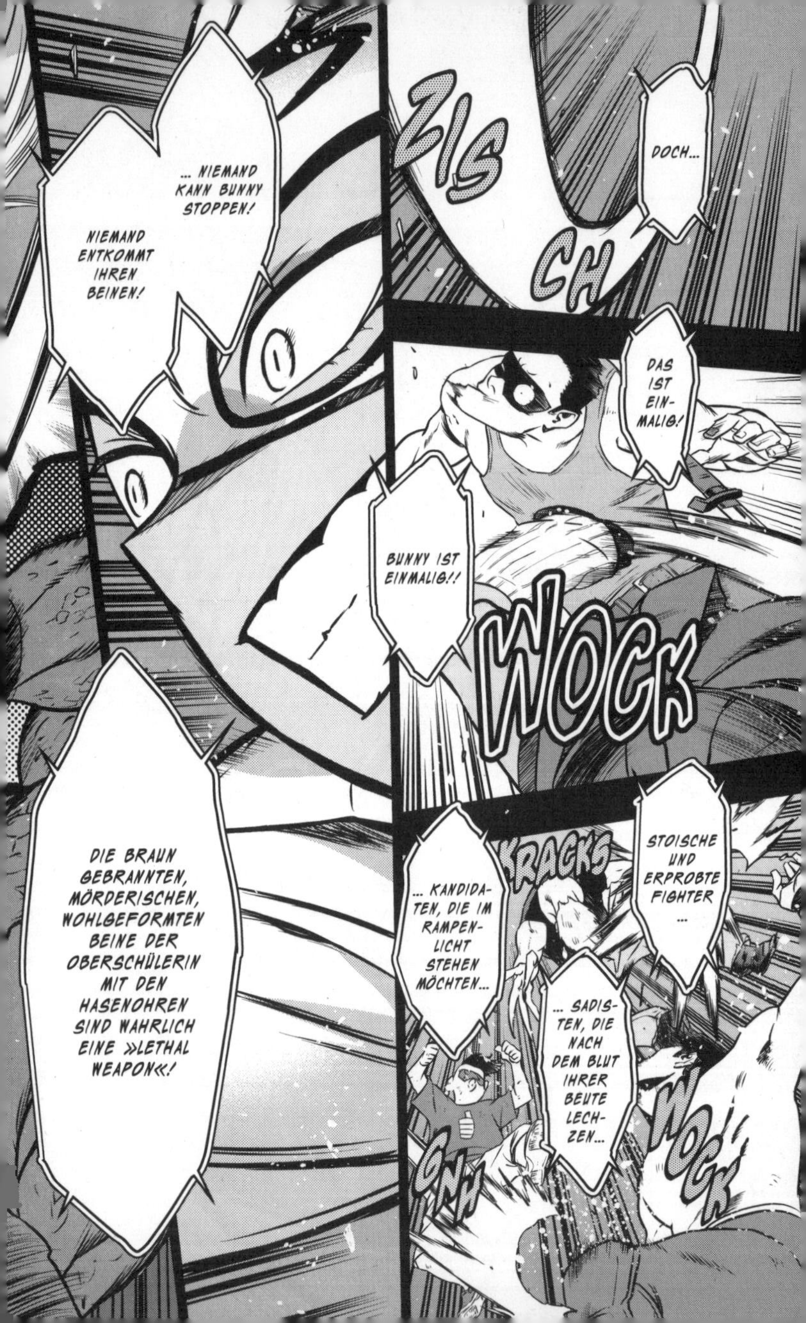
ZISCH
DOCH...
DAS IST EINMALIG!
BUNNY IST EINMALIG!!
WOCK
... NIEMAND KANN BUNNY STOPPEN!
NIEMAND ENTKOMMT IHREN BEINEN!
KRACKS
STOISCHE UND ERPROBTE FIGHTER ...
... KANDIDATEN, DIE IM RAMPENLICHT STEHEN MÖCHTEN...
... SADISTEN, DIE NACH DEM BLUT IHRER BEUTE LECHZEN...
WOCK
GNH
DIE BRAUN GEBRANNTEN, MÖRDERISCHEN, WOHLGEFORMTEN BEINE DER OBERSCHÜLERIN MIT DEN HASENOHREN SIND WAHRLICH EINE »LETHAL WEAPON«!

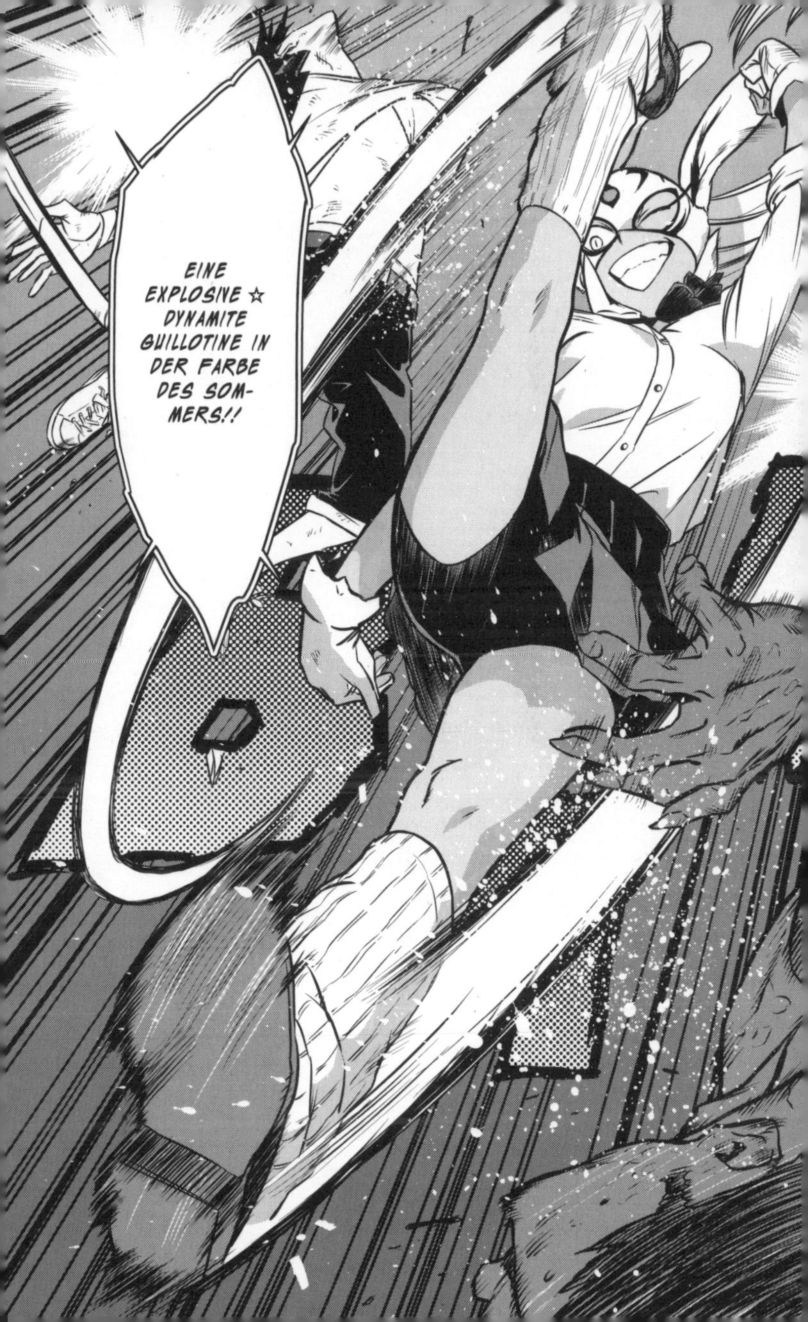
EINE EXPLOSIVE ☆ DYNAMITE GUILLOTINE IN DER FARBE DES SOMMERS!!

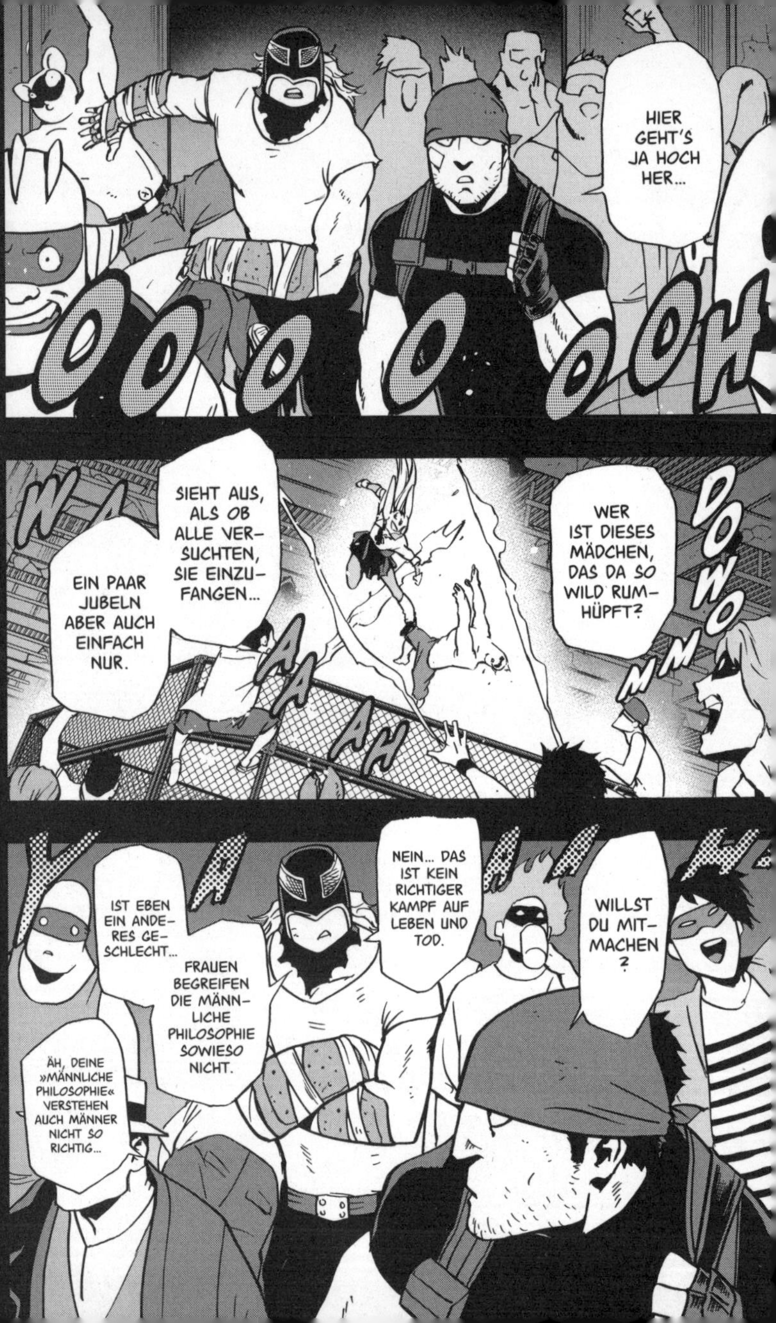
HIER GEHT'S JA HOCH HER...
OOOOOOH
DOWOMM
WER IST DIESES MÄDCHEN, DAS DA SO WILD RUMHÜPFT?
SIEHT AUS, ALS OB ALLE VERSUCHTEN, SIE EINZUFANGEN...
EIN PAAR JUBELN ABER AUCH EINFACH NUR.
AAAH
WILLST DU MITMACHEN?
NEIN... DAS IST KEIN RICHTIGER KAMPF AUF LEBEN UND TOD.
IST EBEN EIN ANDERES GESCHLECHT...
FRAUEN BEGREIFEN DIE MÄNNLICHE PHILOSOPHIE SOWIESO NICHT.
ÄH, DEINE »MÄNNLICHE PHILOSOPHIE« VERSTEHEN AUCH MÄNNER NICHT SO RICHTIG...

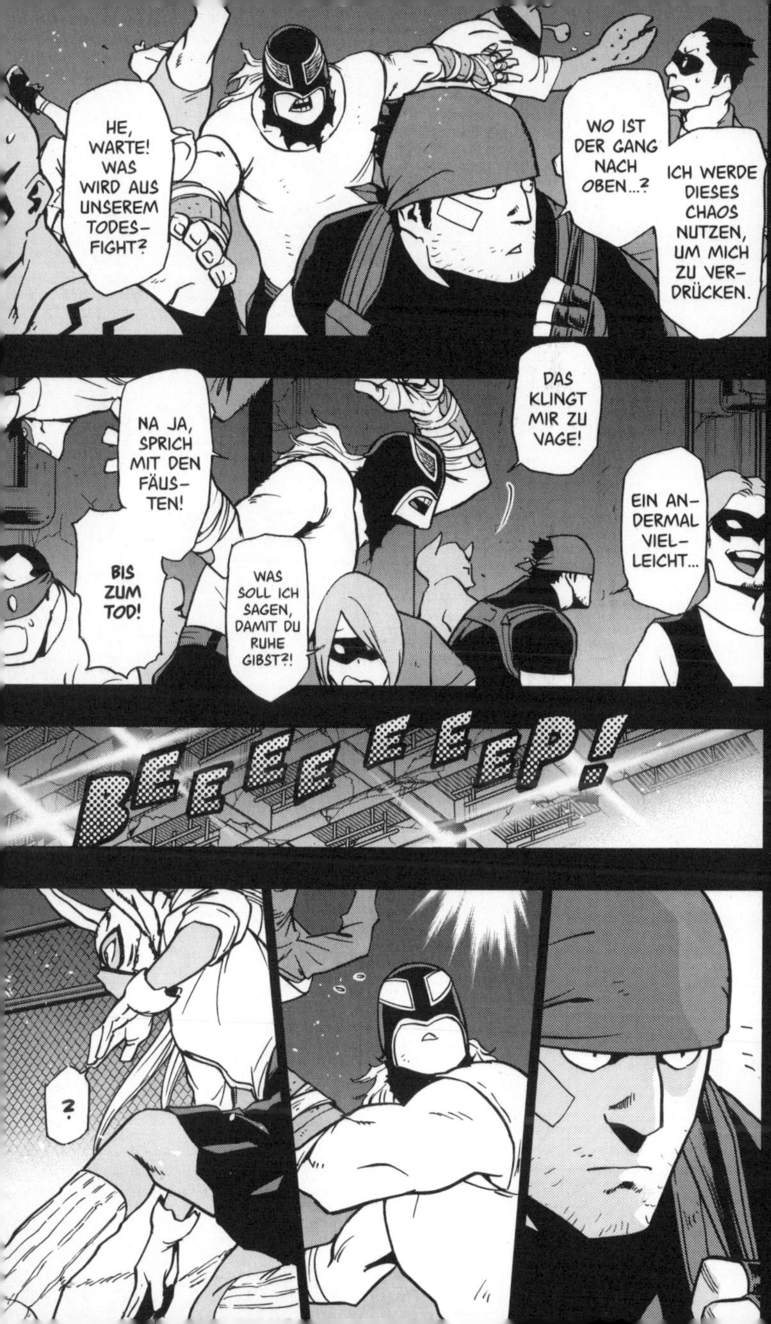
ICH WERDE DIESES CHAOS NUTZEN, UM MICH ZU VERDRÜCKEN.
WO IST DER GANG NACH OBEN...?
HE, WARTE! WAS WIRD AUS UNSEREM TODESFIGHT?
DAS KLINGT MIR ZU VAGE!
EIN ANDERMAL VIELLEICHT...
NA JA, SPRICH MIT DEN FÄUSTEN!
BIS ZUM TOD!
WAS SOLL ICH SAGEN, DAMIT DU RUHE GIBST?!
BEEEEEEP!
?

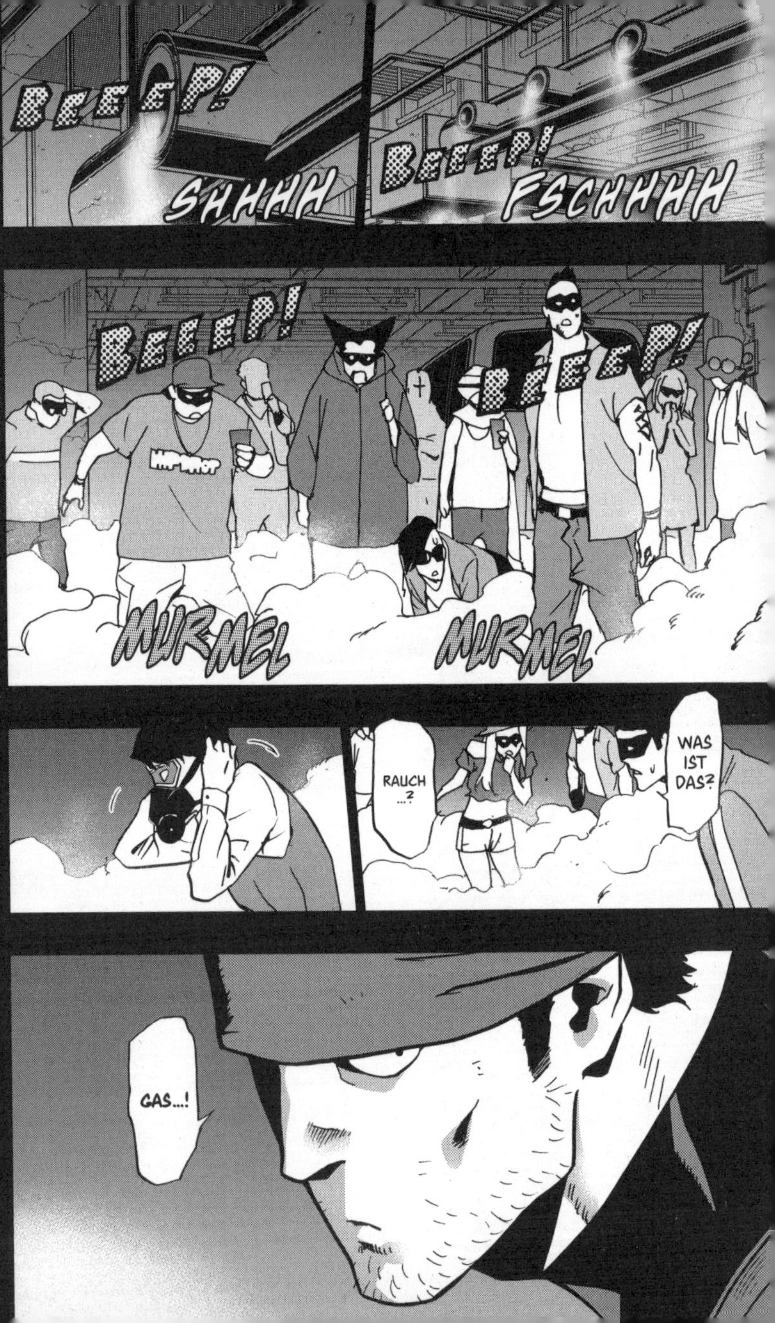
BEEEP!
FSCHHHHH
BEEEP!
SHHHHH
BEEEP!
BEEEP!
MURMEL
MURMEL
WAS IST DAS?
RAUCH ...?
GAS...!

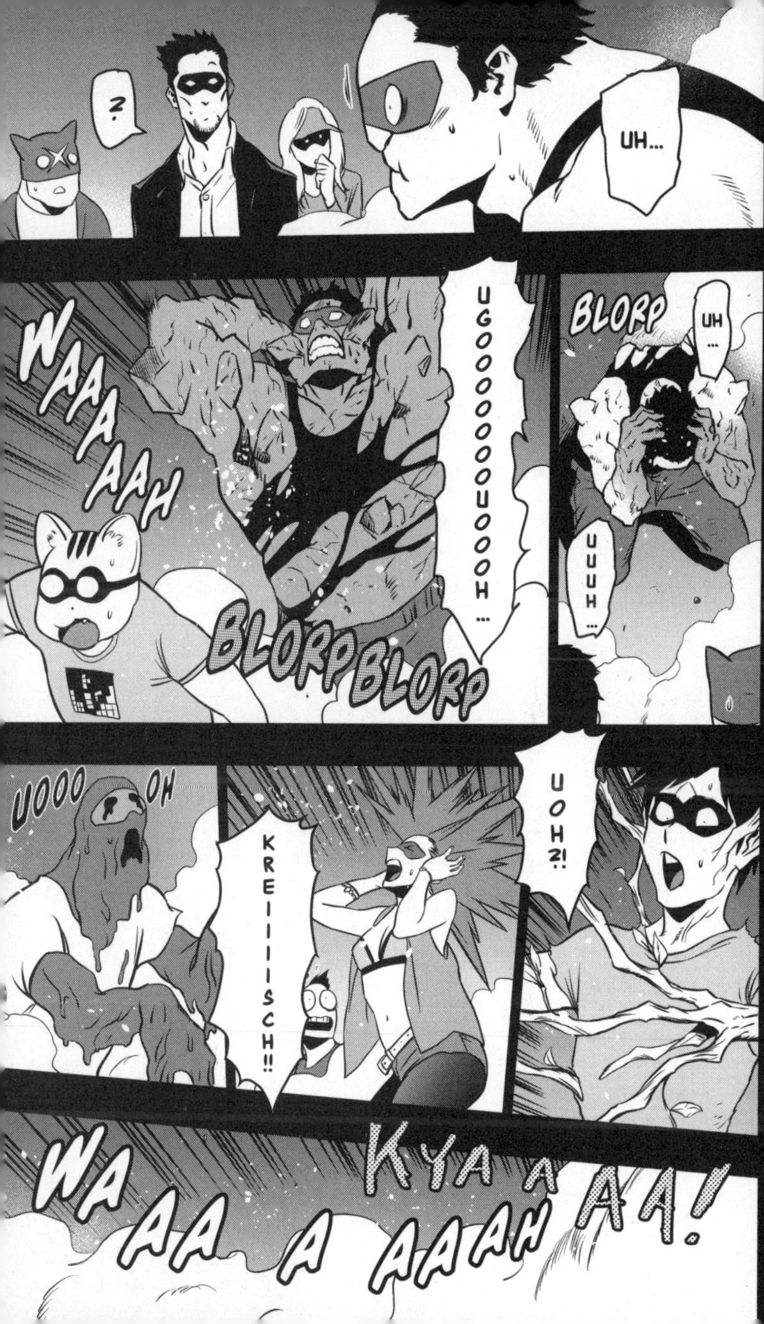
UH...
?
BLORP
UH...
UUUH...
UGOOOOOOOUOOOOH...
WAAAAAAH
BLORP BLORP
UOH?!
KREIIIISCH!!
UOOO OH
KYA A AA!
WA AA A AAAH

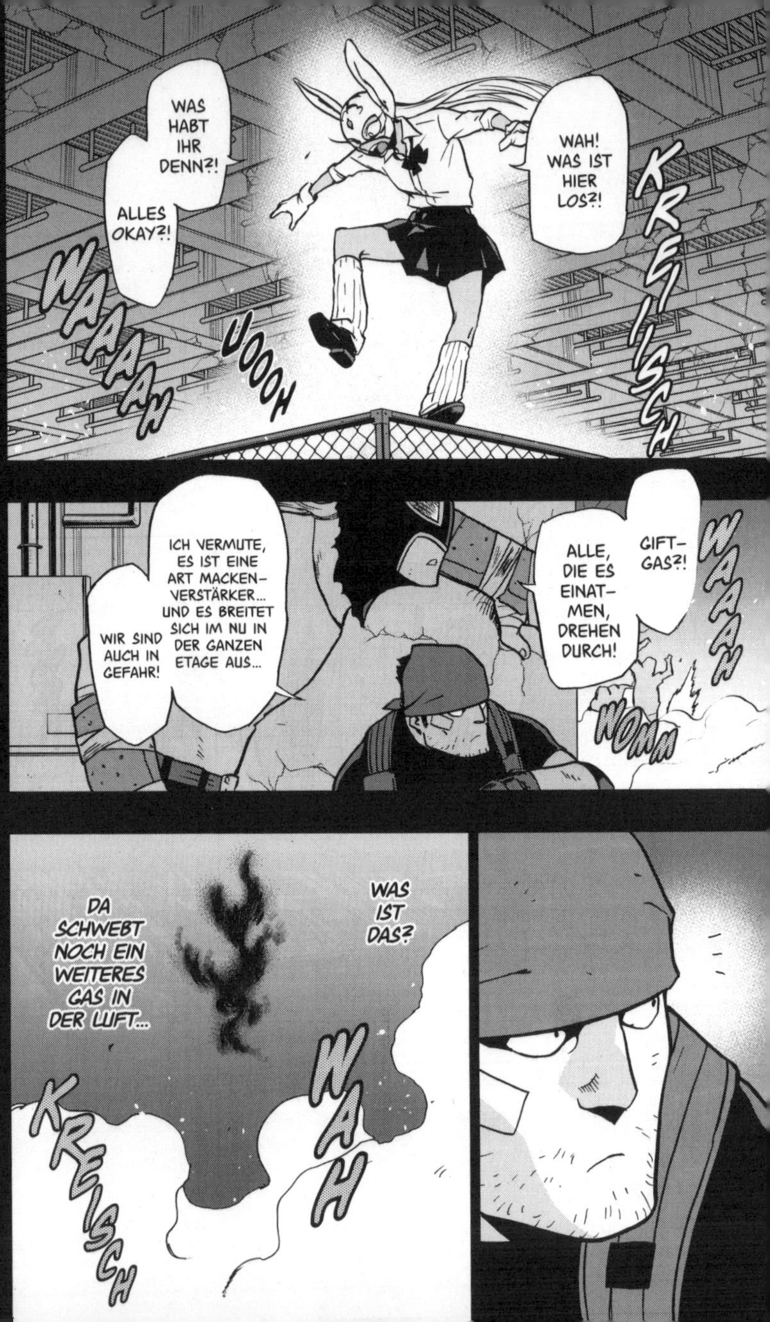
WAH! WAS IST HIER LOS?!
KREIISCH
WAS HABT IHR DENN?!
ALLES OKAY?!
UOOOH
WAAAAAH
GIFT-GAS?!
ALLE, DIE ES EINATMEN, DREHEN DURCH!
WAAAAH
WOMM
ICH VERMUTE, ES IST EINE ART MACKENVERSTÄRKER... UND ES BREITET SICH IM NU IN DER GANZEN ETAGE AUS...
WIR SIND AUCH IN GEFAHR!
WAS IST DAS?
DA SCHWEBT NOCH EIN WEITERES GAS IN DER LUFT...
WAAH
KREISCH

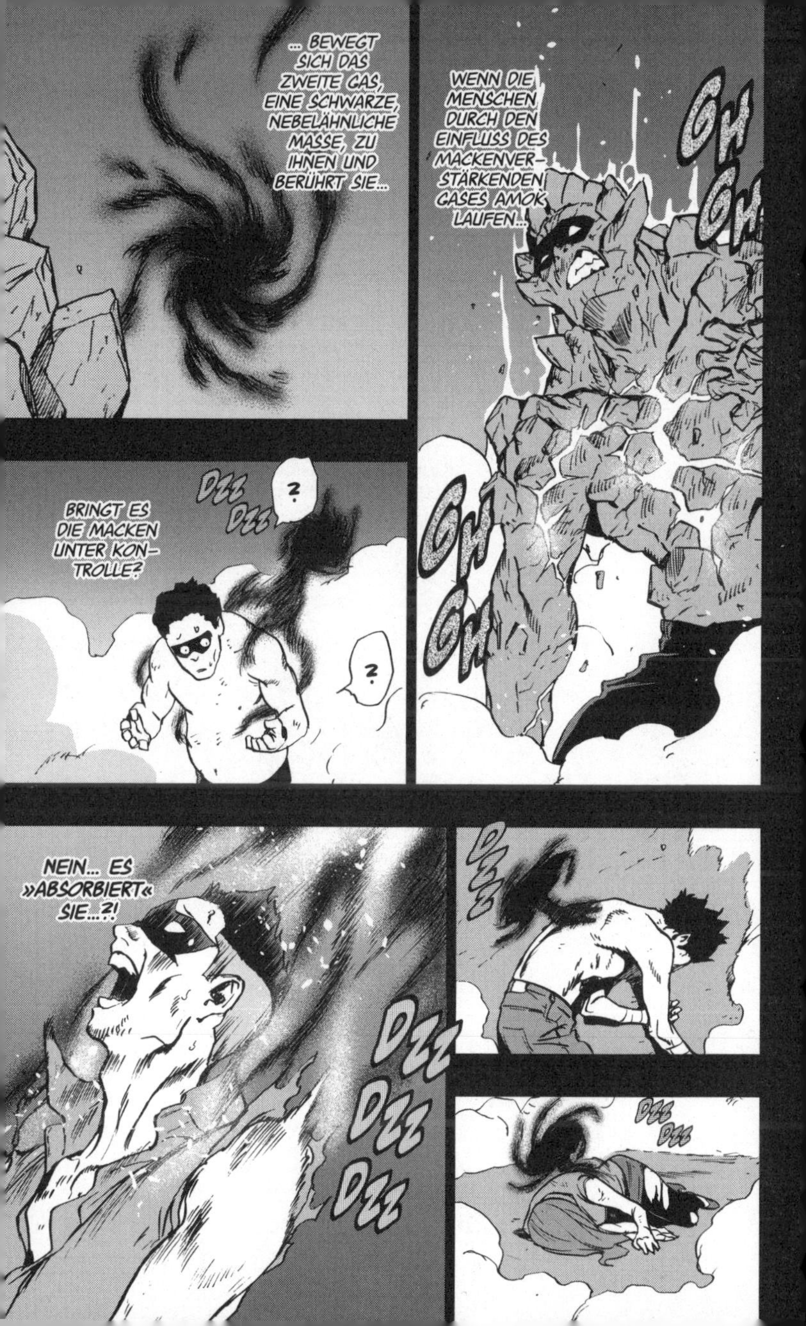
WENN DIE MENSCHEN DURCH DEN EINFLUSS DES MACKENVERSTÄRKENDEN GASES AMOK LAUFEN...
GH GH
GH GH
... BEWEGT SICH DAS ZWEITE GAS, EINE SCHWARZE, NEBELÄHNLICHE MASSE, ZU IHNEN UND BERÜHRT SIE...
DZZ DZZ
?
BRINGT ES DIE MACKEN UNTER KONTROLLE?
?
DZZ DZZ
NEIN... ES »ABSORBIERT« SIE...?!
DZZ DZZ DZZ

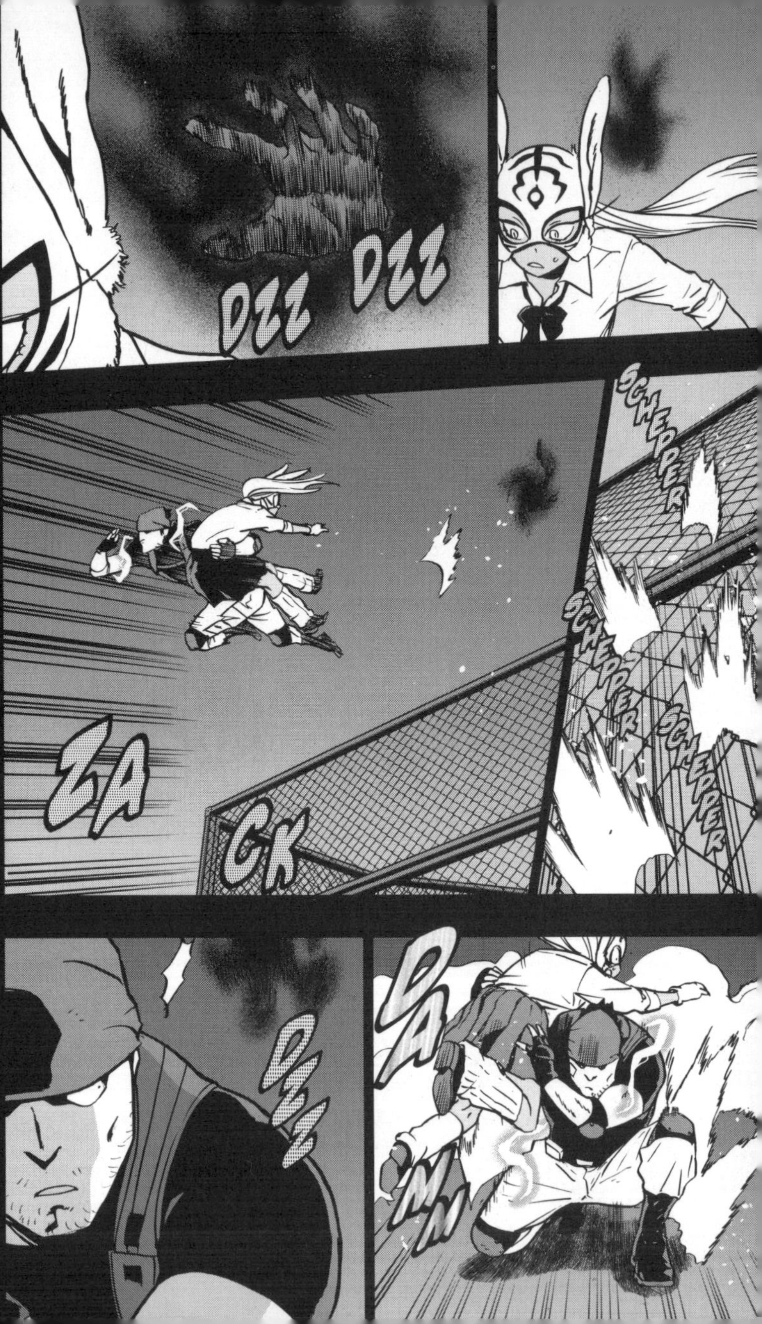
DZZ DZZ
SCHEPPER
SCHEPPER
SCHEPPER
ZACK
DAMM

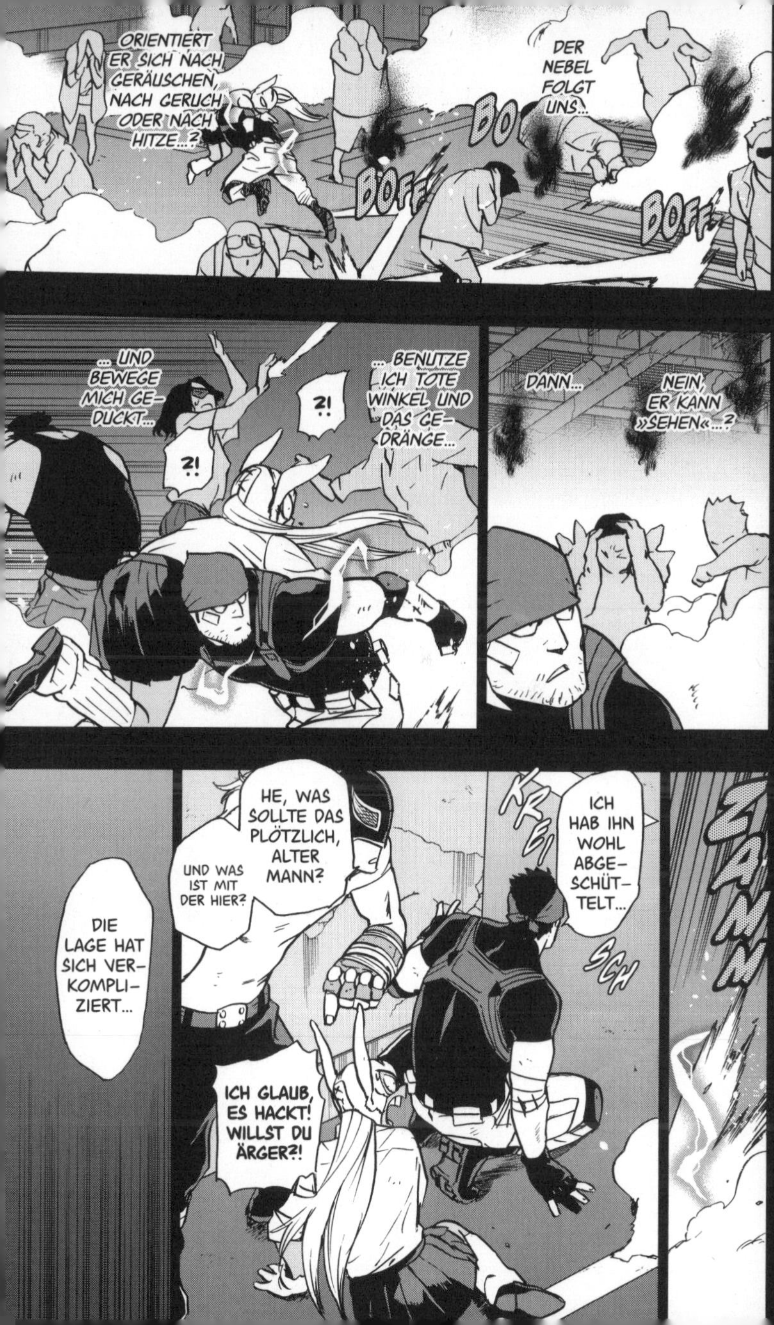
DER NEBEL FOLGT UNS...
BO
BOFF
BOFF
ORIENTIERT ER SICH NACH GERÄUSCHEN, NACH GERUCH ODER NACH HITZE...?
NEIN, ER KANN »SEHEN«...?
DANN...
... BENUTZE ICH TOTE WINKEL UND DAS GEDRÄNGE...
?!
... UND BEWEGE MICH GEDUCKT...
?!
ZAMM
KREI
SCH
ICH HAB IHN WOHL ABGESCHÜTTELT...
HE, WAS SOLLTE DAS PLÖTZLICH, ALTER MANN?
UND WAS IST MIT DER HIER?
DIE LAGE HAT SICH VERKOMPLIZIERT...
ICH GLAUB, ES HACKT! WILLST DU ÄRGER?!

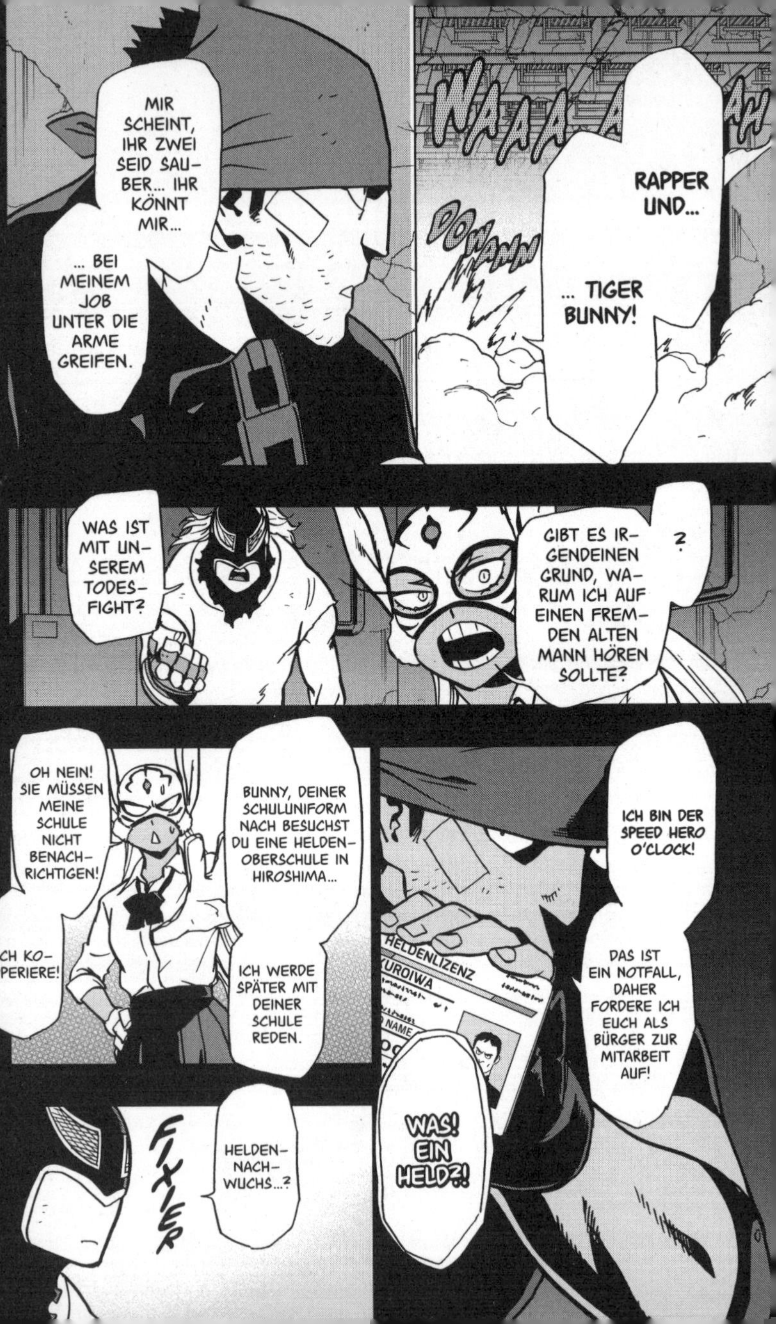
RAPPER UND...
... TIGER BUNNY!
MIR SCHEINT, IHR ZWEI SEID SAUBER... IHR KÖNNT MIR...
... BEI MEINEM JOB UNTER DIE ARME GREIFEN.
GIBT ES IRGENDEINEN GRUND, WARUM ICH AUF EINEN FREMDEN ALTEN MANN HÖREN SOLLTE?
?
WAS IST MIT UNSEREM TODESFIGHT?
ICH BIN DER SPEED HERO O'CLOCK!
HELDENLIZENZ
KUROIWA
DAS IST EIN NOTFALL, DAHER FORDERE ICH EUCH ALS BÜRGER ZUR MITARBEIT AUF!
WAS! EIN HELD?!
BUNNY, DEINER SCHULUNIFORM NACH BESUCHST DU EINE HELDENOBERSCHULE IN HIROSHIMA...
ICH WERDE SPÄTER MIT DEINER SCHULE REDEN.
OH NEIN! SIE MÜSSEN MEINE SCHULE NICHT BENACHRICHTIGEN!
ICH KOOPERIERE!
HELDENNACHWUCHS...?
FIXIER

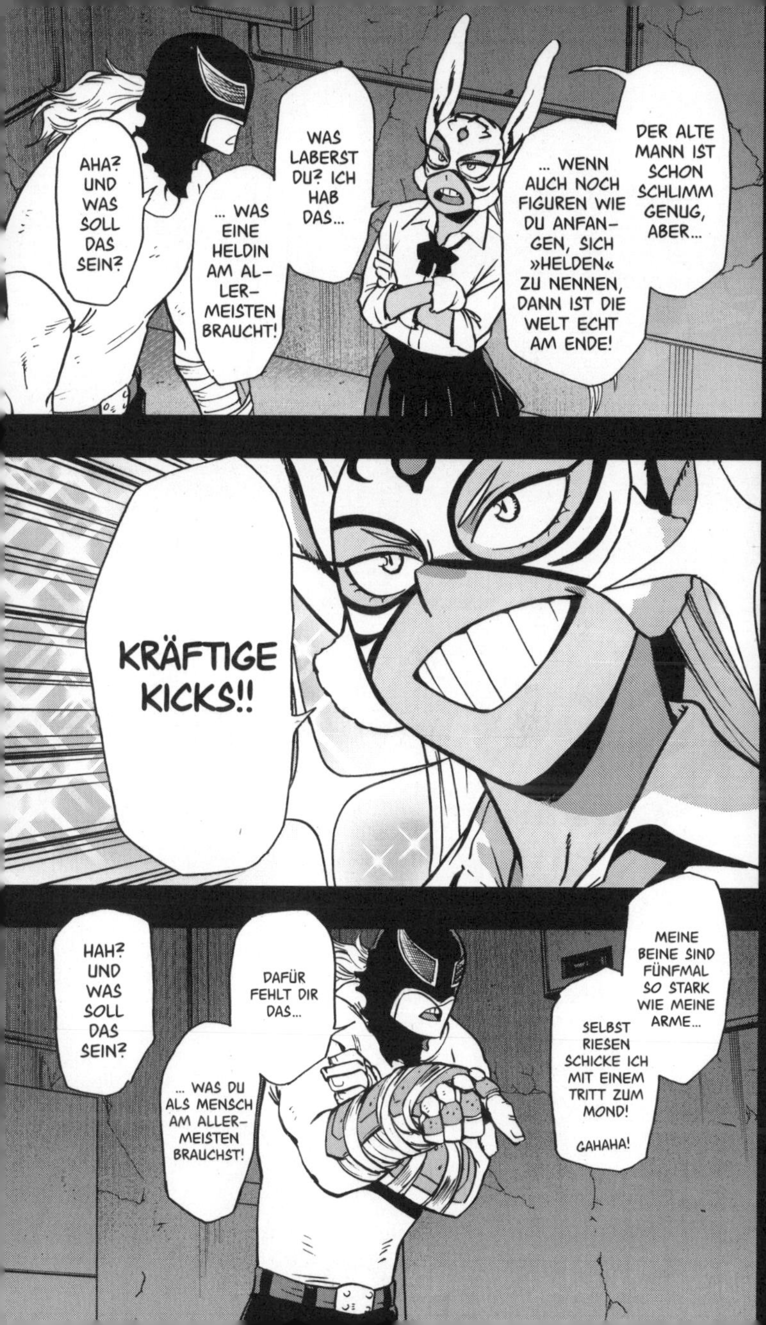
DER ALTE MANN IST SCHON SCHLIMM GENUG, ABER...
... WENN AUCH NOCH FIGUREN WIE DU ANFANGEN, SICH »HELDEN« ZU NENNEN, DANN IST DIE WELT ECHT AM ENDE!
WAS LABERST DU? ICH HAB DAS...
... WAS EINE HELDIN AM ALLERMEISTEN BRAUCHT!
AHA? UND WAS SOLL DAS SEIN?
KRÄFTIGE KICKS!!
MEINE BEINE SIND FÜNFMAL SO STARK WIE MEINE ARME...
SELBST RIESEN SCHICKE ICH MIT EINEM TRITT ZUM MOND!
GAHAHA!
DAFÜR FEHLT DIR DAS...
... WAS DU ALS MENSCH AM ALLERMEISTEN BRAUCHST!
HAH? UND WAS SOLL DAS SEIN?

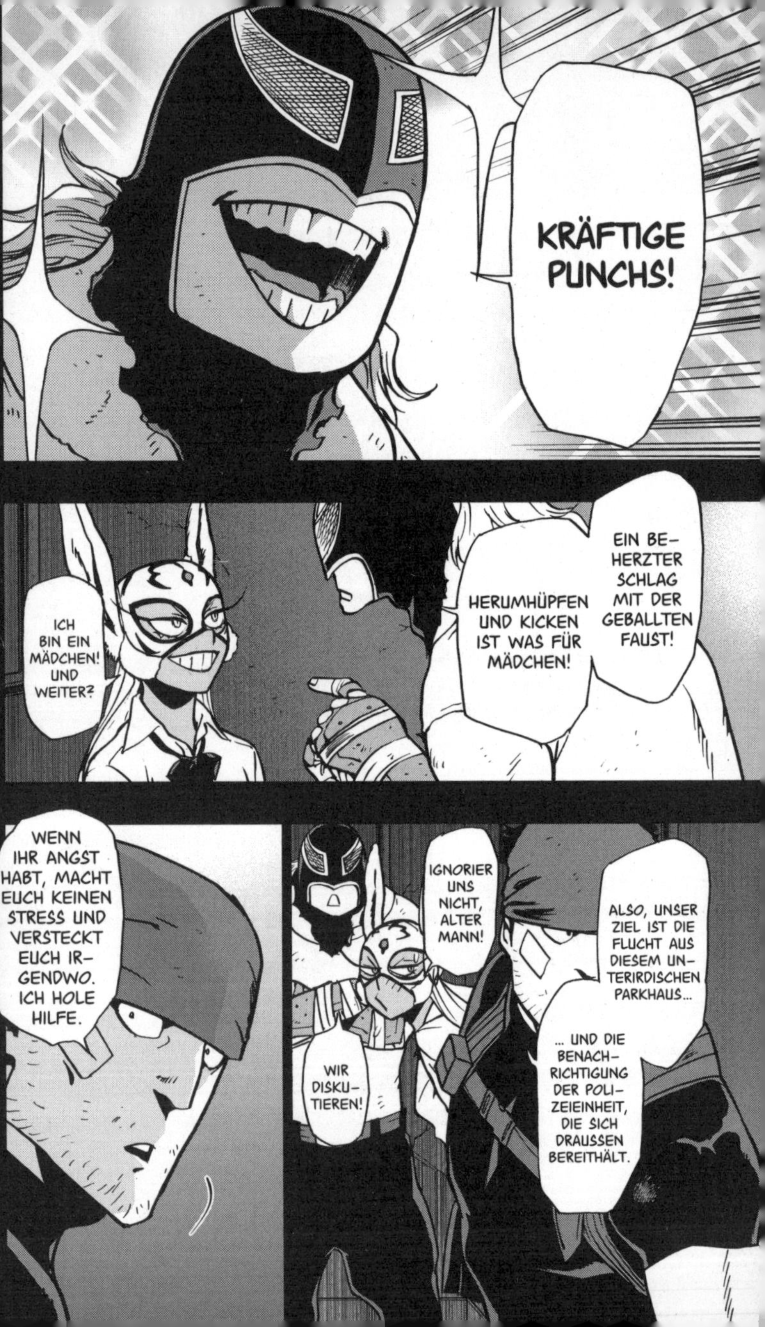
KRÄFTIGE PUNCHS!
EIN BEHERZTER SCHLAG MIT DER GEBALLTEN FAUST!
HERUMHÜPFEN UND KICKEN IST WAS FÜR MÄDCHEN!
ICH BIN EIN MÄDCHEN! UND WEITER?
ALSO, UNSER ZIEL IST DIE FLUCHT AUS DIESEM UNTERIRDISCHEN PARKHAUS...
... UND DIE BENACHRICHTIGUNG DER POLIZEIEINHEIT, DIE SICH DRAUSSEN BEREITHÄLT.
IGNORIER UNS NICHT, ALTER MANN!
WIR DISKUTIEREN!
WENN IHR ANGST HABT, MACHT EUCH KEINEN STRESS UND VERSTECKT EUCH IRGENDWO. ICH HOLE HILFE.

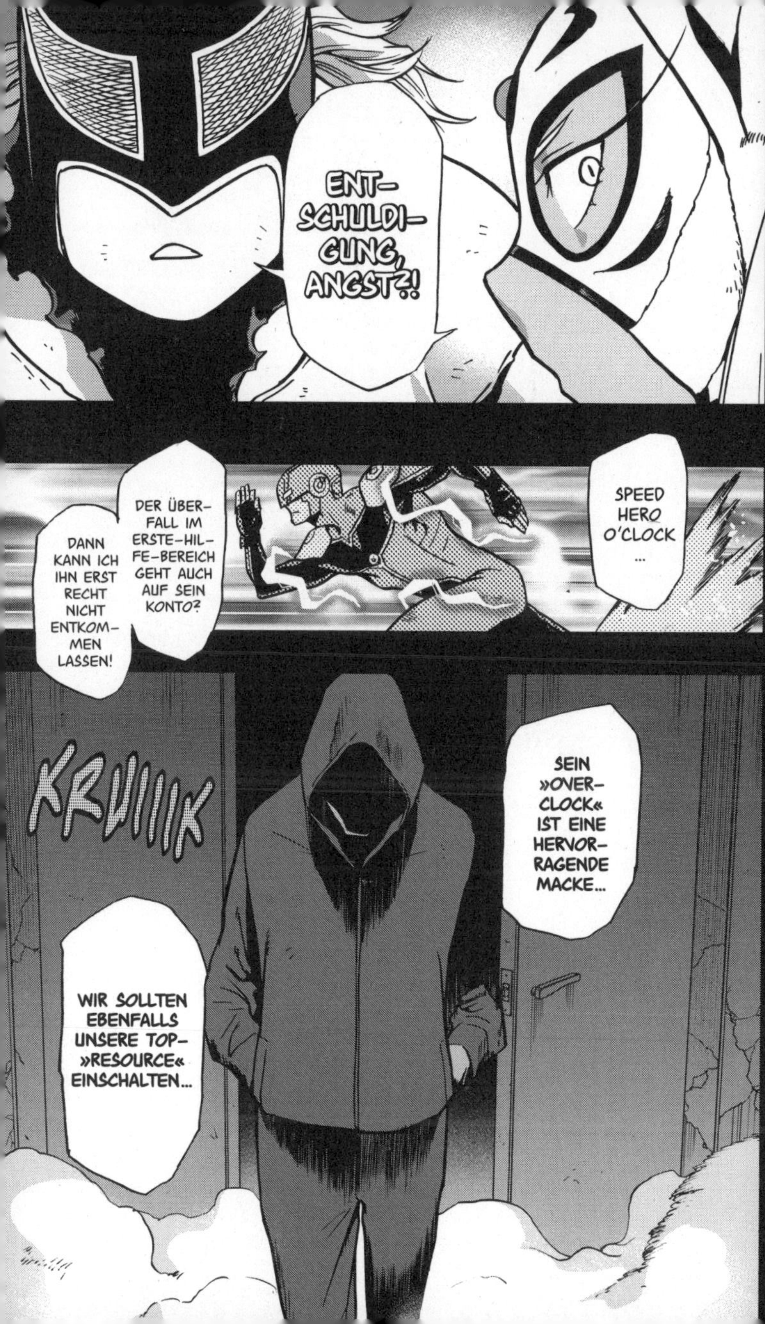
ENT-SCHULDI-GUNG, ANGST?!
SPEED HERO O'CLOCK …
DER ÜBER-FALL IM ERSTE-HIL-FE-BEREICH GEHT AUCH AUF SEIN KONTO?
DANN KANN ICH IHN ERST RECHT NICHT ENTKOM-MEN LASSEN!
KRUIIIK
SEIN »OVER-CLOCK« IST EINE HERVOR-RAGENDE MACKE…
WIR SOLLTEN EBENFALLS UNSERE TOP-»RESOURCE« EINSCHALTEN…

THE RIPPER

THE GROBDESIGN

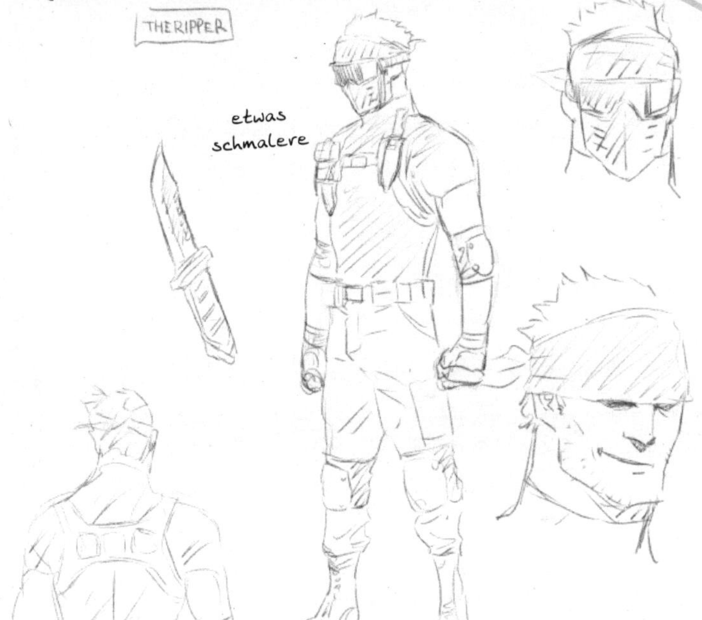

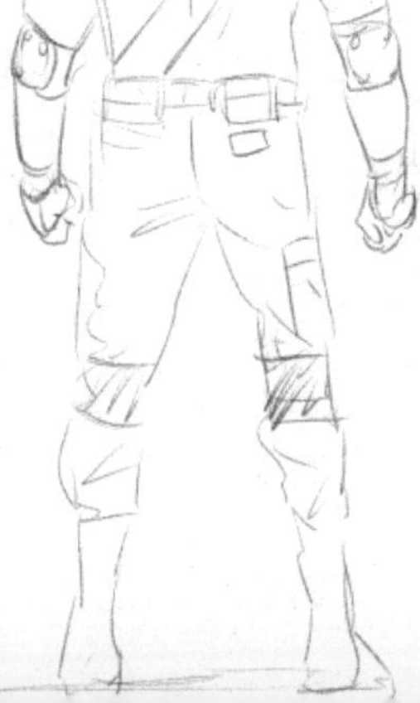

THE HINTERGRUNDGESCHICHTEN

Der »Meister«. Es ist eine Verkleidung, um sich einzuschmuggeln, aber auch das Basismodell für den Style des späteren Knuckleduster. Meine Überlegungen: »Möglicherweise hat er beim Kontakt mit Rappa ja irgendeinen Tipp bekommen« und »Vielleicht hat ihn die Begegnung mit dem hüpfenden Mädchen auf irgendeinen Gedanken gebracht«. (Furuhashi)

Ich habe im Großen und Ganzen mit dem gleichen Design gearbeitet, denn die verschiedenen Elemente stehen in Verbindung mit dem späteren Knuckelduster.
Ich möchte ihn eigentlich etwas schlanker zeichnen als Knuckle, aber in den einzelnen Szenen ist der Zustand seines Körpers etwas unstet. (Haha) (Betten)

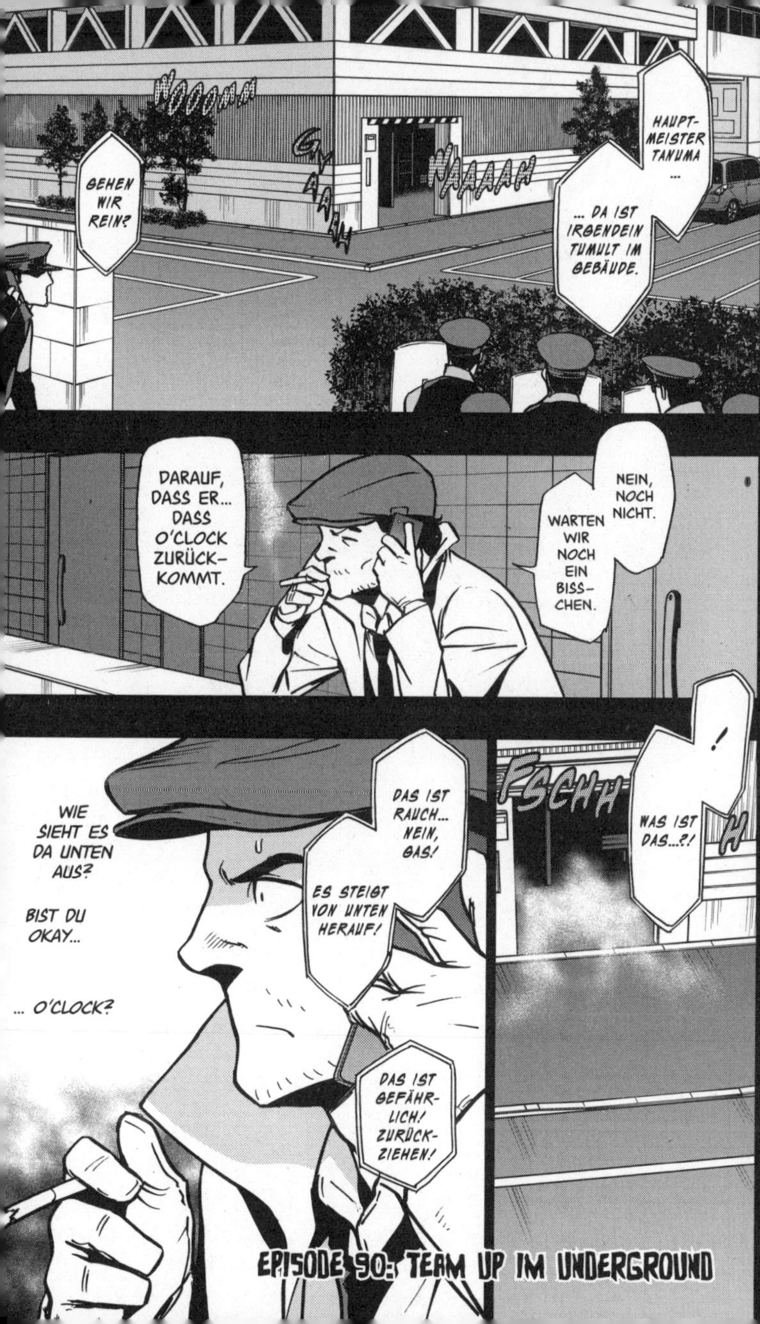

EPISODE 90: TEAM UP IM UNDERGROUND

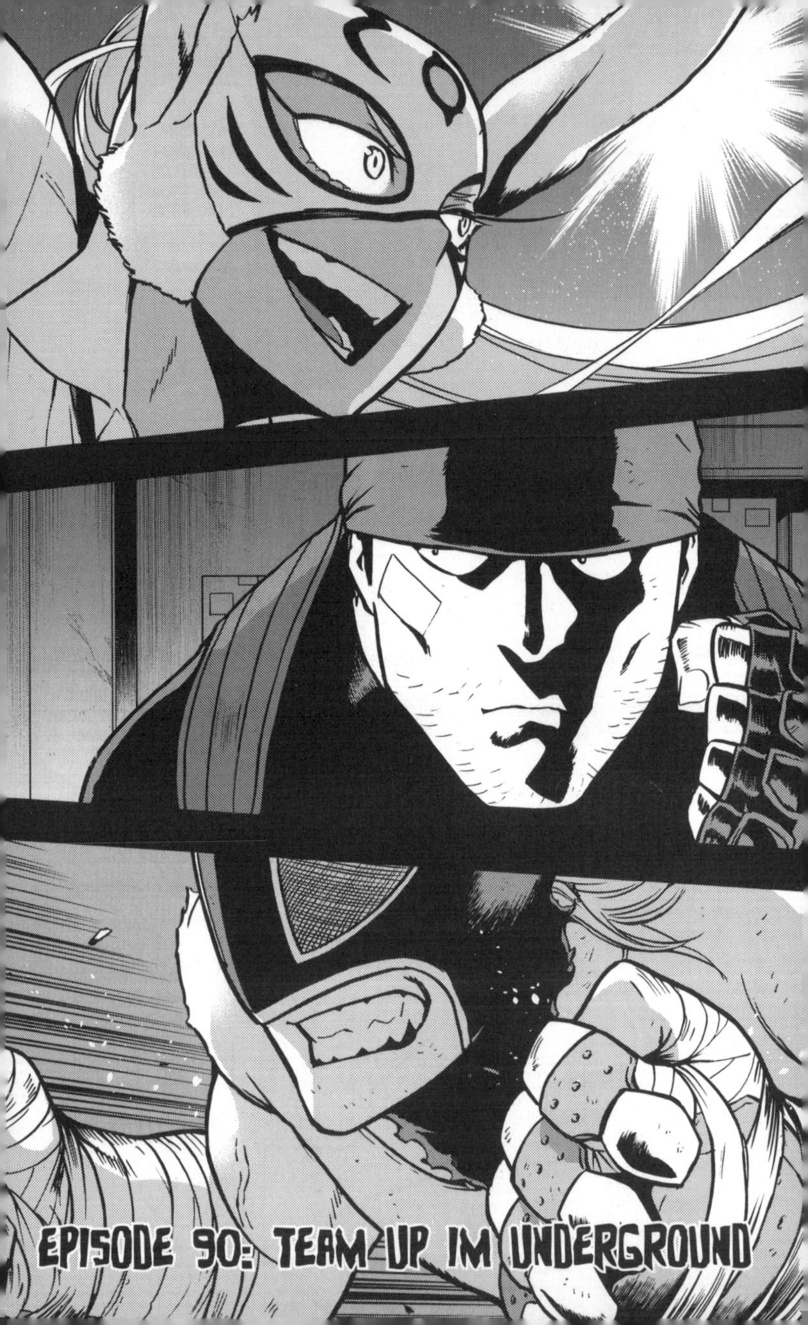
EPISODE 90: TEAM UP IM UNDERGROUND

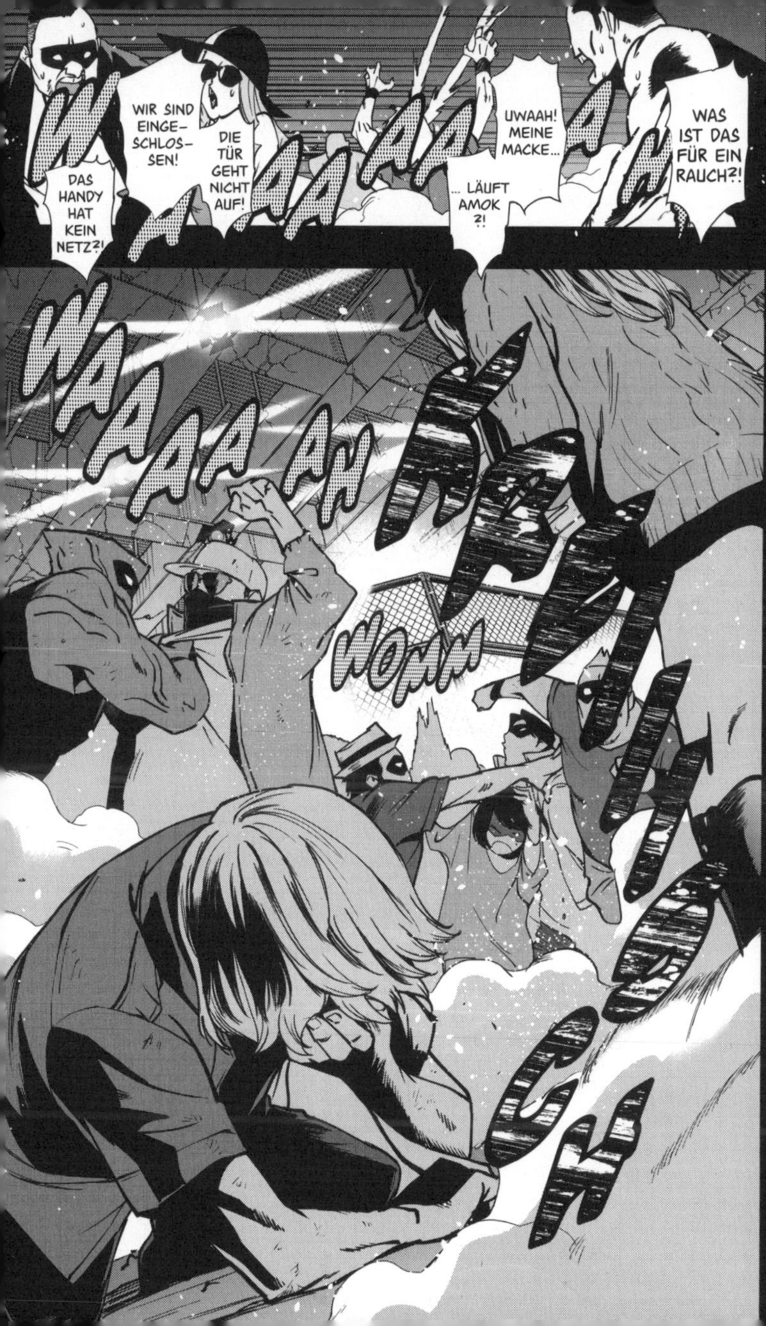
WAS IST DAS FÜR EIN RAUCH?!
UWAAH! MEINE MACKE...
... LÄUFT AMOK?!
DIE TÜR GEHT NICHT AUF!
WIR SIND EINGE-SCHLOSSEN!
DAS HANDY HAT KEIN NETZ?!

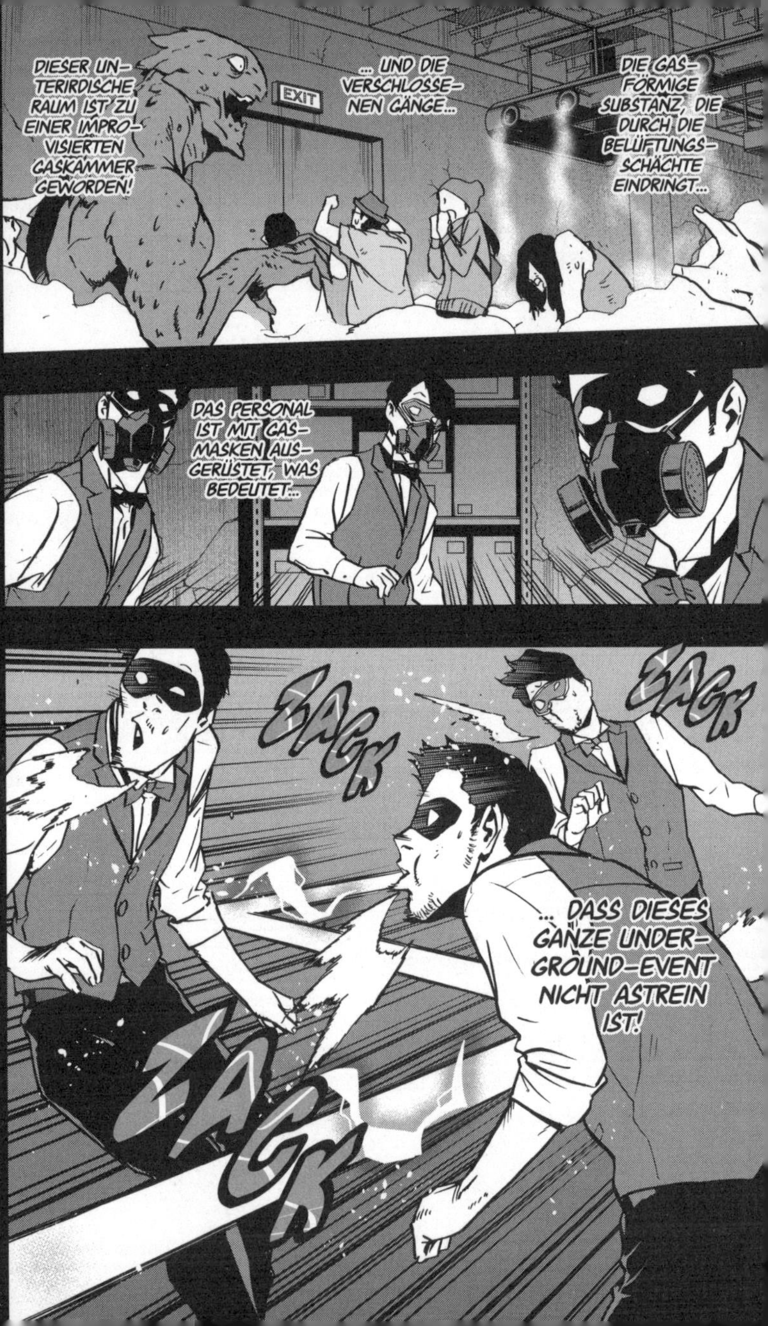
DIESER UNTERIRDISCHE RAUM IST ZU EINER IMPROVISIERTEN GASKAMMER GEWORDEN!
... UND DIE VERSCHLOSSENEN GÄNGE...
DIE GASFÖRMIGE SUBSTANZ, DIE DURCH DIE BELÜFTUNGSSCHÄCHTE EINDRINGT...
EXIT
DAS PERSONAL IST MIT GASMASKEN AUSGERÜSTET, WAS BEDEUTET...
ZACK
ZACK
... DASS DIESES GANZE UNDERGROUND-EVENT NICHT ASTREIN IST!
ZACK

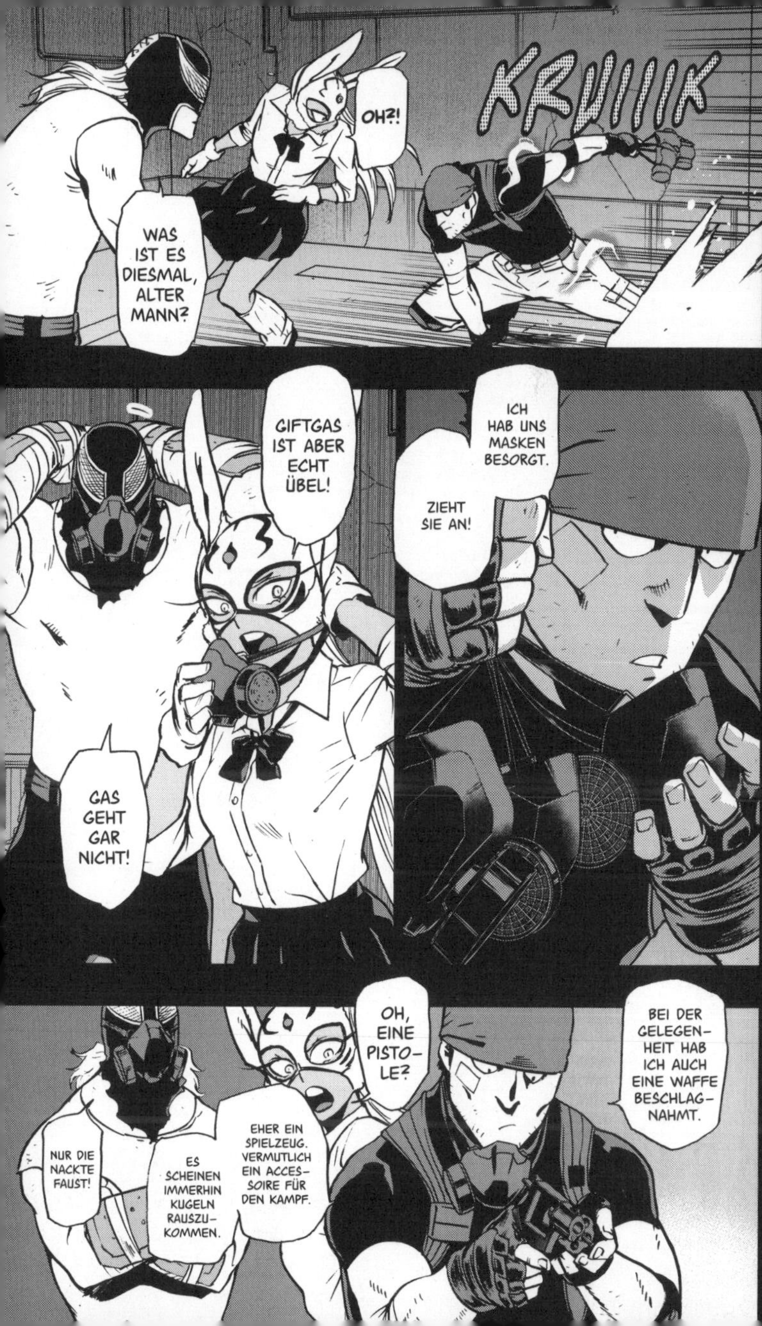
KRUIIIK
OH?!
WAS IST ES DIESMAL, ALTER MANN?
ICH HAB UNS MASKEN BESORGT.
ZIEHT SIE AN!
GIFTGAS IST ABER ECHT ÜBEL!
GAS GEHT GAR NICHT!
BEI DER GELEGENHEIT HAB ICH AUCH EINE WAFFE BESCHLAGNAHMT.
OH, EINE PISTOLE?
EHER EIN SPIELZEUG. VERMUTLICH EIN ACCESSOIRE FÜR DEN KAMPF.
ES SCHEINEN IMMERHIN KUGELN RAUSZUKOMMEN.
NUR DIE NACKTE FAUST!

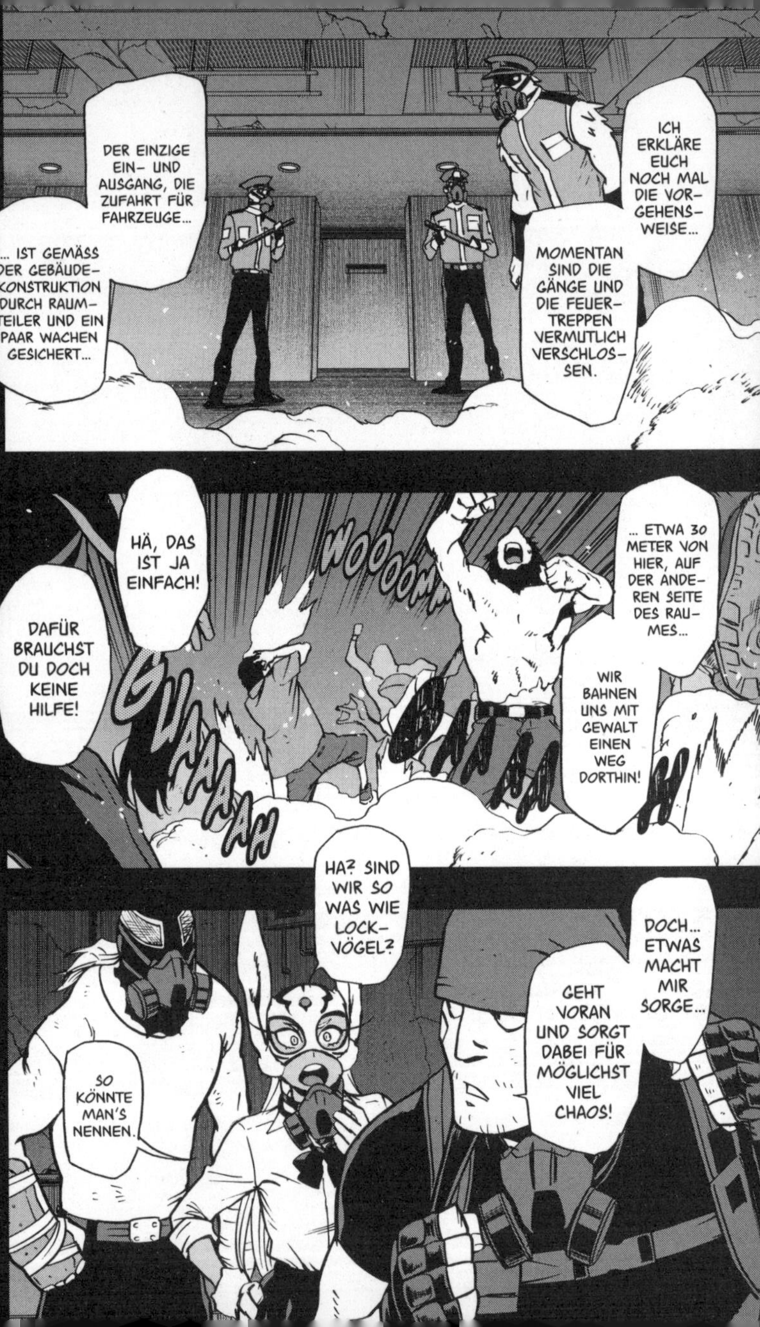
ICH ERKLÄRE EUCH NOCH MAL DIE VORGEHENSWEISE...
MOMENTAN SIND DIE GÄNGE UND DIE FEUERTREPPEN VERMUTLICH VERSCHLOSSEN.
DER EINZIGE EIN- UND AUSGANG, DIE ZUFAHRT FÜR FAHRZEUGE...
... IST GEMÄSS DER GEBÄUDEKONSTRUKTION DURCH RAUMTEILER UND EIN PAAR WACHEN GESICHERT...
... ETWA 30 METER VON HIER, AUF DER ANDEREN SEITE DES RAUMES...
WIR BAHNEN UNS MIT GEWALT EINEN WEG DORTHIN!
WOOOOM
HÄ, DAS IST JA EINFACH!
DAFÜR BRAUCHST DU DOCH KEINE HILFE!
DOCH... ETWAS MACHT MIR SORGE...
GEHT VORAN UND SORGT DABEI FÜR MÖGLICHST VIEL CHAOS!
HA? SIND WIR SO WAS WIE LOCKVÖGEL?
SO KÖNNTE MAN'S NENNEN.

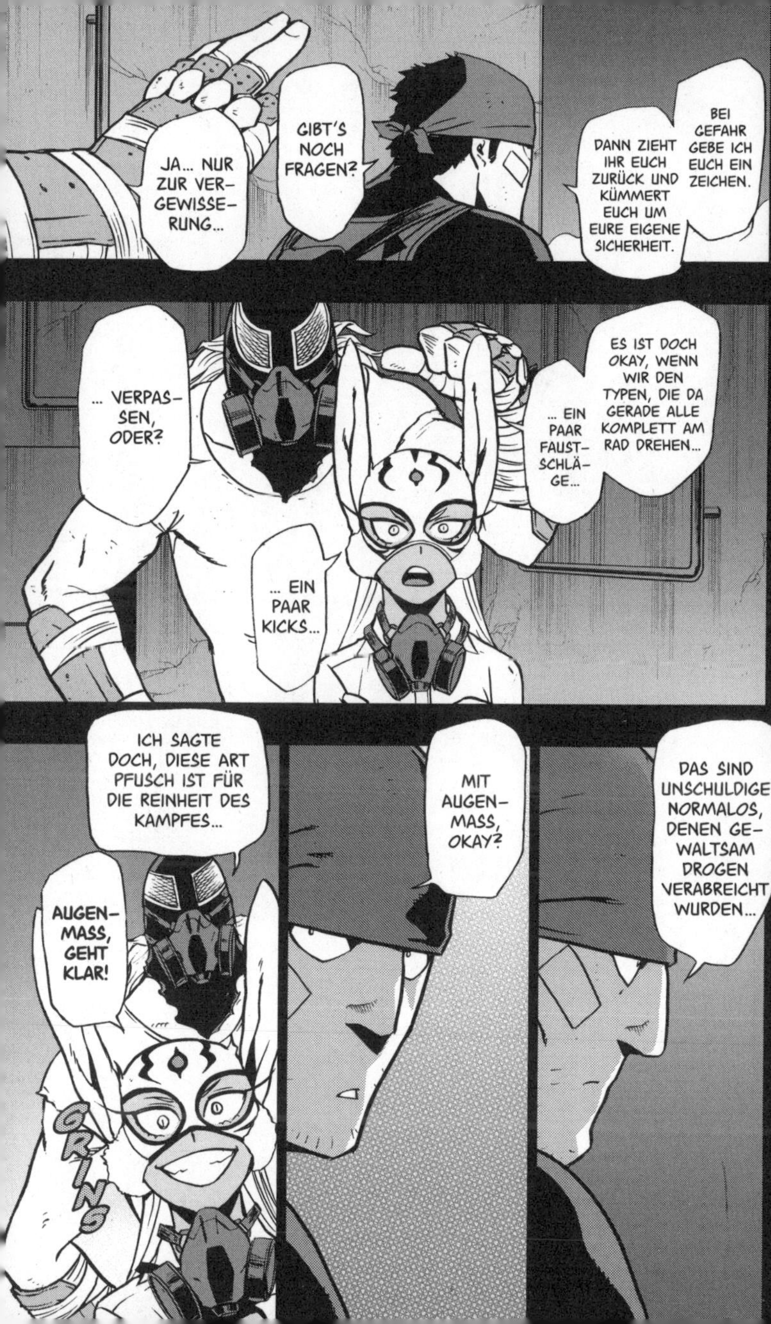
BEI GEFAHR GEBE ICH EUCH EIN ZEICHEN.
DANN ZIEHT IHR EUCH ZURÜCK UND KÜMMERT EUCH UM EURE EIGENE SICHERHEIT.
GIBT'S NOCH FRAGEN?
JA... NUR ZUR VERGEWISSERUNG...
ES IST DOCH OKAY, WENN WIR DEN TYPEN, DIE DA GERADE ALLE KOMPLETT AM RAD DREHEN...
... EIN PAAR FAUSTSCHLÄGE...
... EIN PAAR KICKS...
... VERPASSEN, ODER?
DAS SIND UNSCHULDIGE NORMALOS, DENEN GEWALTSAM DROGEN VERABREICHT WURDEN...
MIT AUGENMASS, OKAY?
ICH SAGTE DOCH, DIESE ART PFUSCH IST FÜR DIE REINHEIT DES KAMPFES...
AUGENMASS, GEHT KLAR!
GRINS

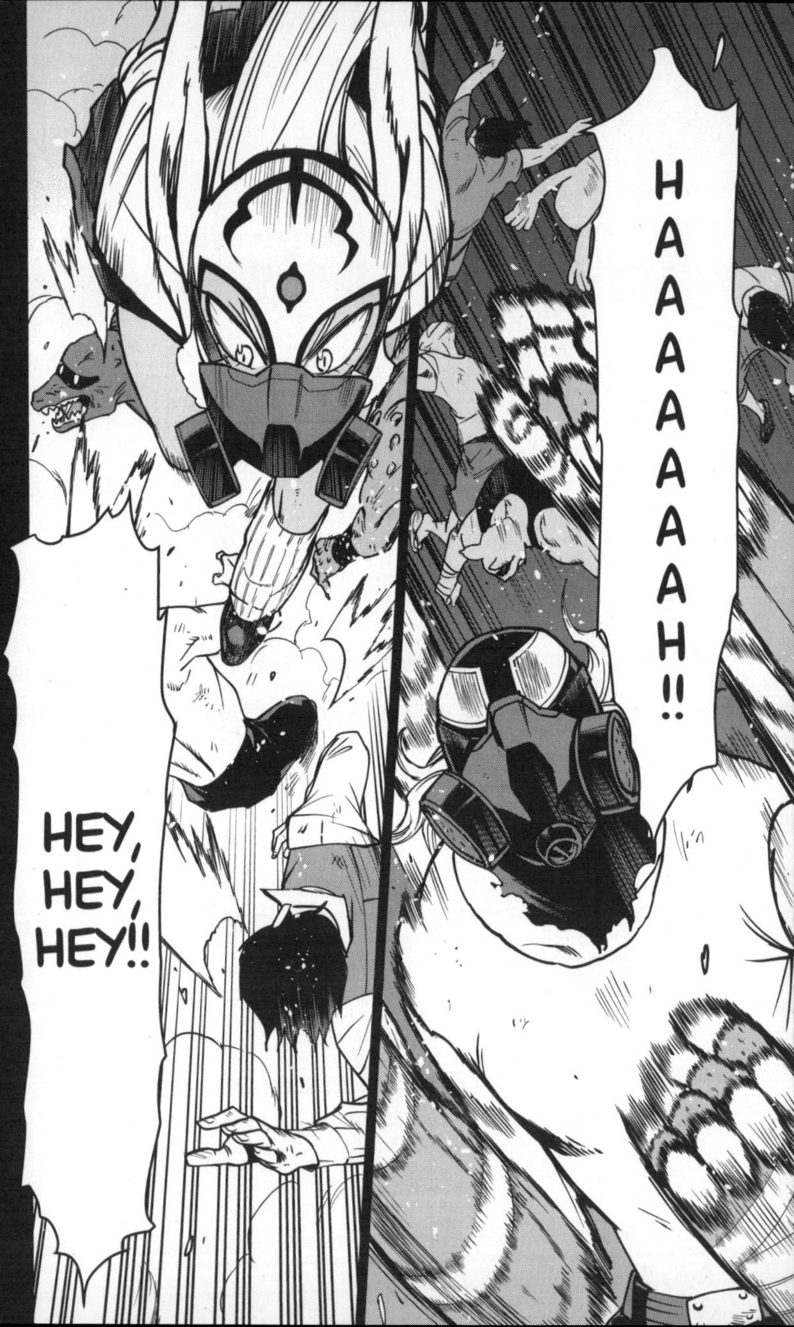
HAAAAAAAAH!!
HEY, HEY, HEY!!

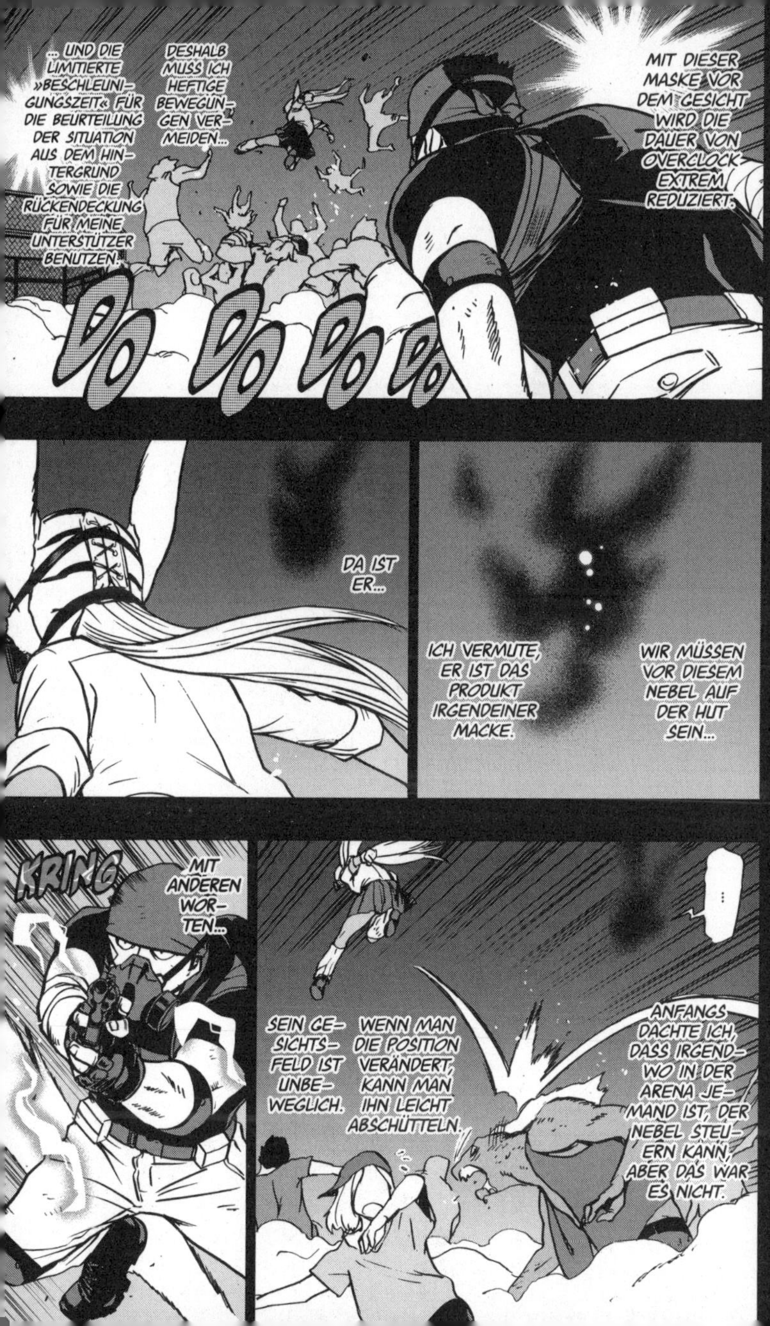
MIT DIESER MASKE VOR DEM GESICHT WIRD DIE DAUER VON OVERCLOCK EXTREM REDUZIERT.
DESHALB MUSS ICH HEFTIGE BEWEGUNGEN VERMEIDEN...
... UND DIE LIMITIERTE »BESCHLEUNIGUNGSZEIT« FÜR DIE BEURTEILUNG DER SITUATION AUS DEM HINTERGRUND SOWIE DIE RÜCKENDECKUNG FÜR MEINE UNTERSTÜTZER BENUTZEN.
DO DO DO DO DO
WIR MÜSSEN VOR DIESEM NEBEL AUF DER HUT SEIN...
ICH VERMUTE, ER IST DAS PRODUKT IRGENDEINER MACKE.
DA IST ER...
...
ANFANGS DACHTE ICH, DASS IRGENDWO IN DER ARENA JEMAND IST, DER NEBEL STEUERN KANN, ABER DAS WAR ES NICHT.
WENN MAN DIE POSITION VERÄNDERT, KANN MAN IHN LEICHT ABSCHÜTTELN.
SEIN GESICHTSFELD IST UNBEWEGLICH.
MIT ANDEREN WORTEN...
KRING

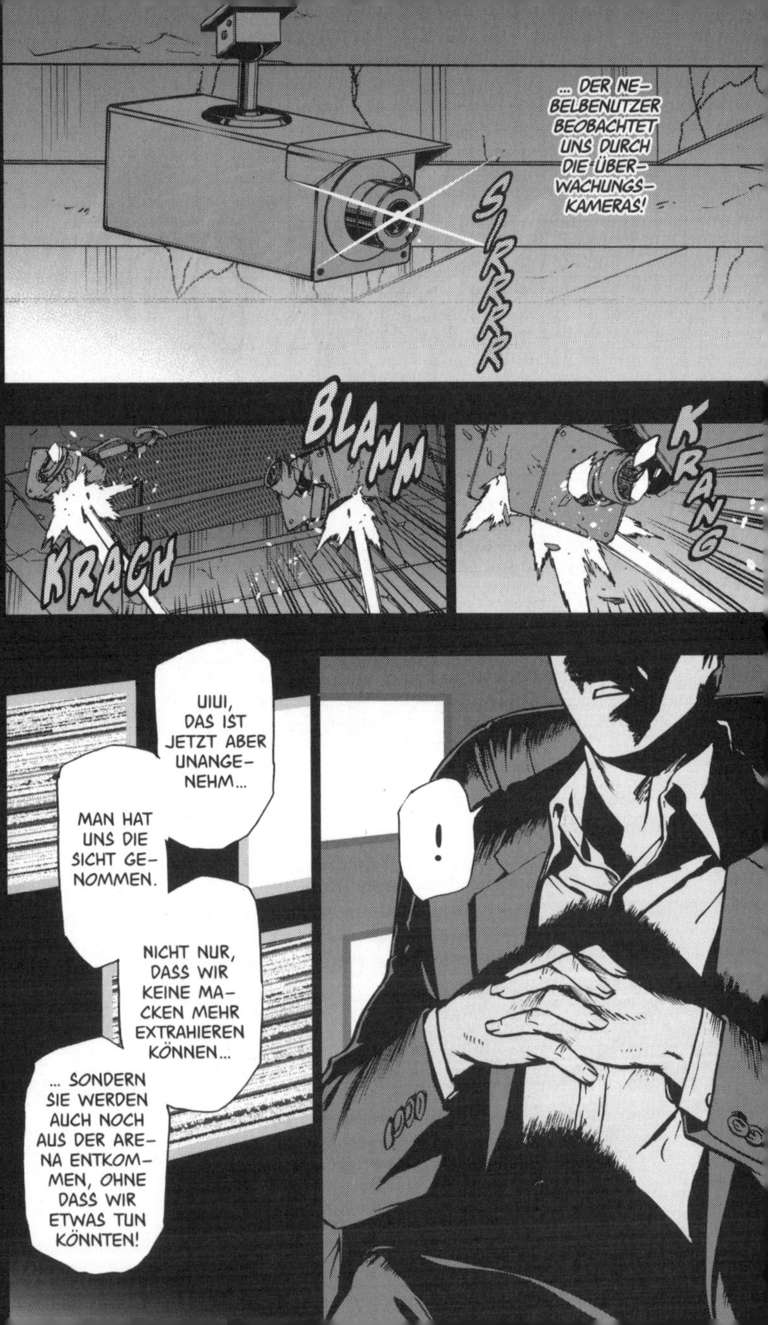
... DER NE-BELBENUTZER BEOBACHTET UNS DURCH DIE ÜBER-WACHUNGS-KAMERAS!
SIRRRR
BLAMM
KRACH
KRANG
!
UIUI, DAS IST JETZT ABER UNANGE-NEHM...
MAN HAT UNS DIE SICHT GE-NOMMEN.
NICHT NUR, DASS WIR KEINE MA-CKEN MEHR EXTRAHIEREN KÖNNEN...
... SONDERN SIE WERDEN AUCH NOCH AUS DER ARE-NA ENTKOM-MEN, OHNE DASS WIR ETWAS TUN KÖNNTEN!

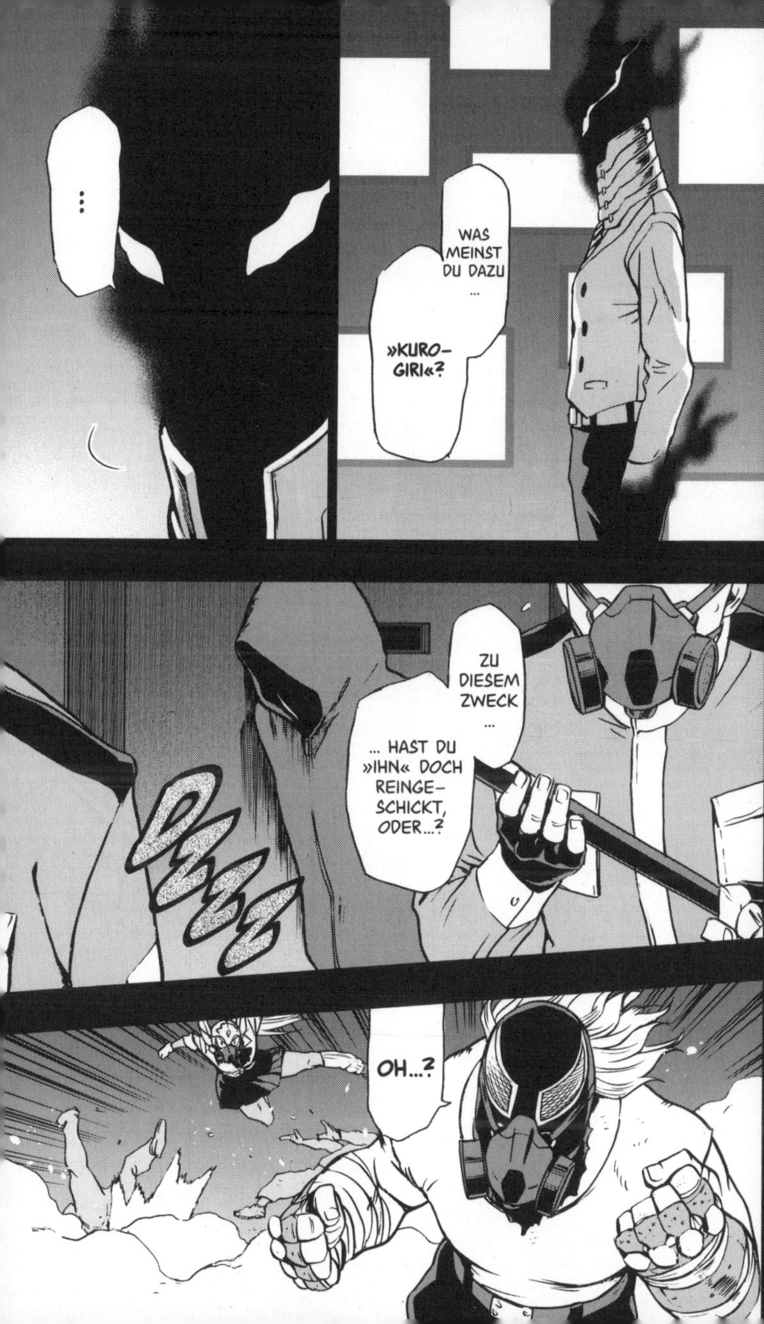
WAS MEINST DU DAZU …
»KURO-GIRI«?
…
ZU DIESEM ZWECK …
… HAST DU »IHN« DOCH REINGE-SCHICKT, ODER…?
OH…?

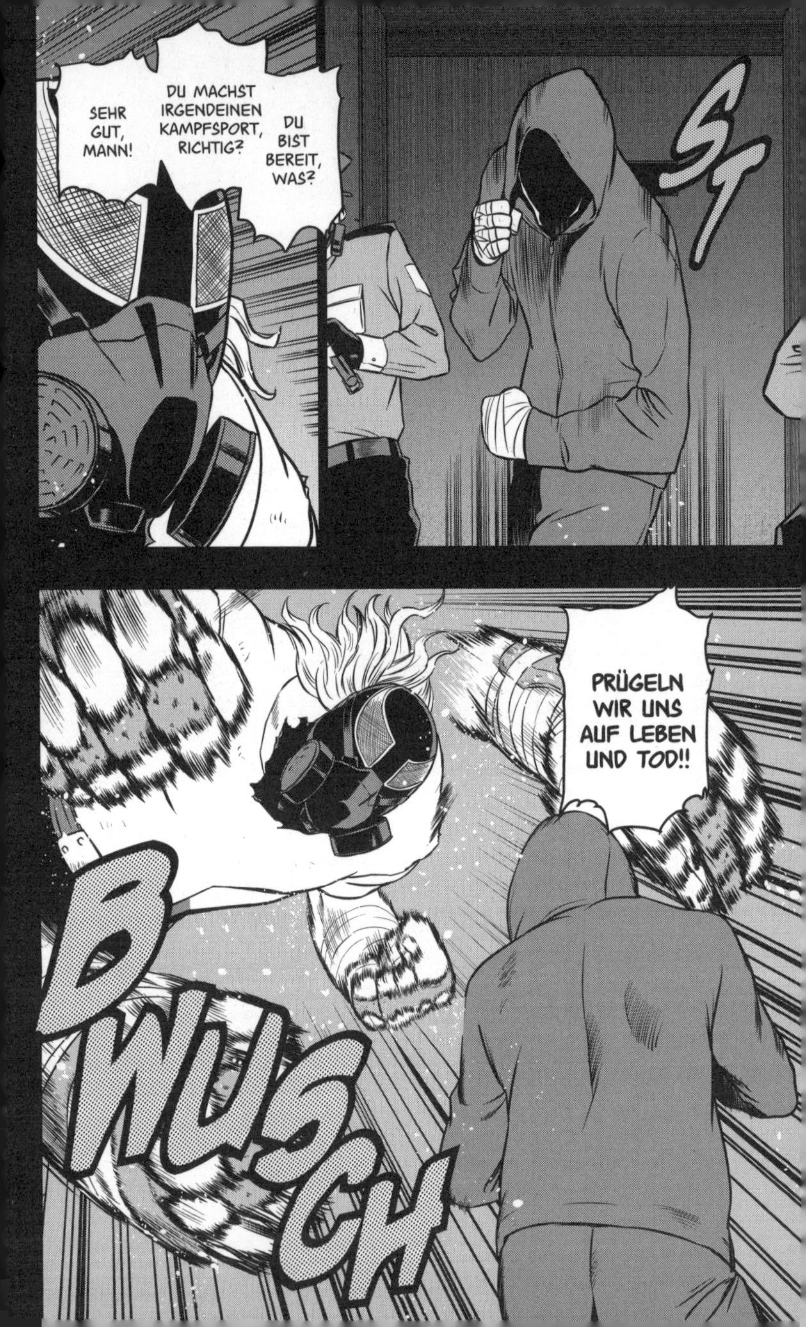
ST
DU BIST BEREIT, WAS?
DU MACHST IRGENDEINEN KAMPFSPORT, RICHTIG?
SEHR GUT, MANN!
PRÜGELN WIR UNS AUF LEBEN UND TOD!!
BWUSCH

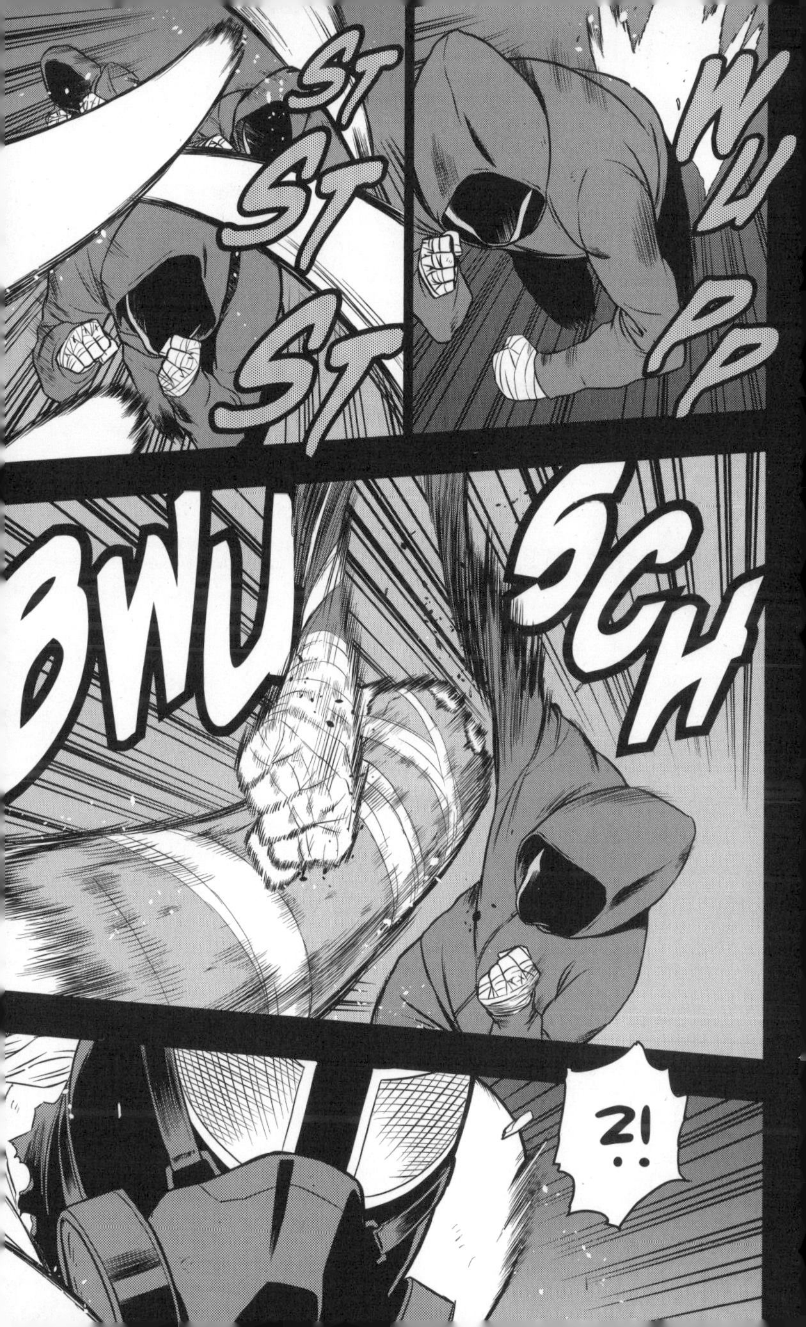

WUP
ST ST ST
BWUSCH
?!

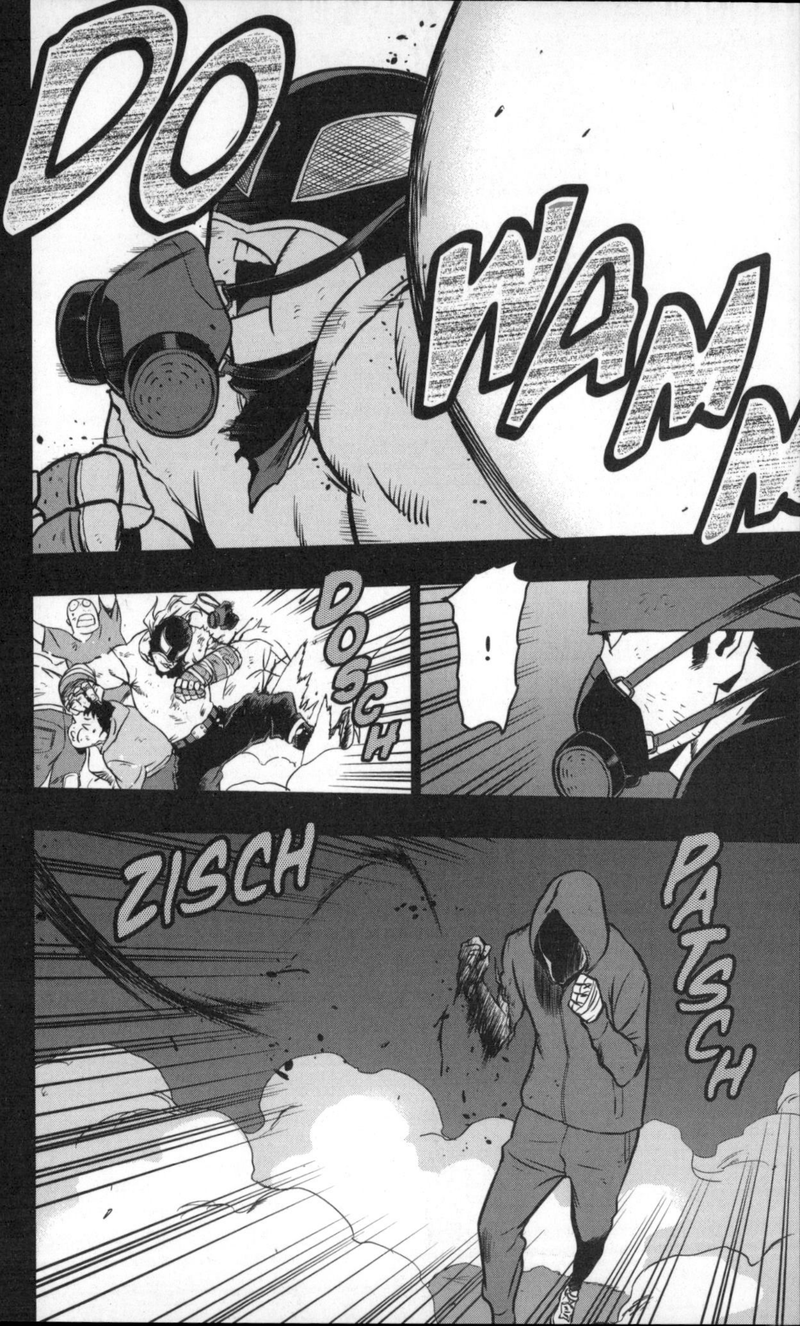
DOO
WAMM
!
DOSCH
PATSCH
ZISCH

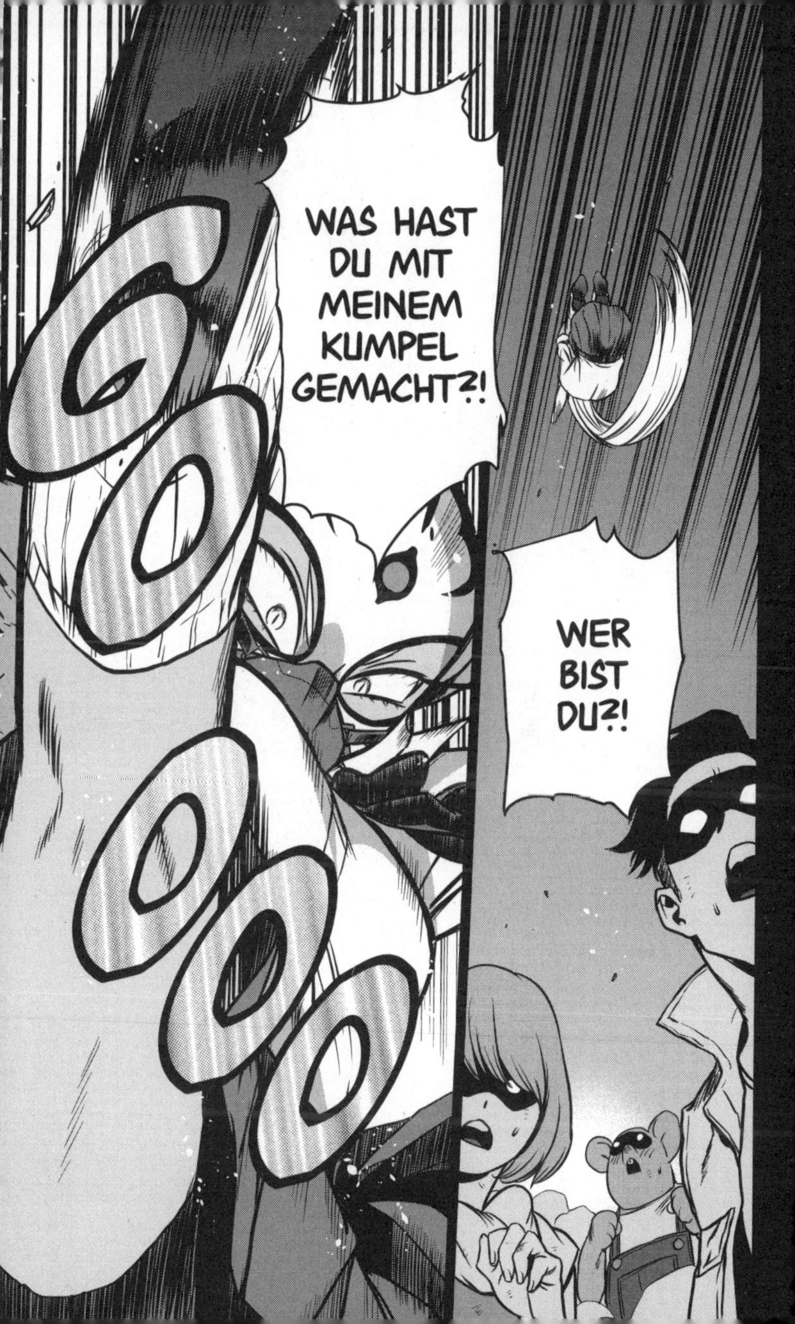
WAS HAST DU MIT MEINEM KUMPEL GEMACHT?!
WER BIST DU?!

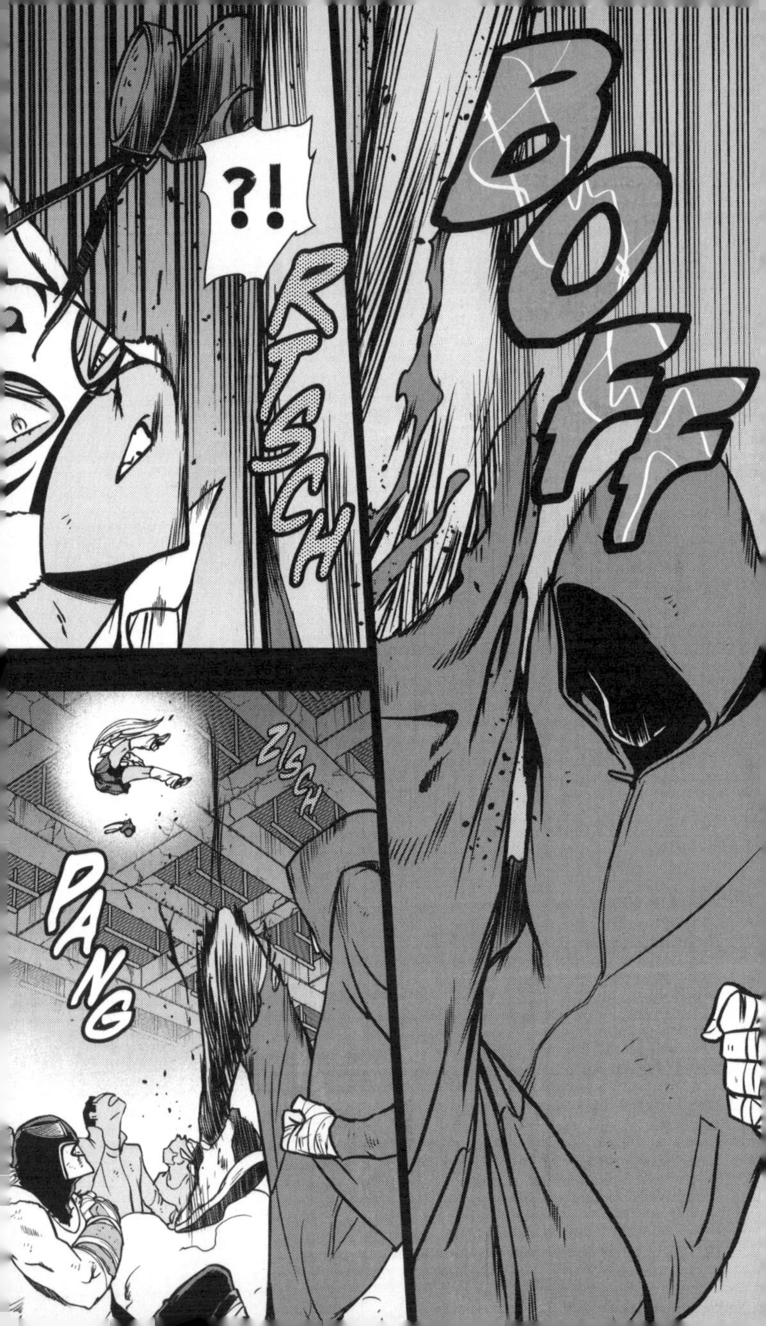
BOFF
?!
KRTSCH
ZISCH
PANG

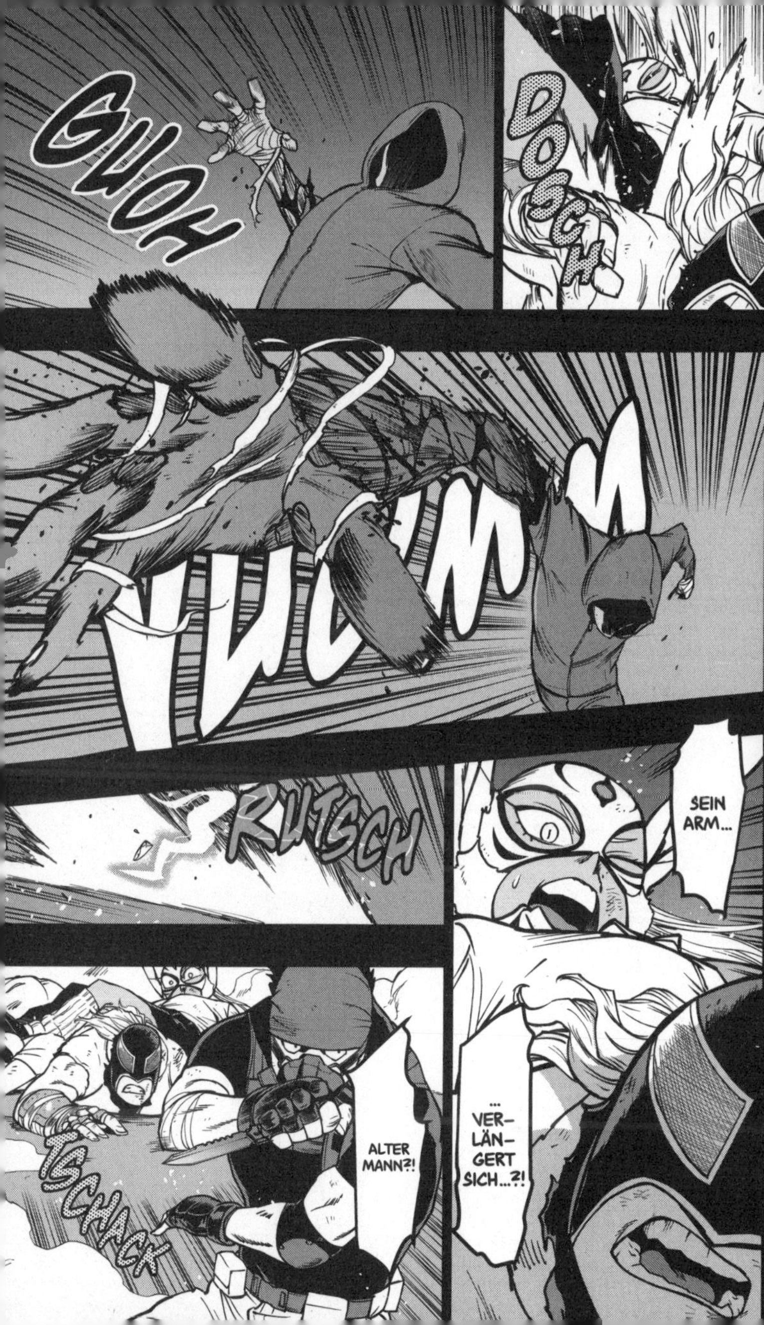
DOOCH
GUOH
SEIN ARM...
RUTSCH
... VER-LÄN-GERT SICH...?!
ALTER MANN?!
TSCHACK

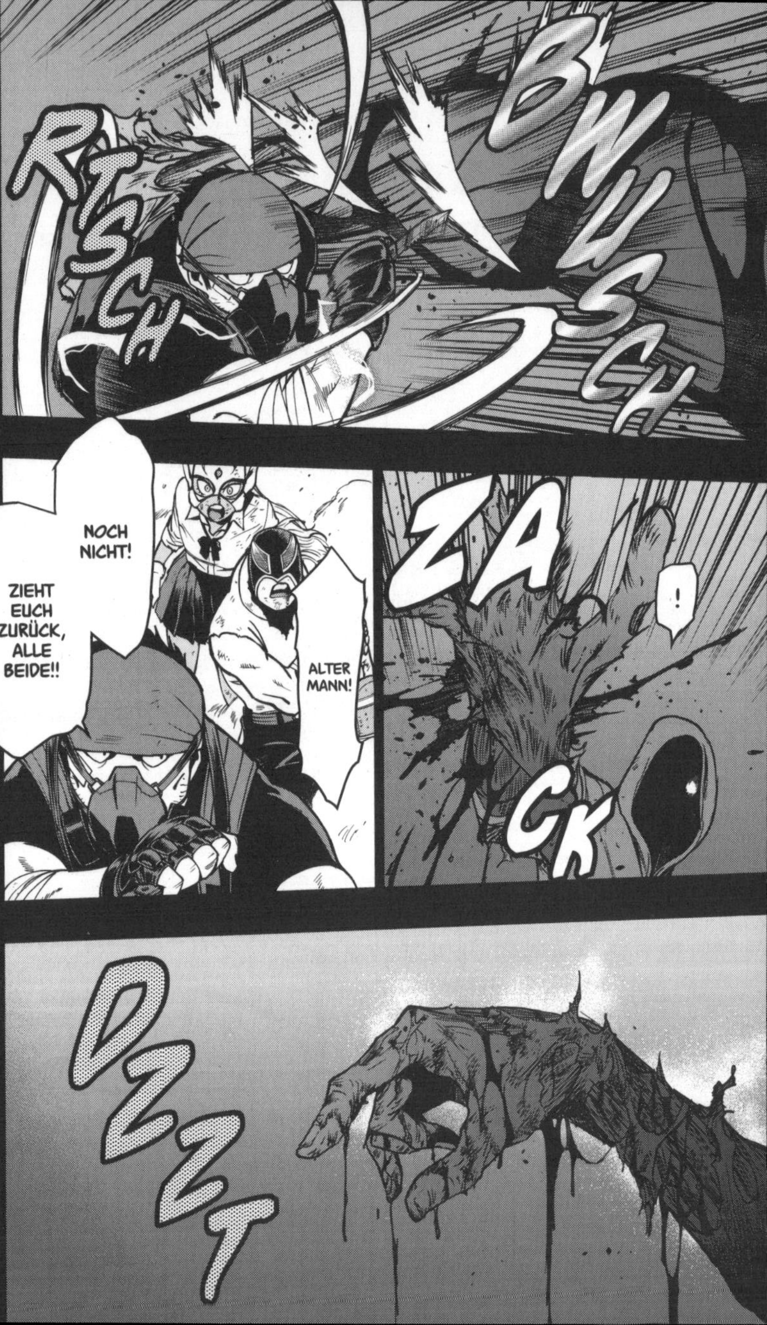
RITSCH
BWUSCH
NOCH NICHT!
ZIEHT EUCH ZURÜCK, ALLE BEIDE!!
ALTER MANN!
ZACK
!
DZZZT

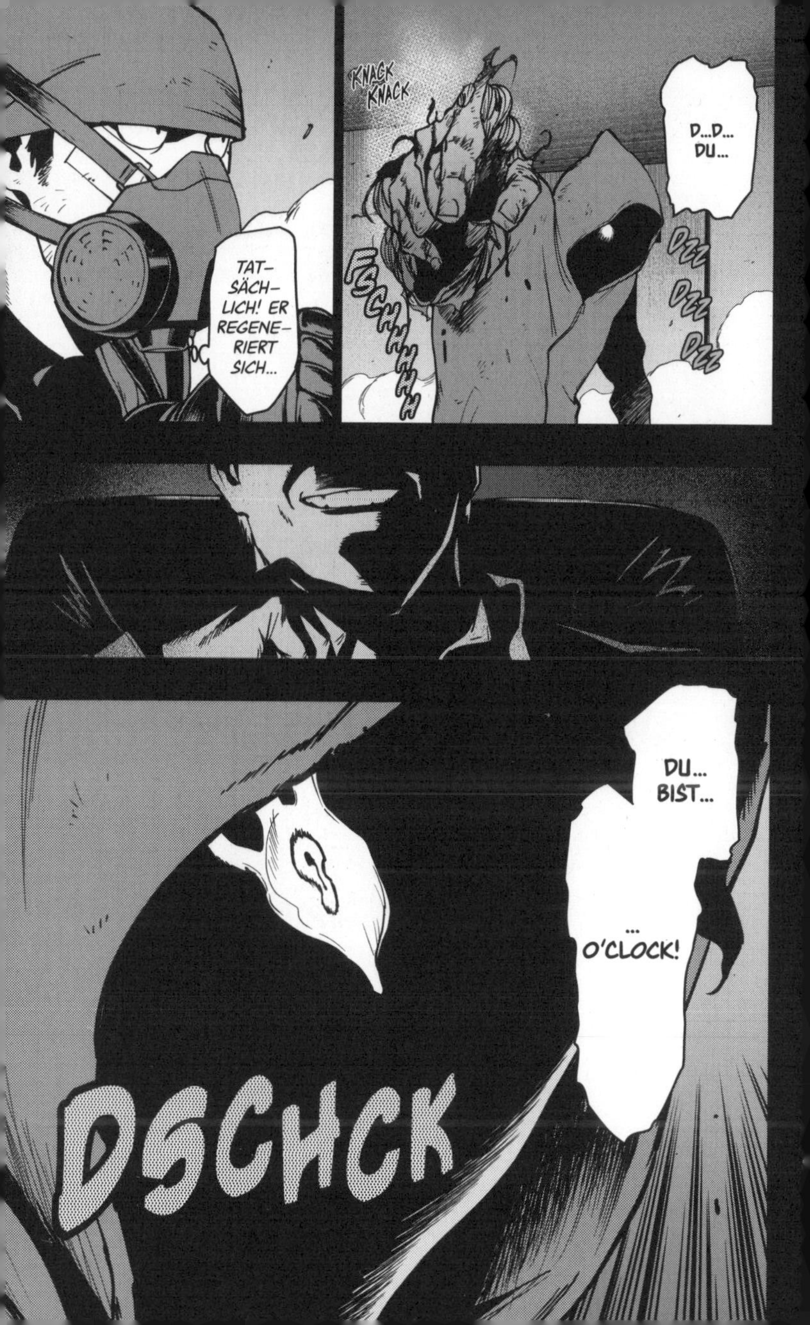
KNACK KNACK
D...D... DU...
FSCHHHHHH
DZZ DZZ DZZ
TAT-SÄCH-LICH! ER REGENE-RIERT SICH...
DU... BIST...
... O'CLOCK!
DSCHCK

The HERO TEAM in "if" WORLD

DAS O'CLOCK TEAM IN EINER ANDEREN WELT

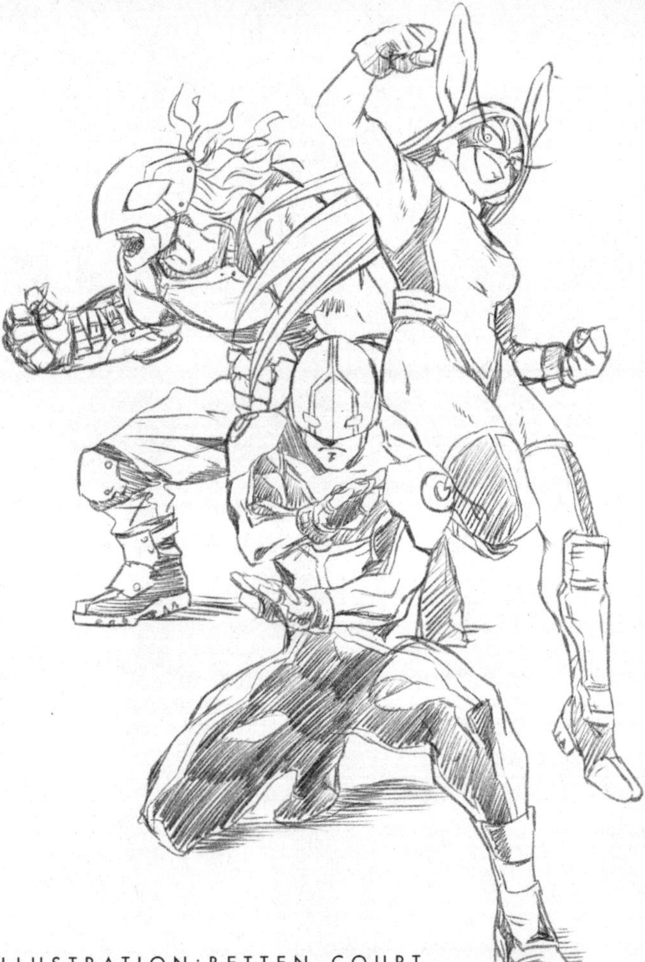

ILLUSTRATION: BETTEN COURT

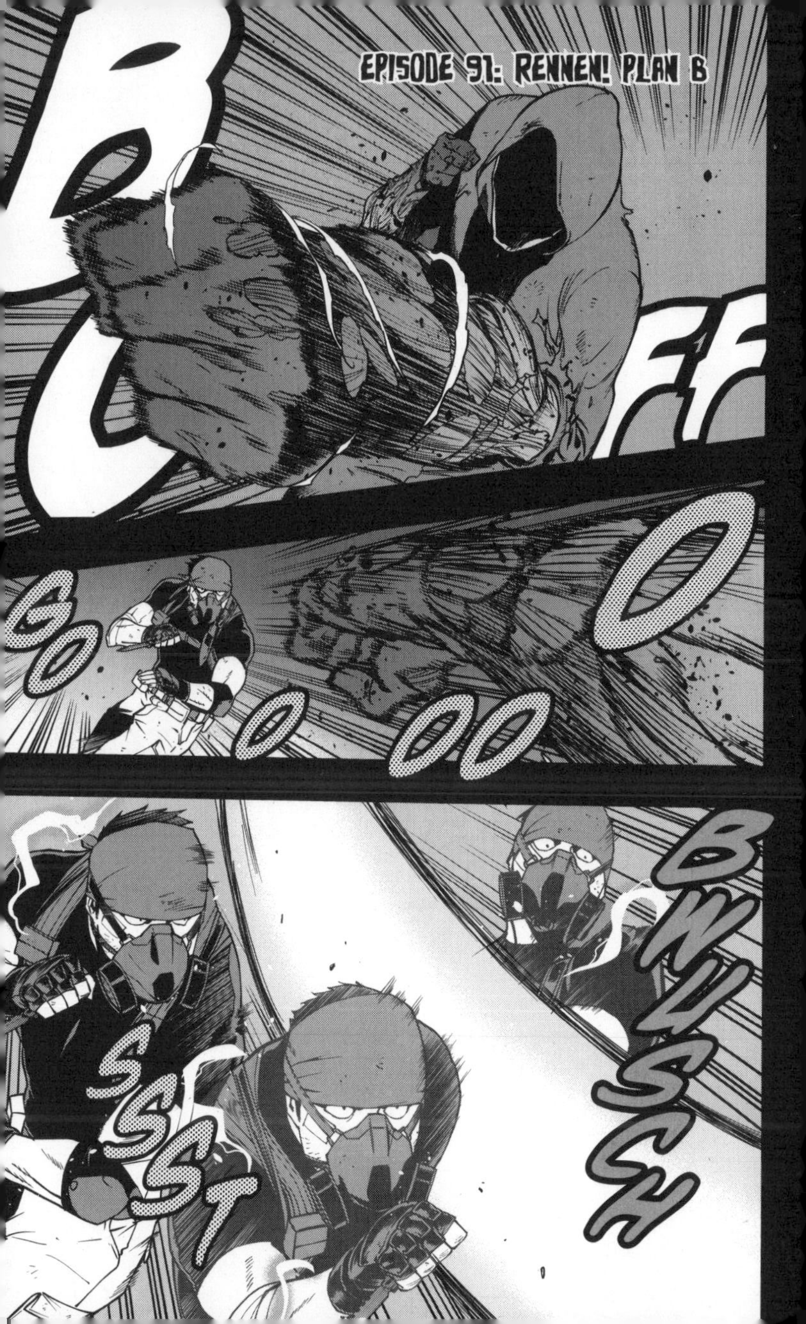
EPISODE 91: RENNEN! PLAN B
GOOOOOOO
BWUSCH
SSST

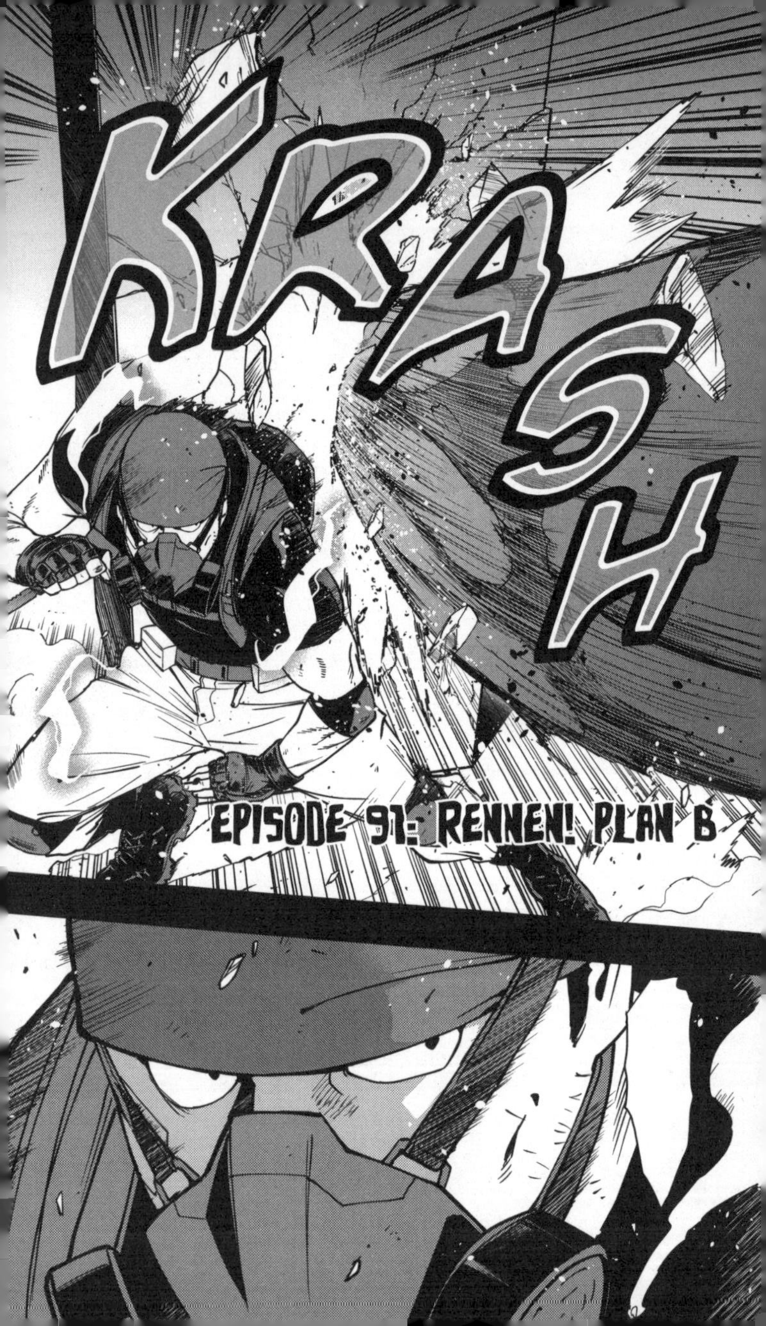
KRASH
EPISODE 91: RENNEN! PLAN B

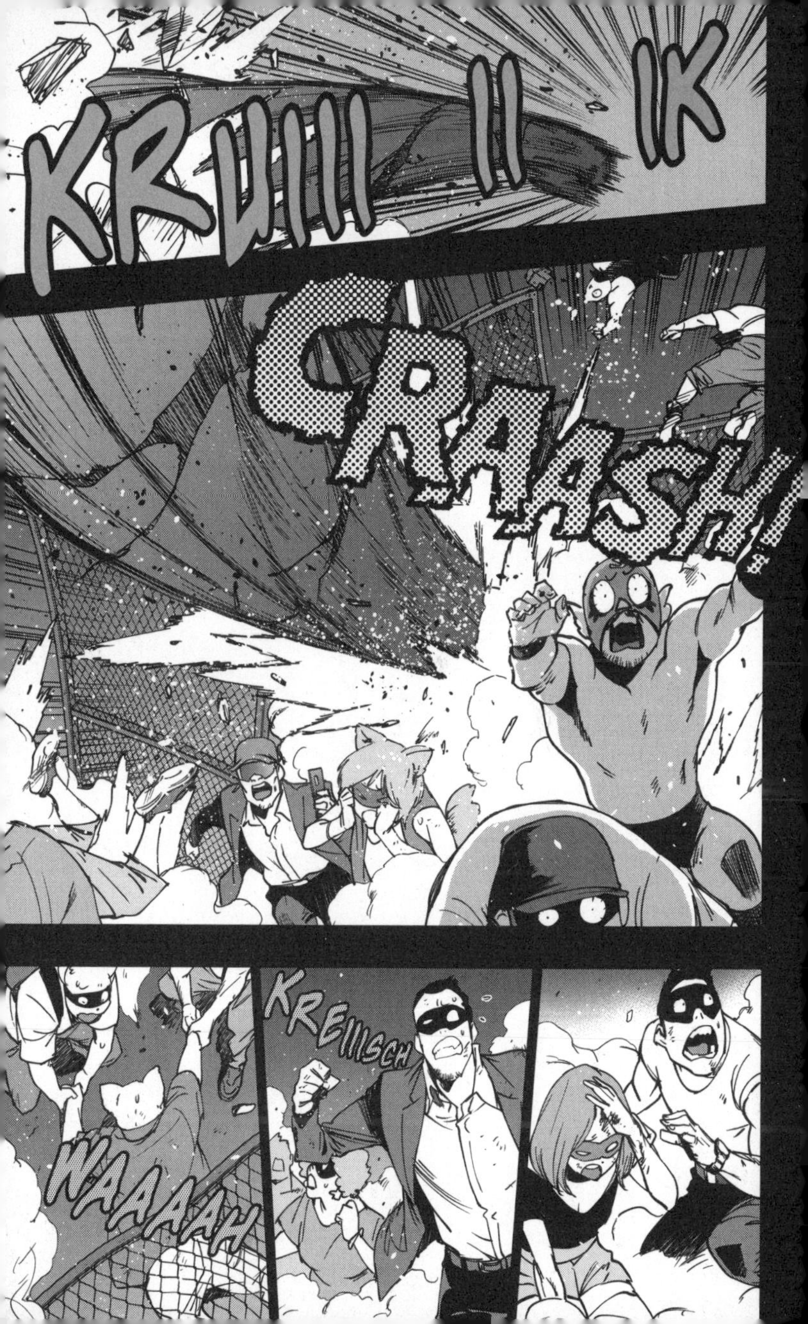
KRUIII II IK
CRAASH!!
KREIIISCH
WAAAAAH

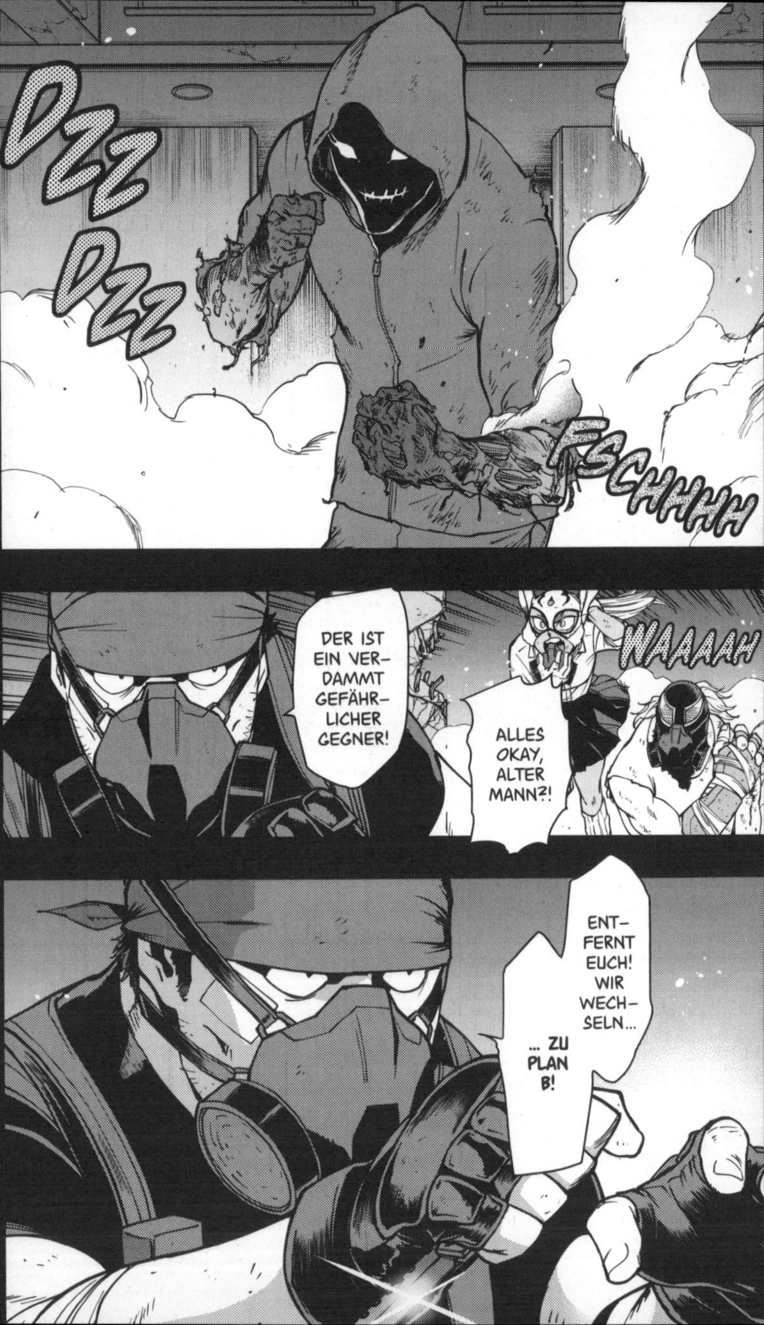
DZZ DZZ
FSCHHHH
WAAAAH
ALLES OKAY, ALTER MANN?!
DER IST EIN VERDAMMT GEFÄHRLICHER GEGNER!
ENTFERNT EUCH! WIR WECHSELN...
... ZU PLAN B!

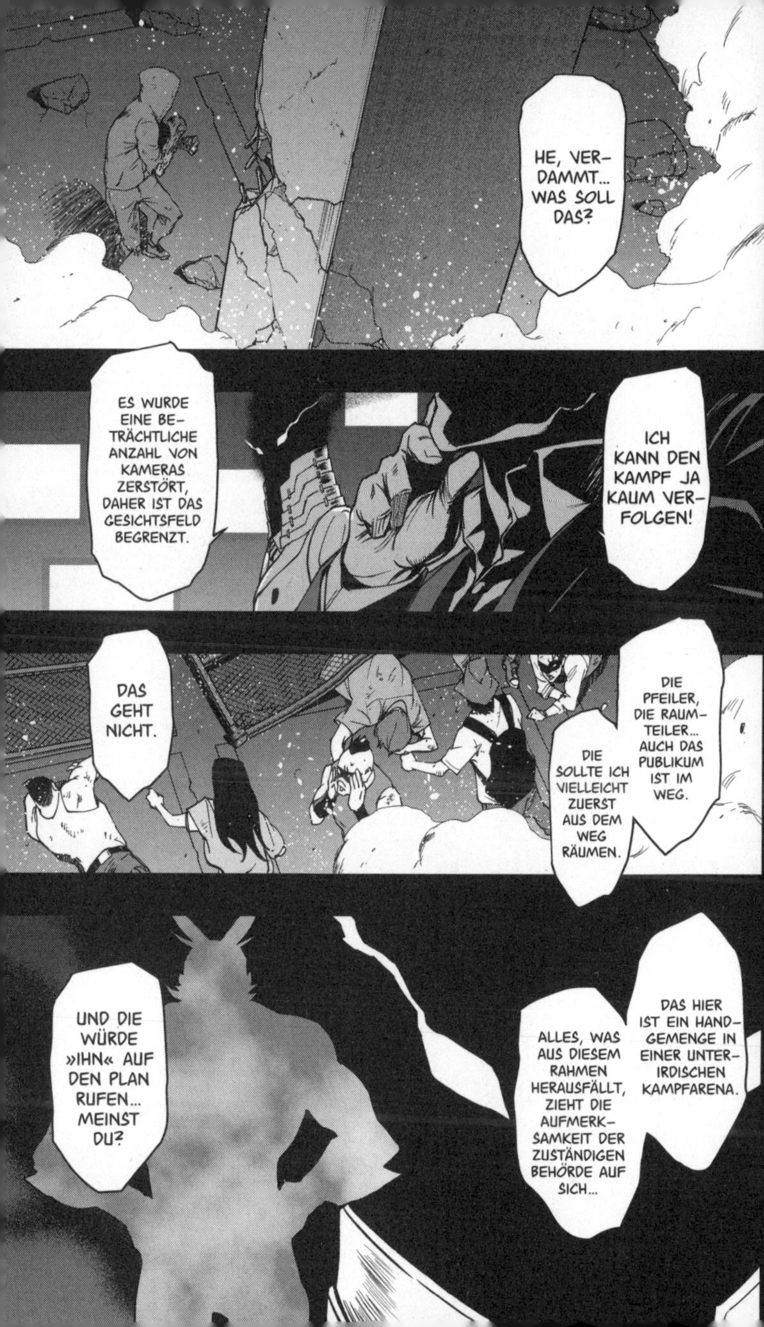
HE, VERDAMMT... WAS SOLL DAS?
ICH KANN DEN KAMPF JA KAUM VERFOLGEN!
ES WURDE EINE BETRÄCHTLICHE ANZAHL VON KAMERAS ZERSTÖRT, DAHER IST DAS GESICHTSFELD BEGRENZT.
DIE PFEILER, DIE RAUMTEILER... AUCH DAS PUBLIKUM IST IM WEG.
DIE SOLLTE ICH VIELLEICHT ZUERST AUS DEM WEG RÄUMEN.
DAS GEHT NICHT.
DAS HIER IST EIN HANDGEMENGE IN EINER UNTERIRDISCHEN KAMPFARENA.
ALLES, WAS AUS DIESEM RAHMEN HERAUSFÄLLT, ZIEHT DIE AUFMERKSAMKEIT DER ZUSTÄNDIGEN BEHÖRDE AUF SICH...
UND DIE WÜRDE »IHN« AUF DEN PLAN RUFEN... MEINST DU?

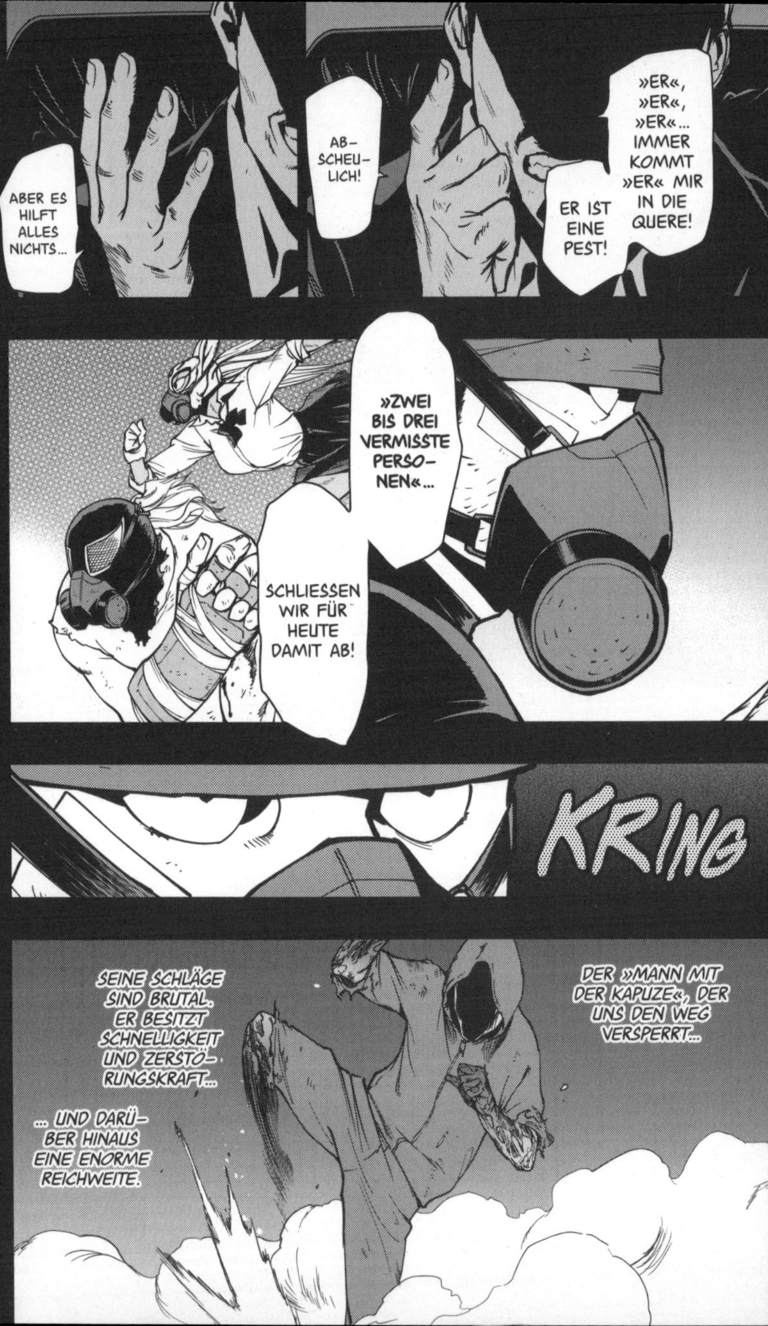
»ER«, »ER«, »ER«... IMMER KOMMT »ER« MIR IN DIE QUERE!
ER IST EINE PEST!
AB-SCHEU-LICH!
ABER ES HILFT ALLES NICHTS...
»ZWEI BIS DREI VERMISSTE PERSO-NEN«...
SCHLIESSEN WIR FÜR HEUTE DAMIT AB!
KRING
DER »MANN MIT DER KAPUZE«, DER UNS DEN WEG VERSPERRT...
SEINE SCHLÄGE SIND BRUTAL. ER BESITZT SCHNELLIGKEIT UND ZERSTÖ-RUNGSKRAFT...
... UND DARÜ-BER HINAUS EINE ENORME REICHWEITE.

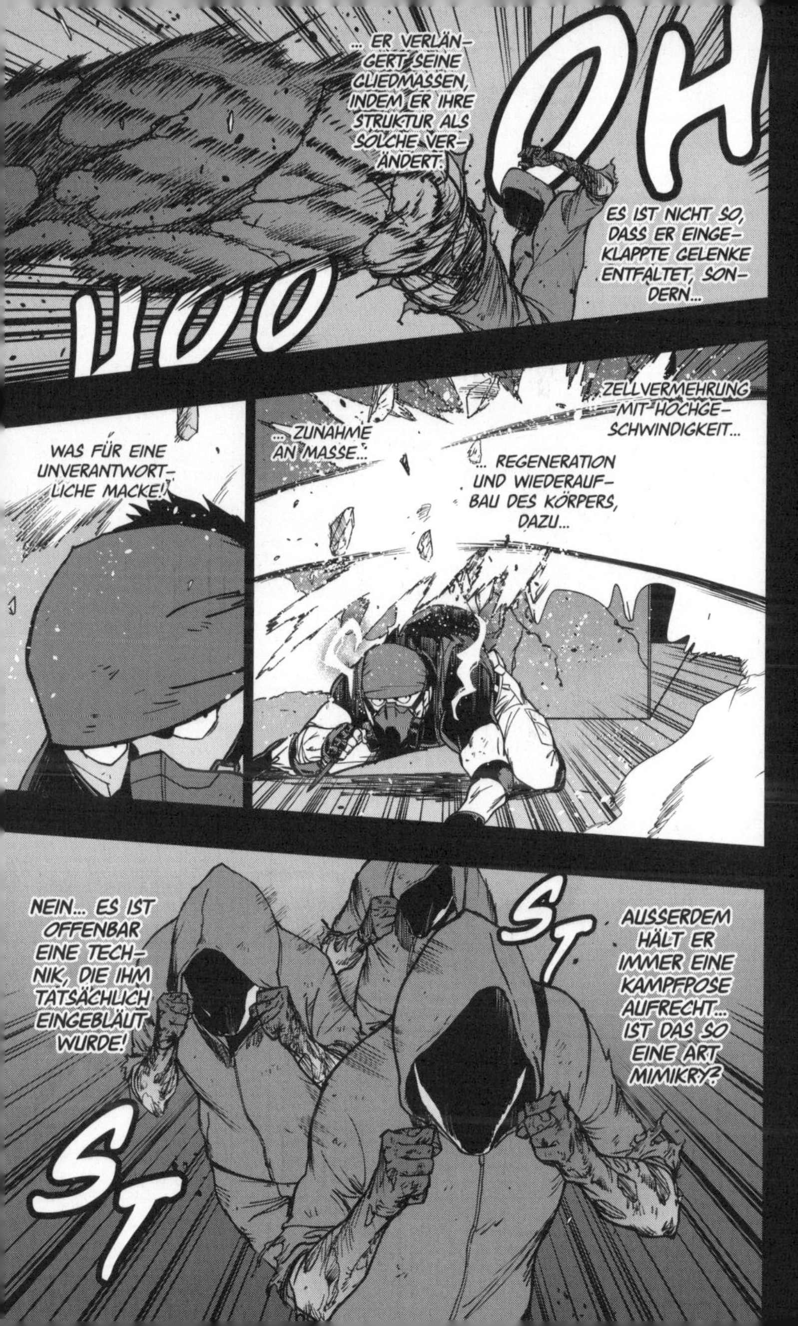

OOOOCH
... ER VERLÄNGERT SEINE GLIEDMASSEN, INDEM ER IHRE STRUKTUR ALS SOLCHE VERÄNDERT.
ES IST NICHT SO, DASS ER EINGEKLAPPTE GELENKE ENTFALTET, SONDERN...
ZELLVERMEHRUNG MIT HOCHGESCHWINDIGKEIT...
... REGENERATION UND WIEDERAUFBAU DES KÖRPERS, DAZU...
... ZUNAHME AN MASSE...
WAS FÜR EINE UNVERANTWORTLICHE MACKE!
AUSSERDEM HÄLT ER IMMER EINE KAMPFPOSE AUFRECHT... IST DAS SO EINE ART MIMIKRY?
ST
NEIN... ES IST OFFENBAR EINE TECHNIK, DIE IHM TATSÄCHLICH EINGEBLÄUT WURDE!
ST

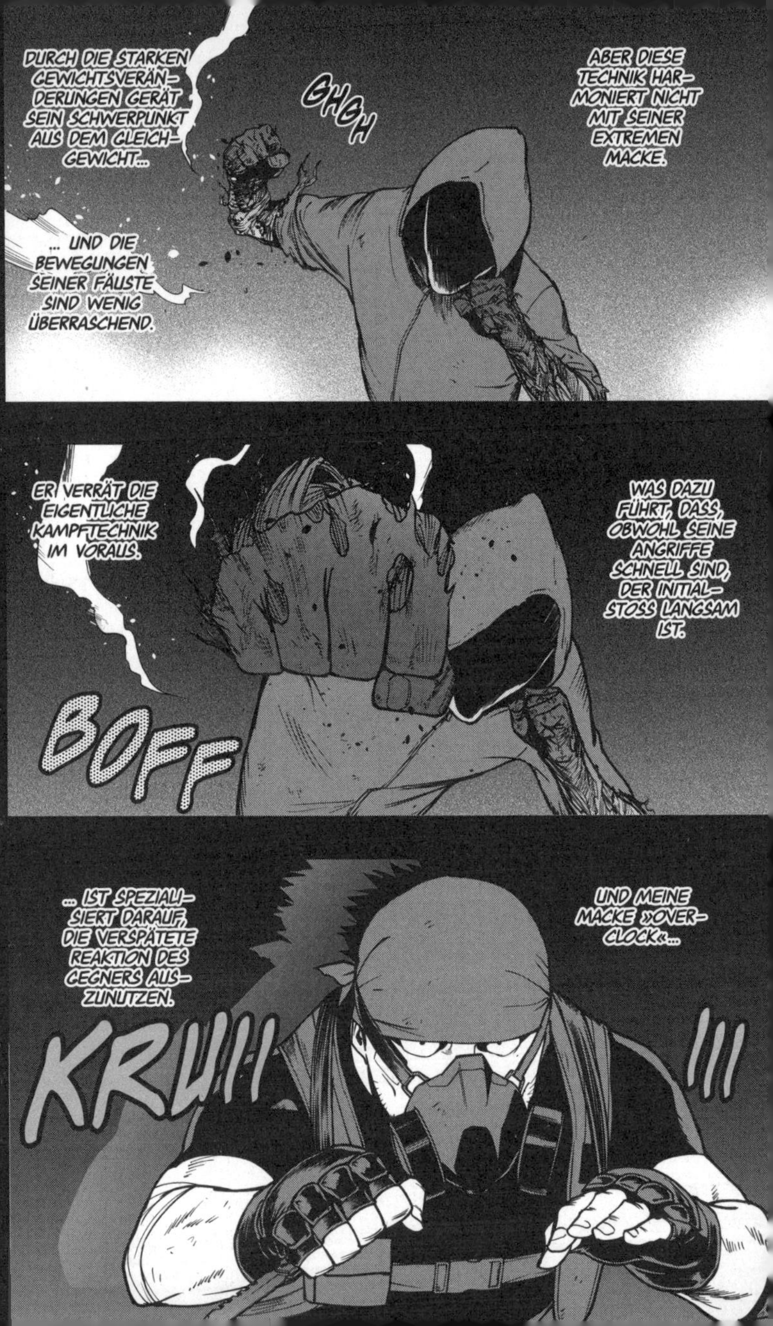
ABER DIESE TECHNIK HAR-MONIERT NICHT MIT SEINER EXTREMEN MACKE.
GHGH
DURCH DIE STARKEN GEWICHTSVERÄN-DERUNGEN GERÄT SEIN SCHWERPUNKT AUS DEM GLEICH-GEWICHT ...
... UND DIE BEWEGUNGEN SEINER FÄUSTE SIND WENIG ÜBERRASCHEND.
WAS DAZU FÜHRT, DASS, OBWOHL SEINE ANGRIFFE SCHNELL SIND, DER INITIAL-STOSS LANGSAM IST.
ER VERRÄT DIE EIGENTLICHE KAMPFTECHNIK IM VORAUS.
BOFF
UND MEINE MACKE »OVER-CLOCK« ...
... IST SPEZIALI-SIERT DARAUF, DIE VERSPÄTETE REAKTION DES GEGNERS AUS-ZUNUTZEN.
KRUII

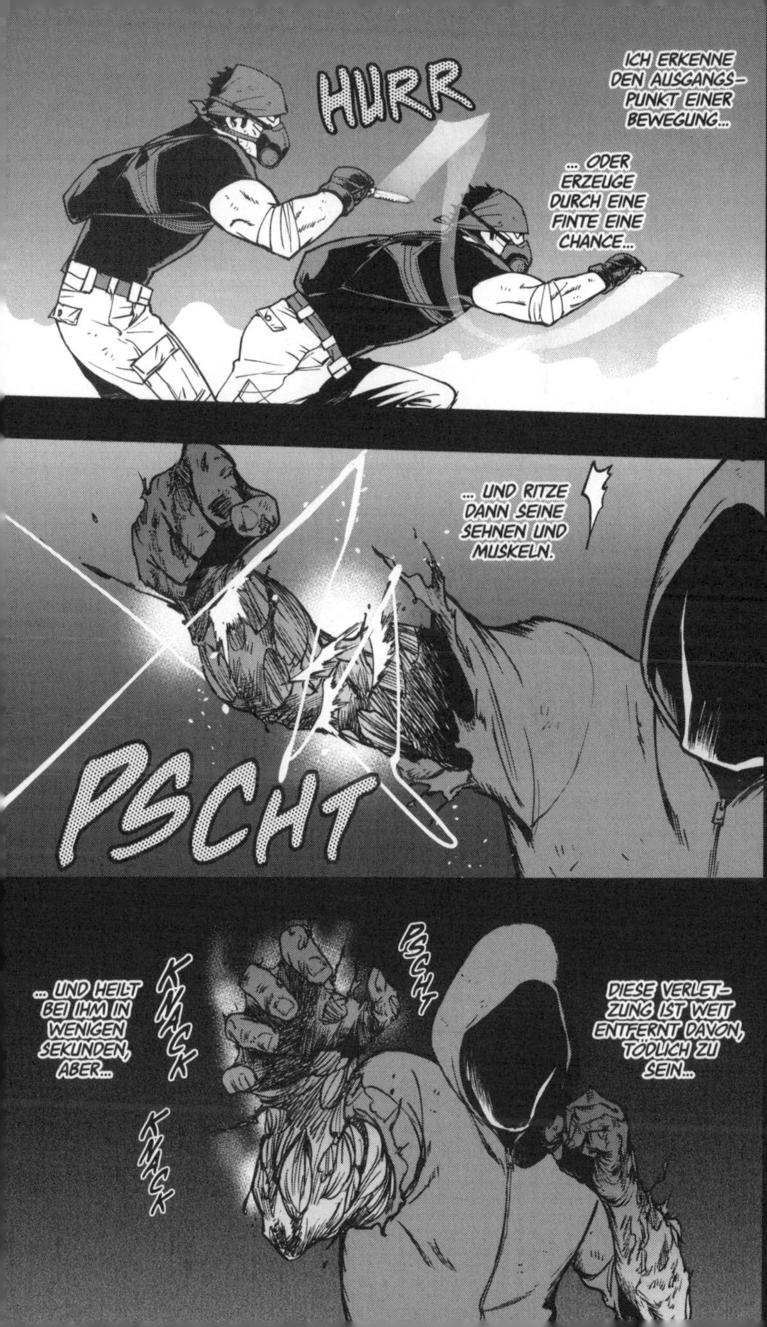
HURR
ICH ERKENNE DEN AUSGANGS-PUNKT EINER BEWEGUNG...
... ODER ERZEUGE DURCH EINE FINTE EINE CHANCE...
... UND RITZE DANN SEINE SEHNEN UND MUSKELN.
PSCHT
DIESE VERLET-ZUNG IST WEIT ENTFERNT DAVON, TÖDLICH ZU SEIN...
PSCHT
KNACK
KNACK
... UND HEILT BEI IHM IN WENIGEN SEKUNDEN, ABER...

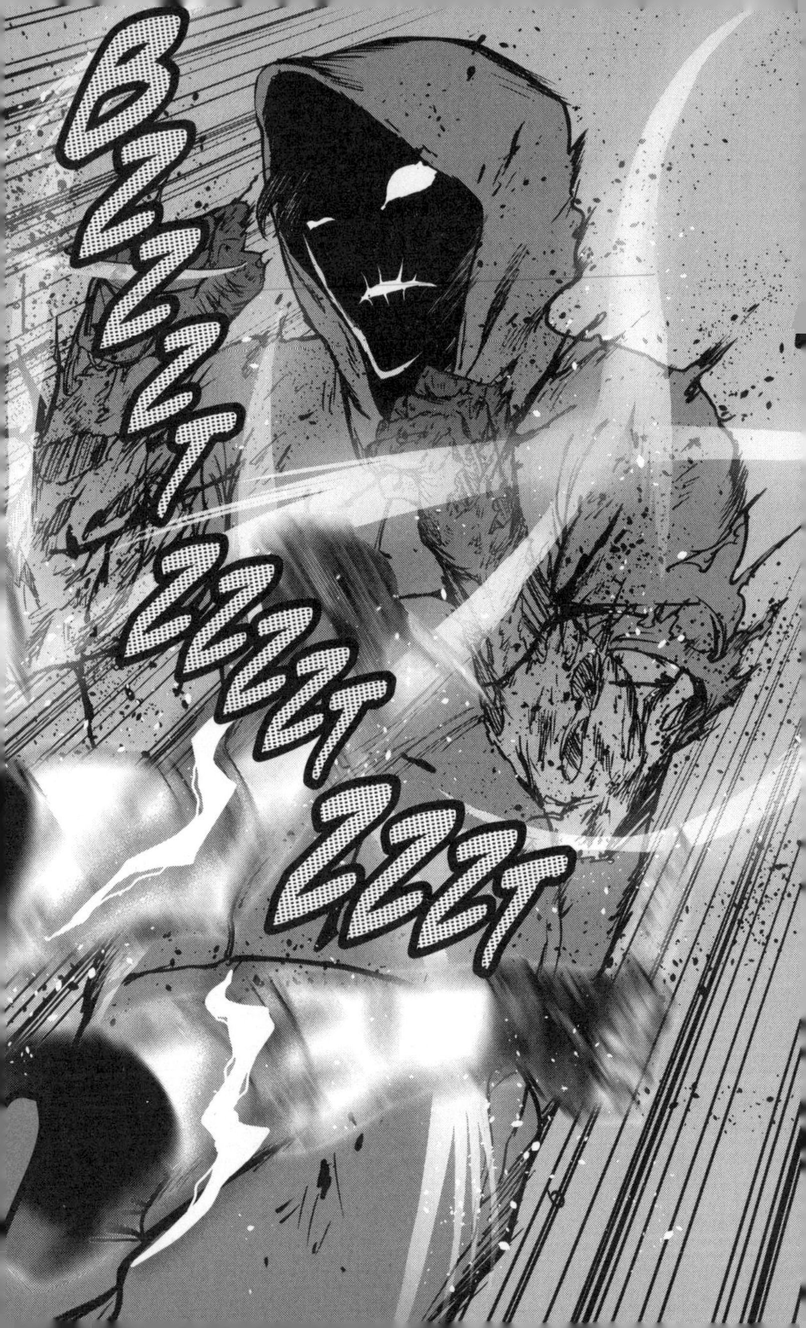
BZZZZT ZZZZT ZZZT

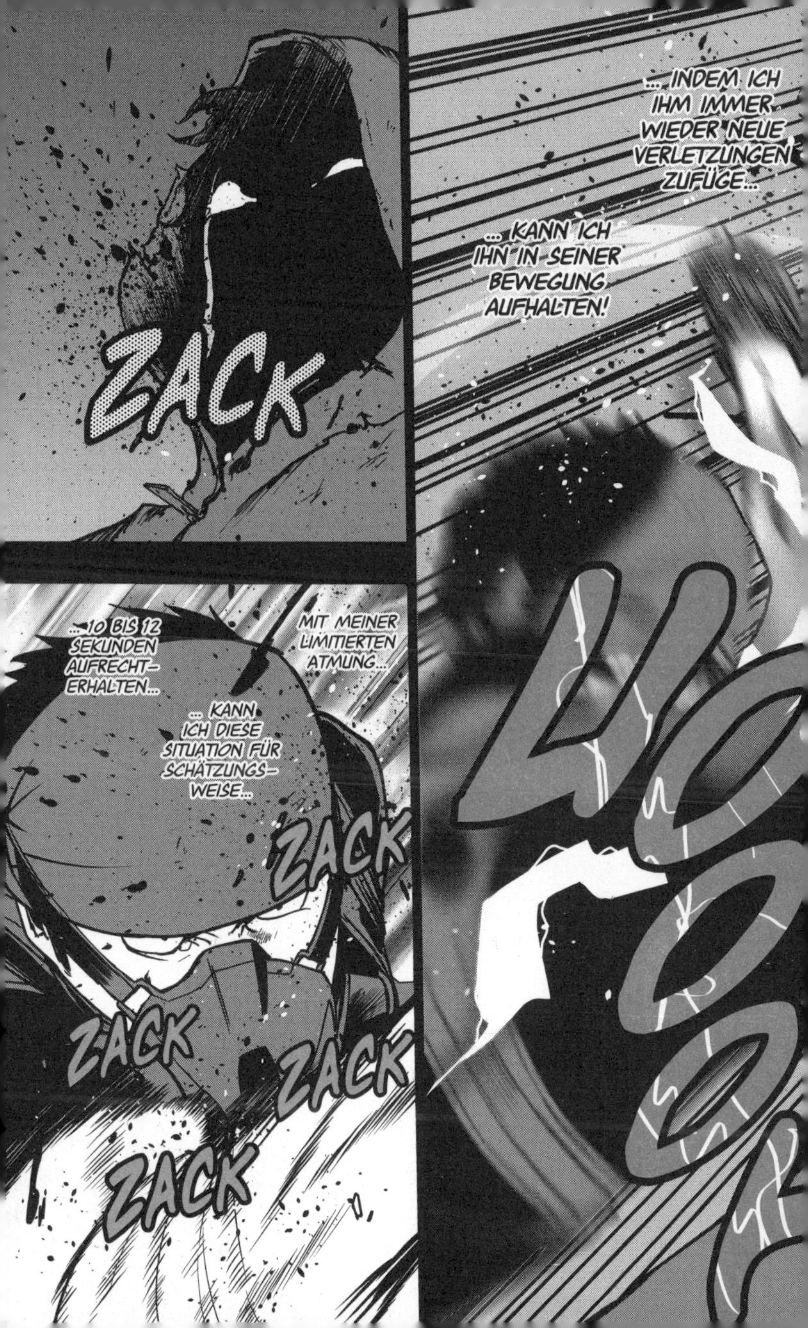
ZACK
MIT MEINER LIMITIERTEN ATMUNG...
... KANN ICH DIESE SITUATION FÜR SCHÄTZUNGSWEISE...
... 10 BIS 12 SEKUNDEN AUFRECHT-ERHALTEN...
ZACK
ZACK
ZACK
ZACK
... INDEM ICH IHM IMMER WIEDER NEUE VERLETZUNGEN ZUFÜGE...
... KANN ICH IHN IN SEINER BEWEGUNG AUFHALTEN!

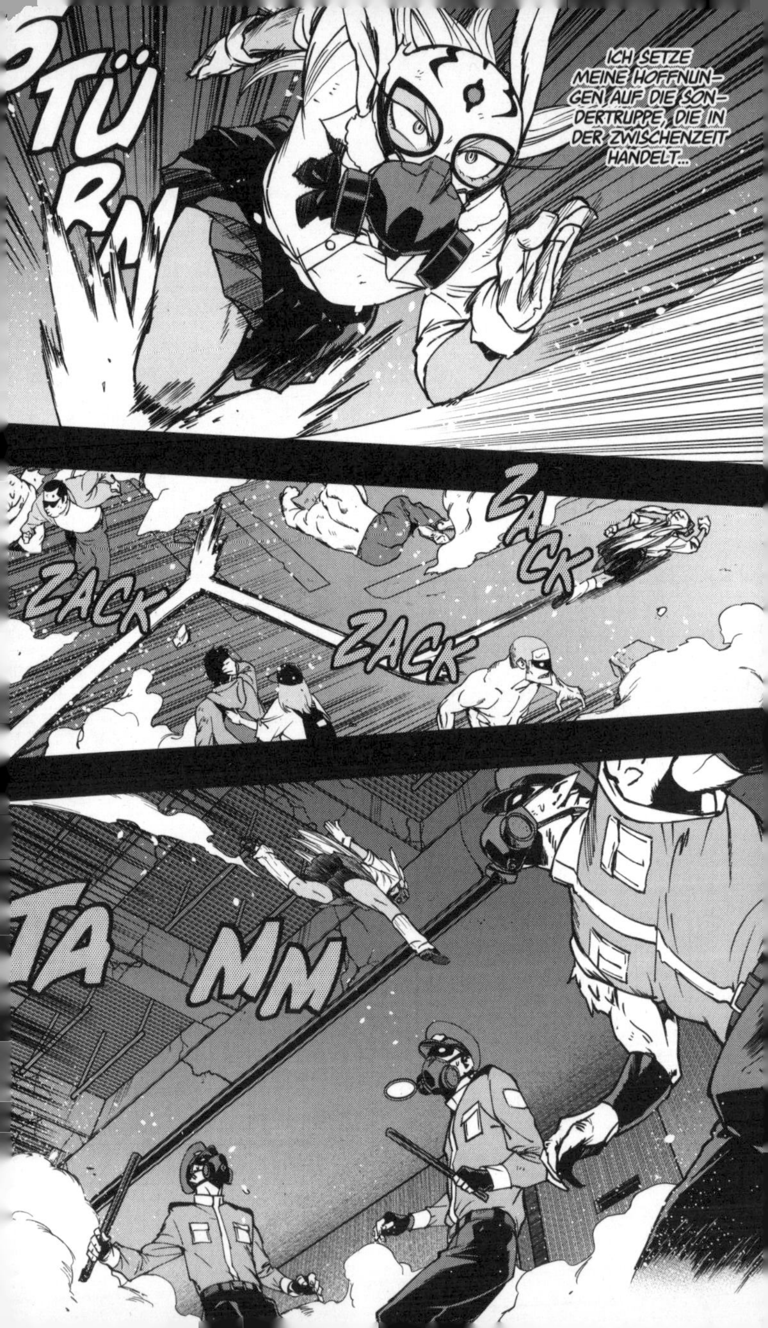
STÜRM
ICH SETZE MEINE HOFFNUNGEN AUF DIE SONDERTRUPPE, DIE IN DER ZWISCHENZEIT HANDELT...
ZACK
ZACK
ZACK
TAMM

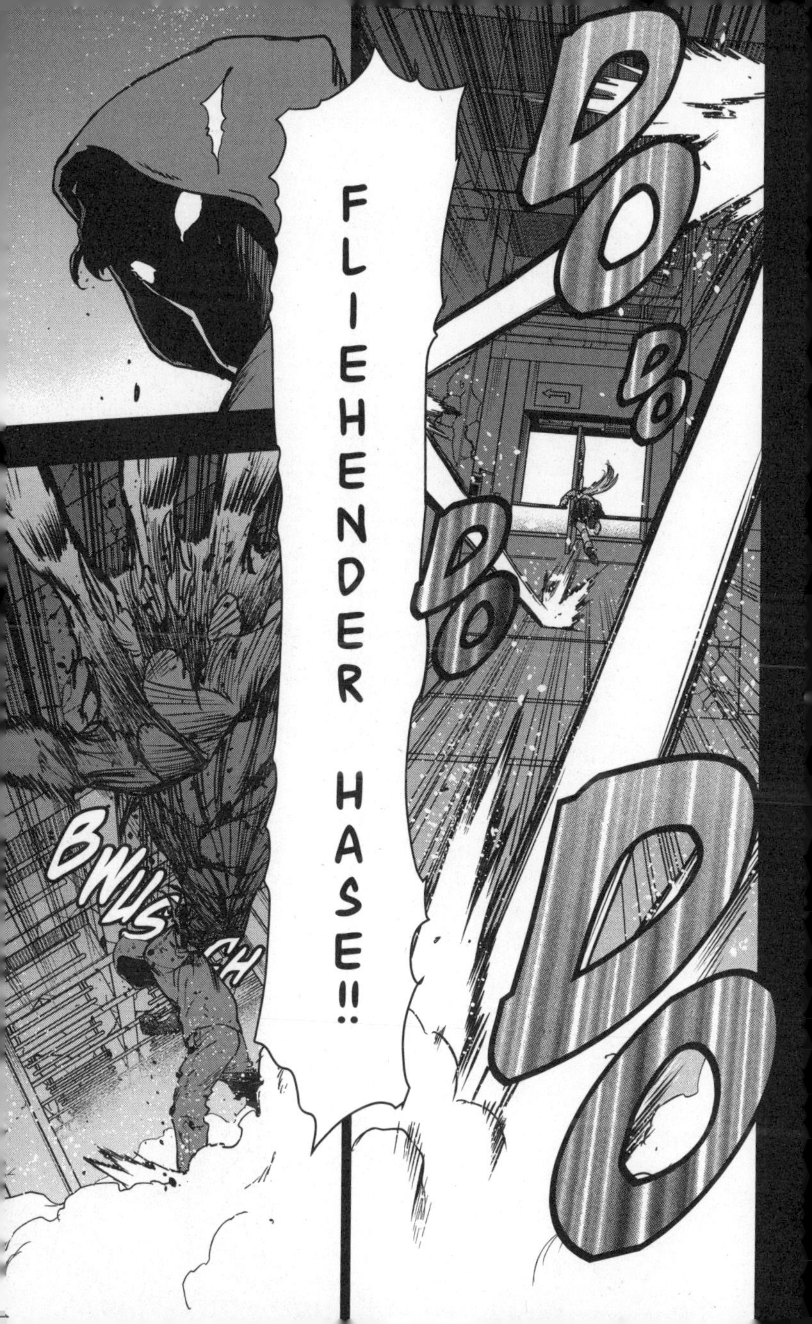
DO
DO
DO
DO
FLIEHENDER HASE!!
BWUSCH

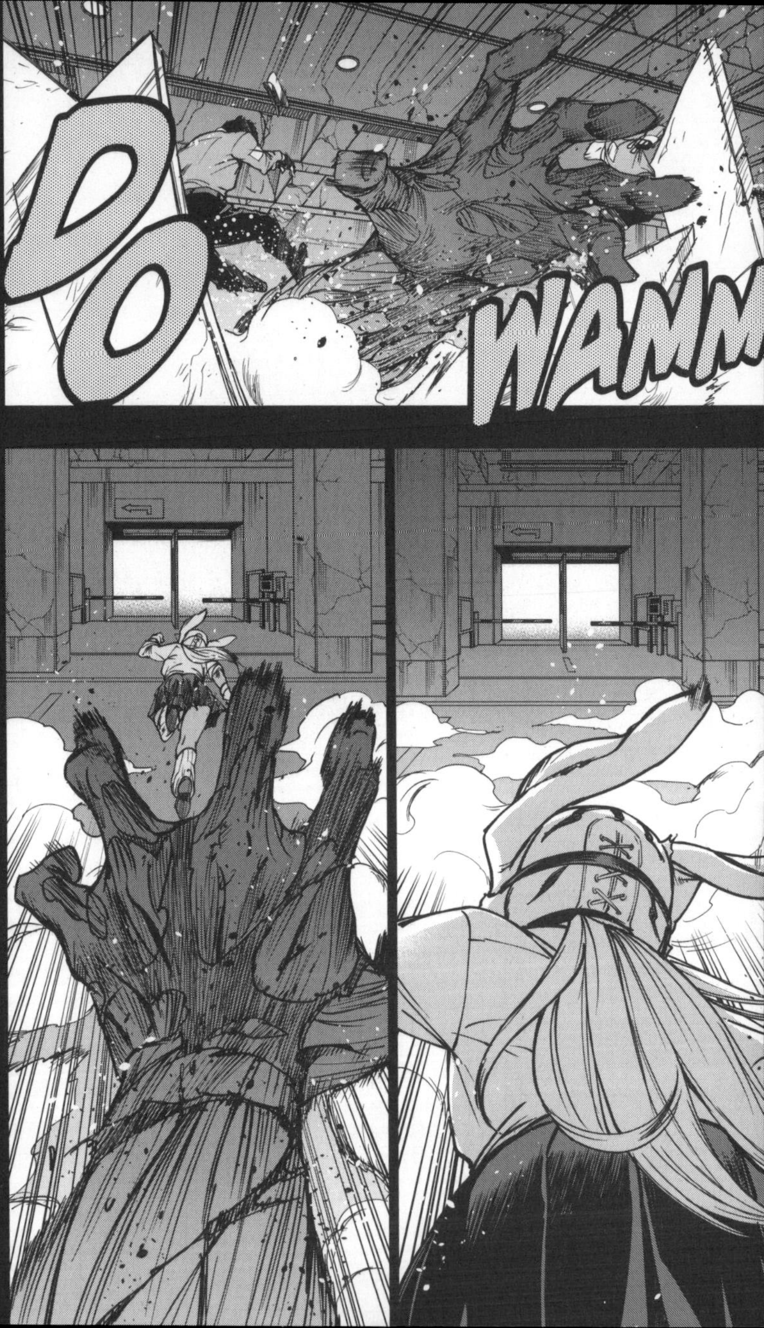
DO
WAMM

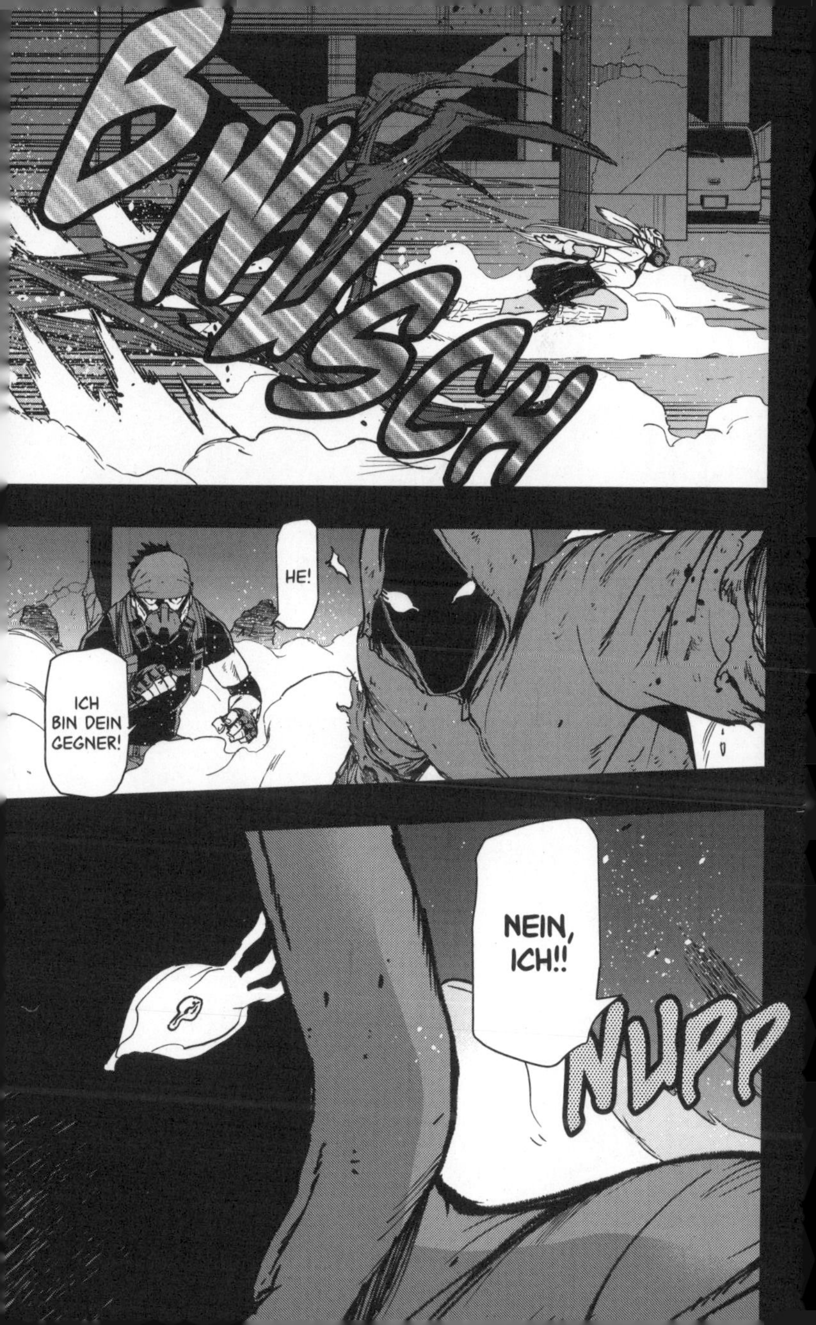
HE!
ICH BIN DEIN GEGNER!
NEIN, ICH!!
NUPP

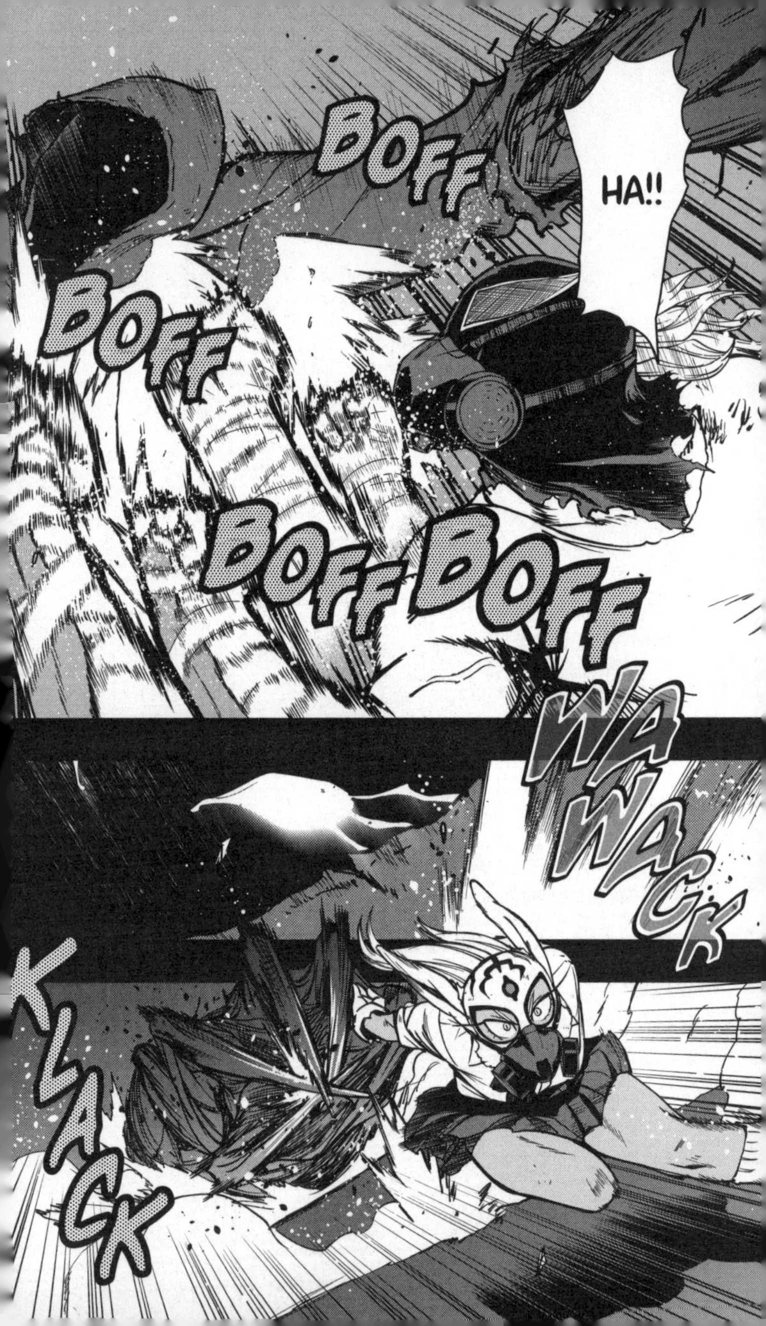
HA!!
BOFF
BOFF
BOFF
BOFF
WA
WACK
KLACK

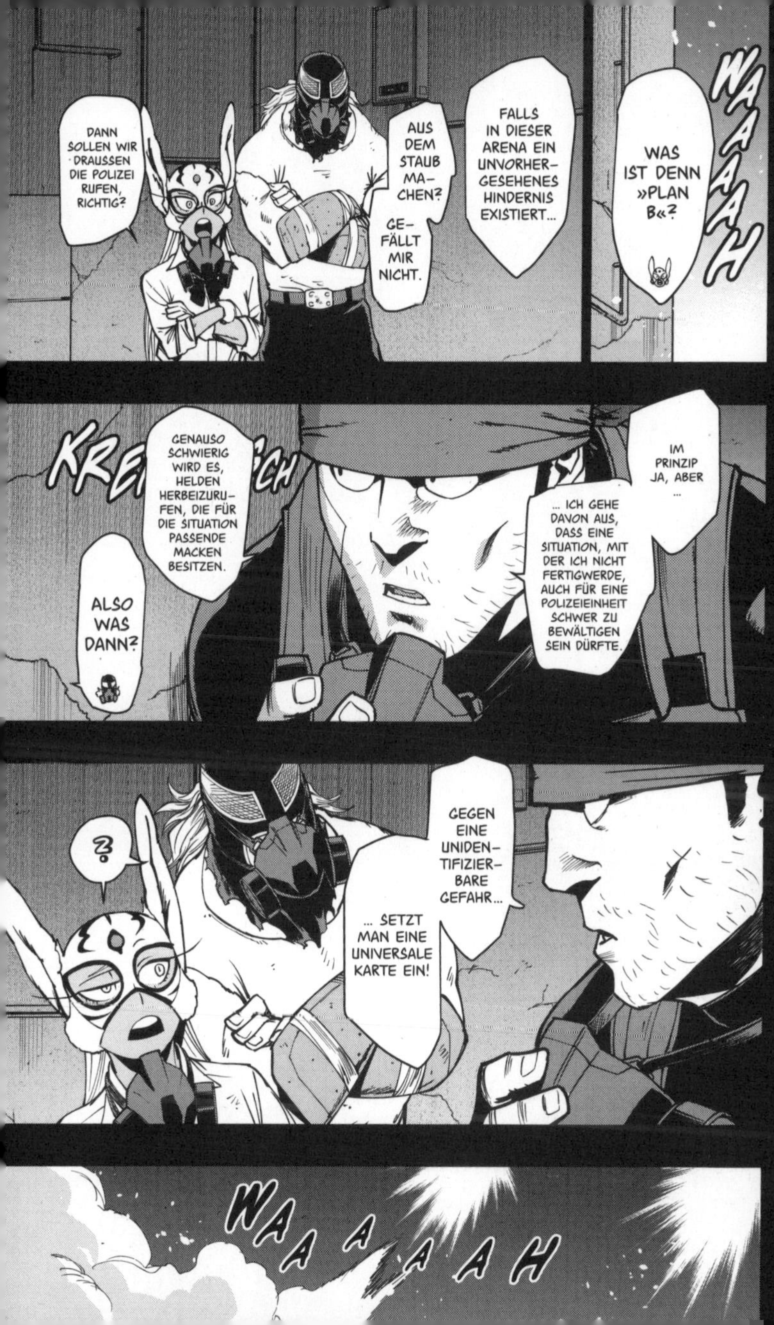
WAAAAAH
WAS IST DENN »PLAN B«?
FALLS IN DIESER ARENA EIN UNVORHERGESEHENES HINDERNIS EXISTIERT...
AUS DEM STAUB MACHEN?
GEFÄLLT MIR NICHT.
DANN SOLLEN WIR DRAUSSEN DIE POLIZEI RUFEN, RICHTIG?
IM PRINZIP JA, ABER ...
... ICH GEHE DAVON AUS, DASS EINE SITUATION, MIT DER ICH NICHT FERTIGWERDE, AUCH FÜR EINE POLIZEIEINHEIT SCHWER ZU BEWÄLTIGEN SEIN DÜRFTE.
GENAUSO SCHWIERIG WIRD ES, HELDEN HERBEIZURUFEN, DIE FÜR DIE SITUATION PASSENDE MACKEN BESITZEN.
ALSO WAS DANN?
GEGEN EINE UNIDENTIFIZIERBARE GEFAHR...
... SETZT MAN EINE UNIVERSALE KARTE EIN!
?
WAAAAAAH

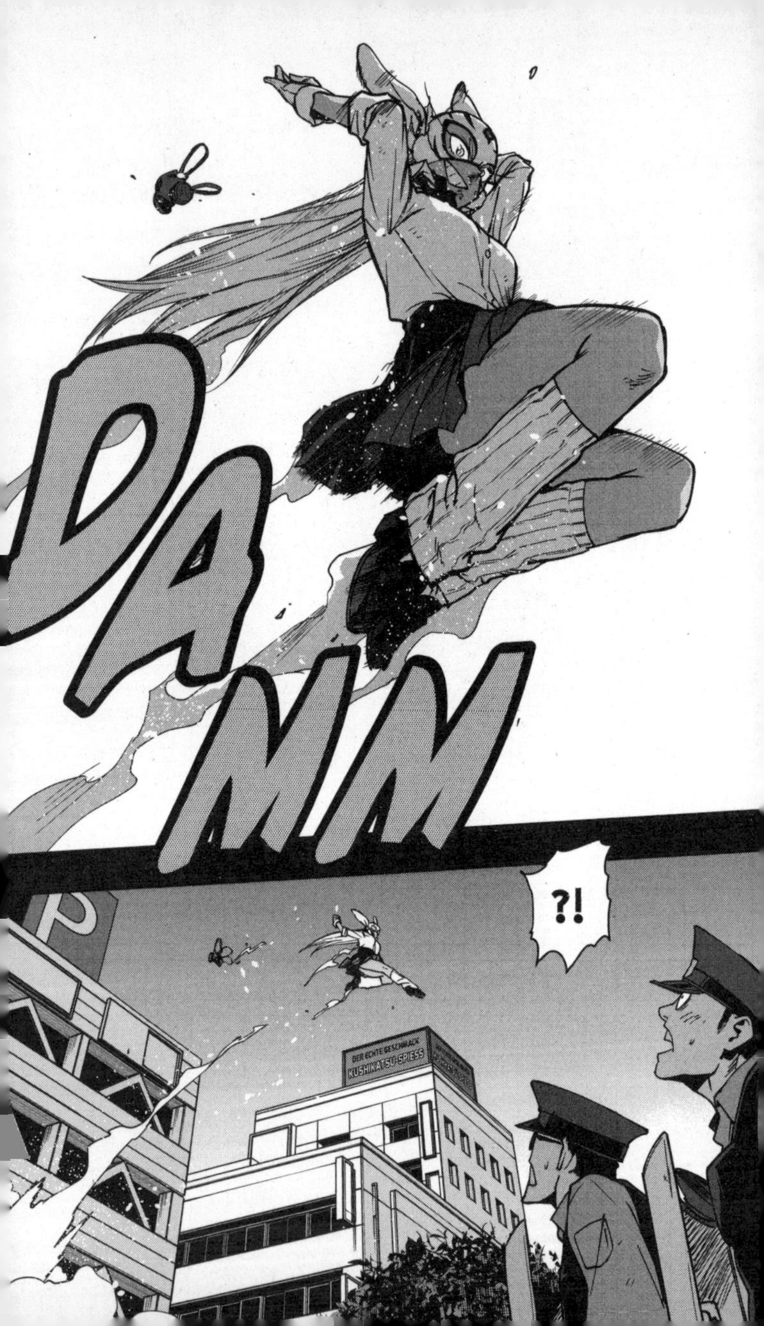
DAMM
?!
DER ECHTE GESCHMACK
KUSHIKATSU-SPIESS

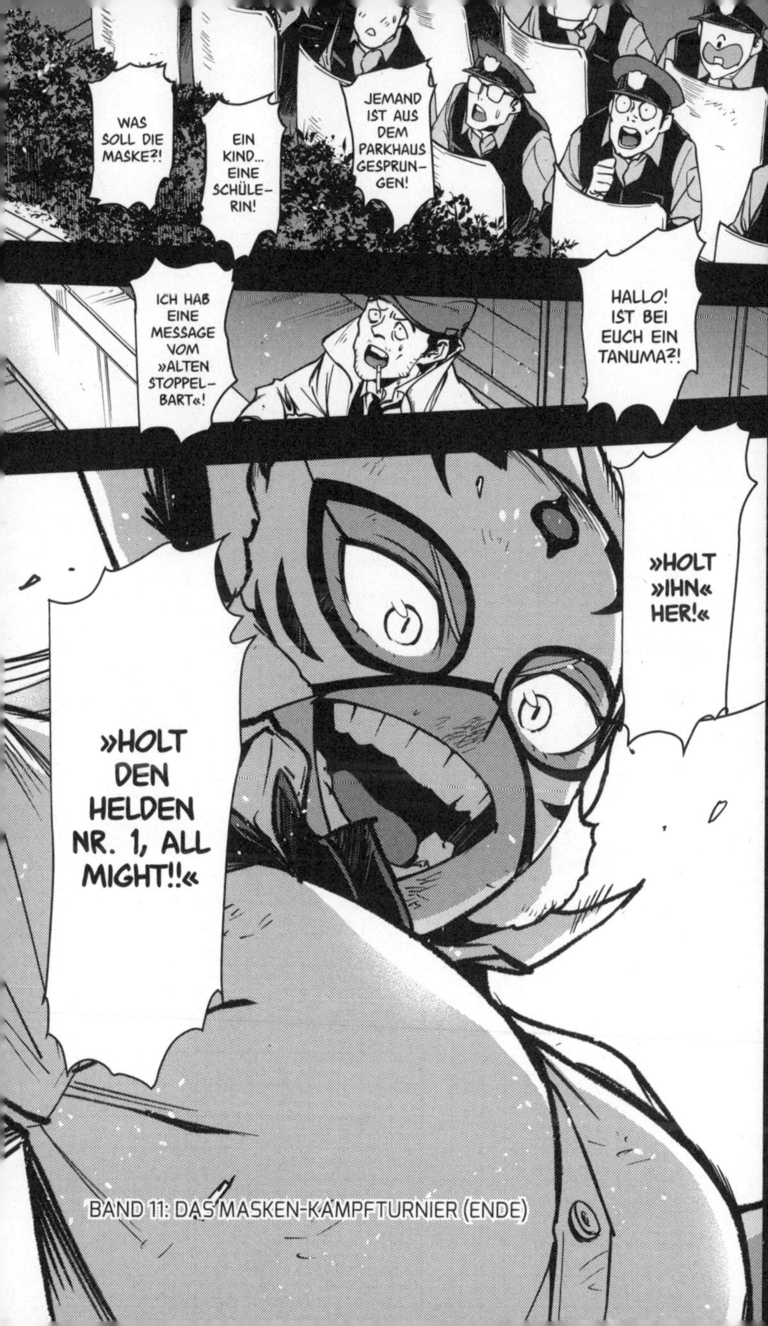
JEMAND IST AUS DEM PARKHAUS GESPRUNGEN!
EIN KIND… EINE SCHÜLERIN!
WAS SOLL DIE MASKE?!
HALLO! IST BEI EUCH EIN TANUMA?!
ICH HAB EINE MESSAGE VOM »ALTEN STOPPELBART«!
»HOLT »IHN« HER!«
»HOLT DEN HELDEN NR. 1, ALL MIGHT!!«
BAND 11: DAS MASKEN-KAMPFTURNIER (ENDE)

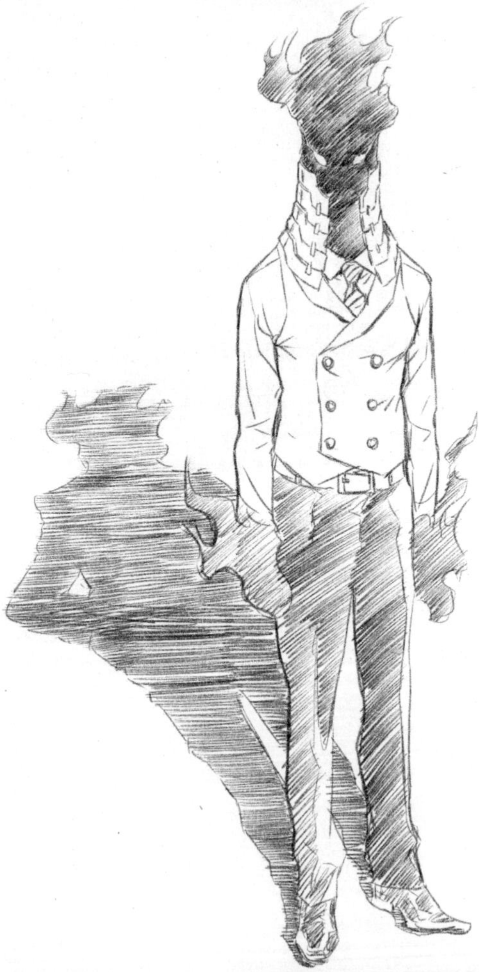

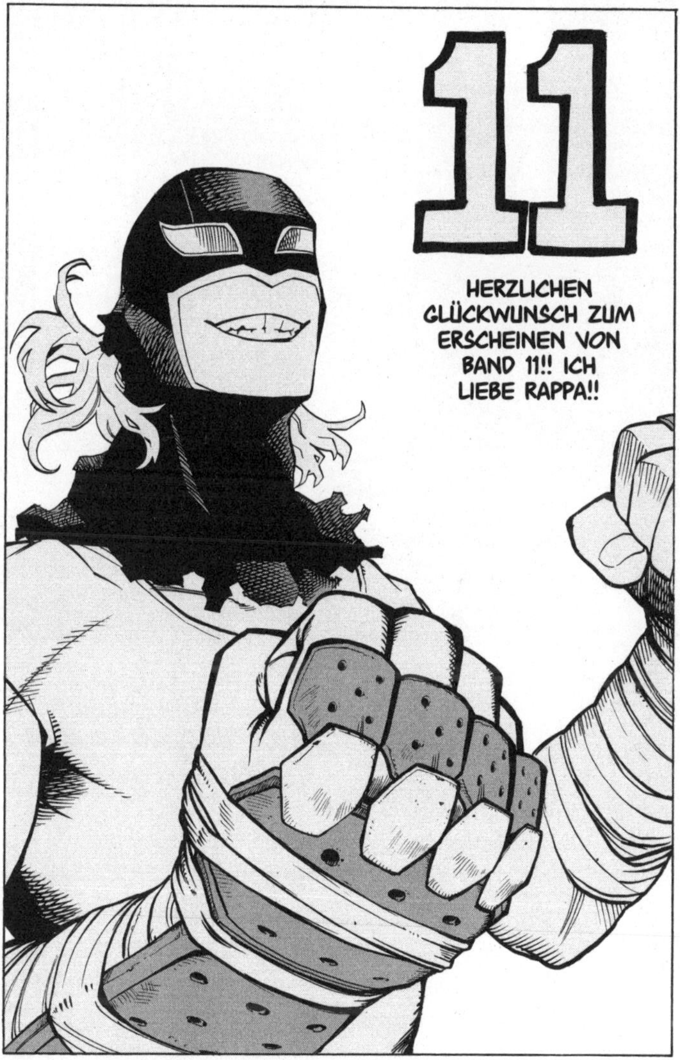
11
HERZLICHEN GLÜCKWUNSCH ZUM ERSCHEINEN VON BAND 11!! ICH LIEBE RAPPA!!

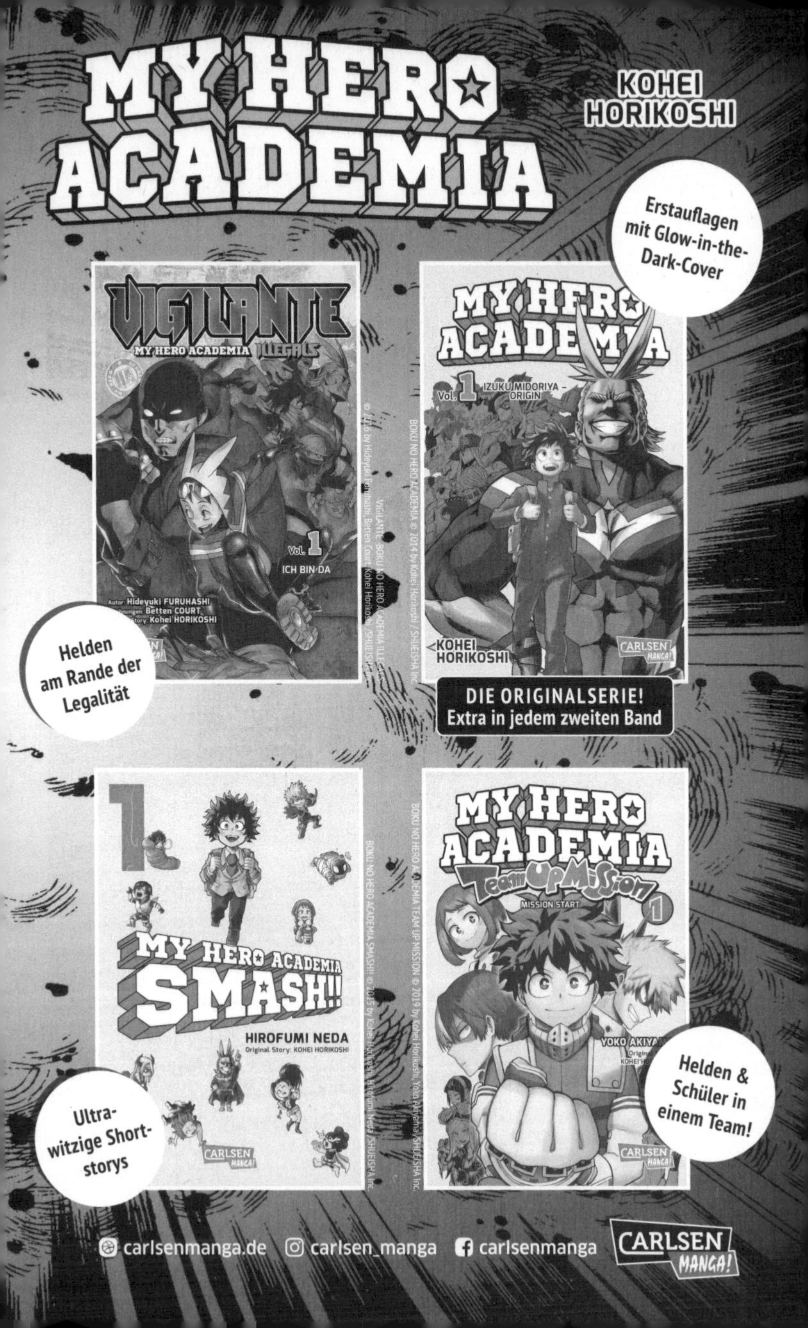

MY HERO ACADEMIA
KOHEI HORIKOSHI
Erstauflagen mit Glow-in-the-Dark-Cover
VIGILANTE
MY HERO ACADEMIA ILLEGALS
Vol. 1
ICH BIN DA
Autor: Hideyuki FURUHASHI
Betten COURT
Kohei HORIKOSHI
Helden am Rande der Legalität
MY HERO ACADEMIA
Vol. 1 IZUKU MIDORIYA – ORIGIN
KOHEI HORIKOSHI
CARLSEN MANGA!
DIE ORIGINALSERIE!
Extra in jedem zweiten Band
MY HERO ACADEMIA SMASH!!
HIROFUMI NEDA
Original Story: KOHEI HORIKOSHI
CARLSEN MANGA!
Ultra-witzige Short-storys
MY HERO ACADEMIA
Team Up Mission
MISSION START
1
CARLSEN MANGA!
Helden & Schüler in einem Team!
carlsenmanga.de
carlsen_manga
carlsenmanga
CARLSEN MANGA!

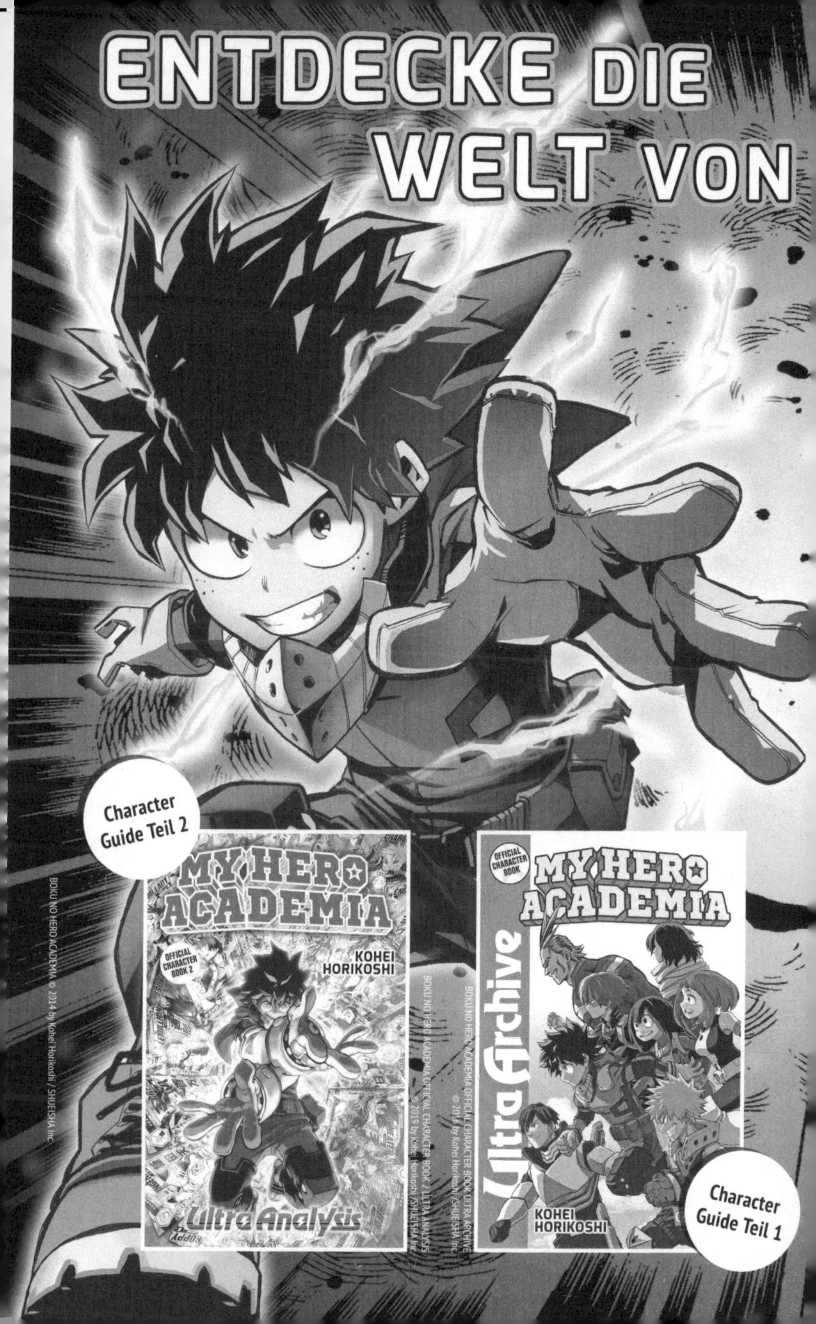
ENTDECKE DIE WELT VON
Character Guide Teil 2
MY HERO ACADEMIA
OFFICIAL CHARACTER BOOK 2
KOHEI HORIKOSHI
Ultra Analysis
Character Guide Teil 1
OFFICIAL CHARACTER BOOK
MY HERO ACADEMIA
Ultra Archive
KOHEI HORIKOSHI
BOKU NO HERO ACADEMIA © 2014 by Kohei Horikoshi / SHUEISHA Inc.
BOKU NO HERO ACADEMIA OFFICIAL CHARACTER BOOK 2 ULTRA ANALYSIS © 2019 by Kohei Horikoshi / SHUEISHA Inc.
BOKU NO HERO ACADEMIA OFFICIAL CHARACTER BOOK ULTRA ARCHIVE © 2016 by Kohei Horikoshi / SHUEISHA Inc.

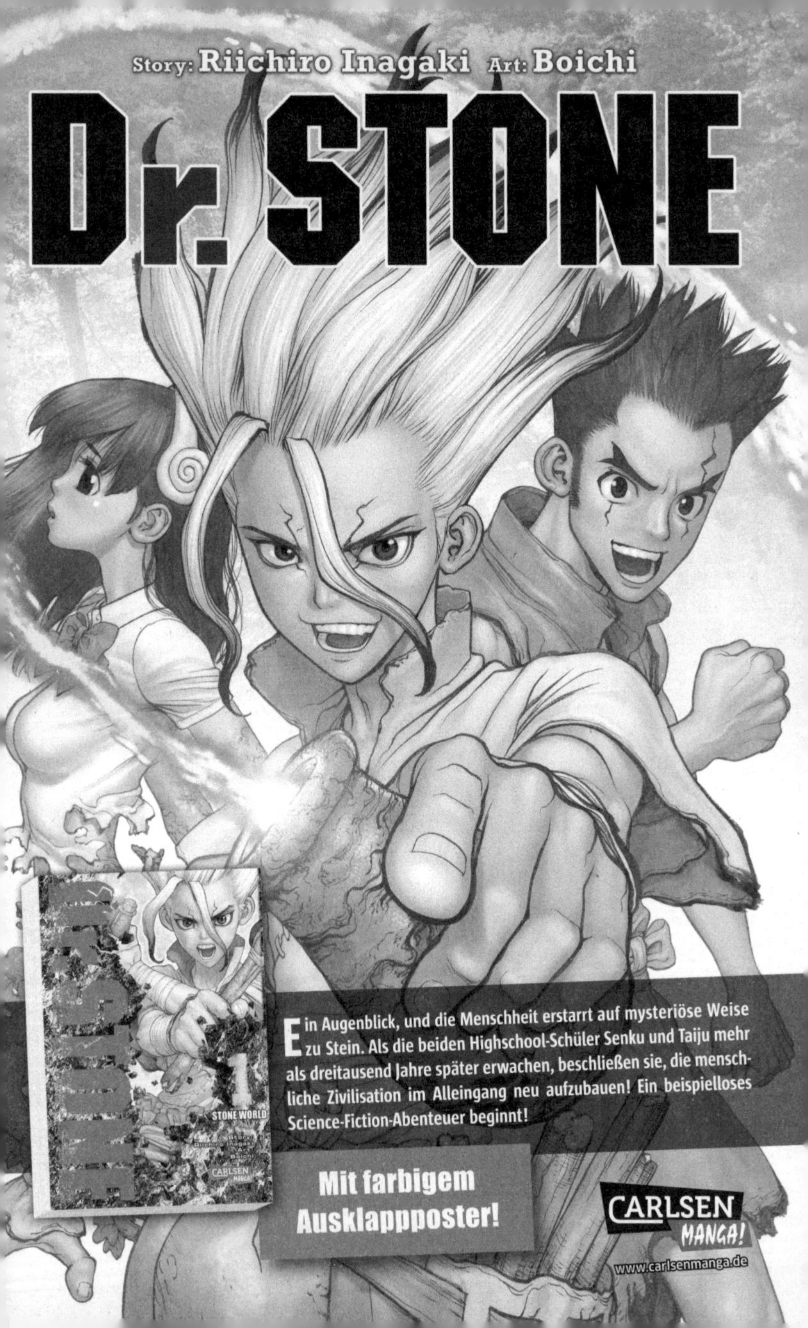
Story: Riichiro Inagaki Art: Boichi
Dr. STONE
Ein Augenblick, und die Menschheit erstarrt auf mysteriöse Weise zu Stein. Als die beiden Highschool-Schüler Senku und Taiju mehr als dreitausend Jahre später erwachen, beschließen sie, die menschliche Zivilisation im Alleingang neu aufzubauen! Ein beispielloses Science-Fiction-Abenteuer beginnt!
1
STONE WORLD
Mit farbigem Ausklappposter!
CARLSEN MANGA!
www.carlsenmanga.de

STOP!

VIGILANTE
MY HERO ACADEMIA ILLEGALS

ist eine japanische Serie, die originalgetreu von »hinten« nach »vorne« und von rechts nach links gelesen wird! Schlagt das Taschenbuch also »hinten« auf und blättert Seite für Seite nach »vorne« weiter!

Auch die Bilder und Sprechblasen auf jeder Seite werden von rechts oben nach links unten gelesen, wie es in der Grafik gezeigt wird! Let the battle begin!

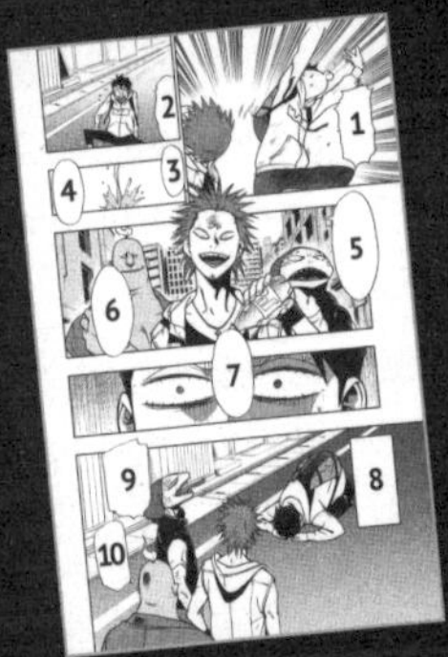

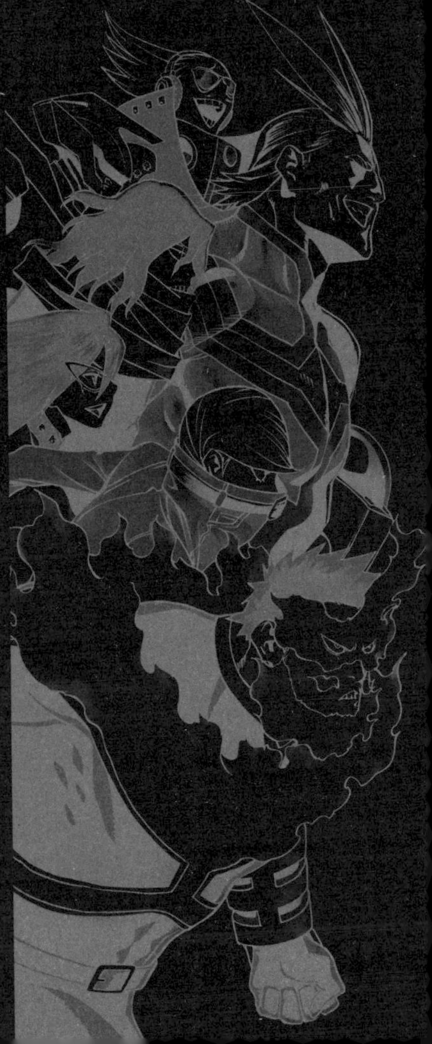